Bernd Gottschalk/Jan Dannenberg (Hrsg.)

Markenmanagement in der Automobil-Zulieferindustrie

Bernd Gottschalk/Jan Dannenberg (Hrsg.)

Markenmanagement in der Automobil-Zulieferindustrie

Vom Lieferanten zum Entwicklungs- und Wertschöpfungspartner

GABLER

Bibliografische Information Der Deutschen Nationalbibliothek
Die Deutsche Nationalbibliothek verzeichnet diese Publikation in der Deutschen Nationalbibliografie; detaillierte bibliografische Daten sind im Internet über <http://dnb.d-nb.de> abrufbar.

1. Auflage Dezember 2006

Lektorat: Manuela Eckstein

Der Gabler Verlag ist ein Unternehmen von Springer Science+Business Media.
www.gabler.de

Umschlagzeichnung: Patrick Faulwetter
Umschlaggestaltung: Nina Faber de.sign, Wiesbaden
Satz: deckermedia GbR, Vechelde
Druck und buchbinderische Verarbeitung: Wilhelm & Adam, Heusenstamm
Gedruckt auf säurefreiem und chlorfrei gebleichtem Papier
Printed in Germany

ISBN 978-3-409-14258-8

Inhaltsverzeichnis

Vorwort

Die Automobil-Zulieferindustrie ist eine der zentralen Säulen der Automobilwirtschaft. Mehr als zwei Drittel eines Fahrzeuges bestehen aus Komponenten, Modulen und Systemen, die von Zulieferern gefertigt werden. Die Mehrzahl technologischer Innovationen im Fahrzeug basiert auf Ideen aus den Häusern der Zulieferer. Diese kompetenten Entwicklungspartner der Hersteller richten ihre Wertschöpfungsstrukturen weltweit aus und stellen sich den Herausforderungen der globalisierten Märkte. Die Zulieferindustrie sorgt dafür, dass innovative Produkte mit Top-Qualität allen Automobilfahrern zu wettbewerbsfähigen Kosten zur Verfügung stehen.

Um so erstaunlicher ist es, dass Zuliefermarken bis vor kurzem – außer im Aftermarket – eine eher untergeordnete Rolle spielten. Dass sich dies derzeit rapide ändert, zeigen die Beiträge in diesem Buch.

Welche Automobil-Zuliefermarken sind auf den Märkten erfolgreich und warum? Die Antwort gibt dieses Kompendium für jeden Unternehmer der Automobilindustrie. Top-Manager und Unternehmer führender Automobil-Zulieferer beschreiben hier erstmals ihre Strategien zum erfolgreichen Markenmanagement anhand konkreter Beispiele. Sie zeigen unter anderem,

- wie Entwicklungsdienstleister eine Marke kontinuierlich zum Erfolg führen,
- welche Strategien im Aftermarket zu hohen Erträgen führen,
- wie die Balance zwischen den Marken der Automobilhersteller und der eigenen Zuliefermarke gewahrt wird und
- dass sich die Stärkung der Zuliefermarke zum zentralen Erfolgsfaktor im Wettbewerb entwickelt.

Ebenfalls enthalten sind die Ergebnisse der Studie „Markendifferenzierung als Grundlage für zukünftige Wertschöpfungsstrategien" von Mercer Management Consulting.

Die zur IAA PKW 2003 in Frankfurt vorgestellte Erstauflage des Buches „Markenmanagement in der Automobilindustrie" ist ein voller Erfolg geworden. Mit der zweiten Auflage wurde dieser Weg 2005 fortgesetzt. Die Erweiterung um eine Vielzahl neuer Beiträge hat uns dazu bewegt, nun zwei separate Bücher zu veröffentlichen. Die Beiträge der Automobil-Zulieferer werden hier erstmals in einem eigenen Band zusammengefasst.

Wir bedanken uns ganz herzlich bei den Autoren der hier vertretenen Zulieferfirmen. Sie sind es, die die Faszination für das Automobil, für Technik und Fortschritt durch ihre Beiträge erlebbar machen.

Frankfurt und München im Oktober 2006

Prof. Dr. Bernd Gottschalk *Dr. Jan Dannenberg*

Teil I

Grundlagen des Managements von Zuliefermarken

Kapitel 1

Die Bedeutung der Automobil-Zulieferer für Innovation und Markenstärke in der Automobilindustrie

Prof. Dr. Bernd Gottschalk
Präsident des Verbandes der Automobilindustrie (VDA)

Mit ihrer hohen Präsenz auf den Weltmärkten und ihrer bemerkenswerten Innovationsgeschwindigkeit haben die deutschen Zulieferer die Grundlagen für Wachstum gelegt. Auch für Zulieferer wird Markenstärke zum strategischen Faktor.

Die Bedeutung der Automobil-Zulieferer für Innovation und Markenstärke in der Automobilindustrie

Das Massachusetts Institute of Technology (MIT) hat vor gerade einmal 16 Jahren in seiner Studie „The Machine that Changed the World" der europäischen Automobilindustrie ihr Ende prophezeit. Begründung: zu teuer, zu langsam, zu wenig kundenorientiert. Man ging damals davon aus, dass der Kampf um die weltweiten Automobilmärkte zwischen der japanischen und der US-amerikanischen Autoindustrie ausgetragen werden würde, und die Entwicklung bis zu den Krisenjahren 1992/93 schien diesen Prophezeiungen sogar Recht zu geben. Aber: Seitdem hat die deutsche Automobilwirtschaft bei den Stückzahlen produzierter Fahrzeuge, beim Umsatz und bei der Beschäftigung einen Rekord nach dem anderen verzeichnet:

- Im letzten Jahrzehnt steigerte sie ihre Produktion am Standort Deutschland um 23 Prozent, den Export um 55 Prozent und die Produktion an ihren ausländischen Standorten sogar um nahezu 100 Prozent.
- Mit einem Beitrag von über 89 Mrd. Euro zum Überschuss der deutschen Exportbilanz 2005 hat der globale Erfolg deutscher Automobilmarken und der Zulieferindustrie in den vergangenen Jahren ganz maßgeblich ermöglicht, dass überhaupt noch gesamtwirtschaftliches Wachstum in Deutschland realisiert wurde.
- Zugleich hat die Automobilindustrie 11,3 Mrd. Euro an ihren Standorten in Deutschland investiert, das entspricht knapp einem Viertel der gesamtindustriellen Investitionen.

Die Automobilindustrie ist damit einer der wenigen industriellen Stabilitätsanker in Deutschland. Das gilt insbesondere für die Arbeitsplätze: Während das Verarbeitende Gewerbe in Deutschland in den letzten zehn Jahren seine Beschäftigung um 12 Prozent reduziert hat, hat die Automobilindustrie heute mit 766 000 Beschäftigten über 100 000 Mitarbeiter mehr als 1995.

Globale Präsenz – Erfolgsfaktor der Automobilindustrie

Globalisierung ist für den Autostandort Deutschland keine Gefahr, sondern Erfolgsvoraussetzung: Die Automobil-Zulieferindustrie konnte ihren Auslandsumsatz überproportional um gut 6 Prozent im Jahr 2005 steigern. Das beweist nicht nur ihre Fähigkeit, den global aufgestellten deutschen Fahrzeugherstellern in ihre Produktionsländer zu folgen, sondern unterstreicht auch die zunehmende Attraktivität deutscher Zulieferprodukte für die ausländischen Automobilhersteller. Dabei bringt sie als eine wichtige Stärke auch im globalen Wettbewerb ihre mittelständische Struktur ein.

Die deutsche Automobilindustrie ist heute an rund 2 000 Fertigungsstätten weltweit präsent. Den Schwerpunkt bildet hierbei Westeuropa, das gegenwärtig mehr als doppelt so viele Produktionsstätten und Lizenznehmer aufweist wie die Regionen Mittel- und Osteuropa und der NAFTA-Raum. Auch wenn die Standortdynamik in China in den letzten Jahren deutlich höher war, ist das Gewicht Europas im weltweiten Standortportfolio gegenüber dem Beginn der 90er Jahre deutlich gewachsen. Über 50 Prozent der Fertigungsbetriebe der deutschen Automobilindustrie liegen heute in der erweiterten EU. Anfang der 90er Jahre waren es erst 40 Prozent.

Gerade mit ihrem frühzeitigen Engagement in den Ländern Mittel- und Osteuropas, namentlich in Tschechien, der Slowakei, in Polen und Ungarn, hat die deutsche Automobilindustrie in den 90er Jahren eine Pionierrolle übernommen. Diesem Beispiel folgen nun auch japanische, französische und koreanische Hersteller mit Standorten in der Slowakei und Tschechien. Hier werden Produkte gefertigt, die insbesondere auch auf den deutschen Markt und hier auf das besonders preissensible Segment der Kleinwagen zielen.

Um angesichts dieser Konkurrenz auch kostenmäßig wettbewerbsfähig zu bleiben, ist die Ansiedlung steigender Produktionsvolumina insbesondere der Zulieferindustrie in den Staaten Mittel- und Osteuropas unverzichtbar. Die Entwicklung der Engagements deutscher Zulieferunternehmen (2004 waren es bereits rund 200) zeigt, dass – über die Zulieferung zu den Fertigungsbetrieben der Fahrzeughersteller hinaus – die Erschließung von kostengünstigen Produktionsstätten zur Optimierung der gesamten Kostenstruktur und damit maßgeblich zur Sicherung der Wettbewerbsfähigkeit beiträgt. Der wachsende Stellenwert der neuen Mitgliedsstaaten spiegelt sich auch in der Automobilhandelsbilanz wider. Einfuhren von rund 14 Milliarden Euro standen Ausfuhren von über 12 Milliarden Euro gegenüber. Das Auto ist mit 24 Prozent der Einfuhren Deutschlands und 19 Prozent seiner Ausfuhren in die Beitrittsstaaten das mit Abstand wichtigste Produkt im beiderseiten Warenaustausch.

Vor diesem Hintergrund wird die Lage der Automobilindustrie gelegentlich als Indiz für eine „Basarökonomie" gewertet, bei der nur noch zugelieferte Vorleistungen kombiniert und anschließend mit Erfolg im Ausland abgesetzt werden. Die Analyse der Wertschöpfungsströme widerspricht dem jedoch: Richtig ist, dass die importierten Vorleistungen nach einer Untersuchung des Statistischen Bundesamtes für den Zeitraum von 1995 bis 2000 um 125 Prozent zugenommen haben. Gleichzeitig sind die Exporte um 75 Prozent gewachsen. Damit hat der Anteil der importieren Vorleistungen an den ausgeführten Produkten dieser Industrie bereits im Jahr 2000 einen Wert von gut 35 Prozent erreicht. Heute ist von einem Anteil von rund 40 Prozent auszugehen. Entscheidend ist aber, dass in der Kombination aus dem Markterfolg auf den Exportmärkten auf der einen Seite und einem optimierten Beschaffungsmix auf der anderen Seite auch die inländische Wertschöpfung deutlich gewachsen ist. Der Standort Deutschland hat also insgesamt von der Globalisierungsstrategie sowohl auf der Absatz- als auch auf der Beschaffungsseite profitiert.

Innovationsfaktor Automobil

Die Automobilindustrie hat sich erneut als der wichtigste Innovationsträger in der Industrie erwiesen. Sie hat 2005 mit 16,5 Mrd. Euro stärker als die übrige Industrie in den Forschungsstandort Deutschland investiert. Über ein Drittel aller F&E-Ausgaben der deutschen Industrie entfallen auf das Automobil, 28 Prozent der Forscher und Entwickler der Industrie arbeiten für das Auto. Umgekehrt ist jeder neunte Arbeitsplatz der Automobilindustrie im Innovationsbereich angesiedelt. Nach den letzten verfügbaren Daten der Patentstatistik 2003 lagen deutsche Unternehmen mit über 3 300 europäischen Patenten im Automobilbereich klar vorn.

Auch mit Blick auf die Beschäftigungsstruktur spiegelt der Trend eines immer höheren Qualifikationsprofils der Beschäftigten der deutschen Automobilindustrie die Rolle des Standorts Deutschland als Zentrum eines weltweiten Produktionsverbunds und vor allem auch als Forschungs- und Entwicklungslabor wider: Während die Anzahl der in der Automobilindustrie beschäftigten Arbeiter zwischen 1995 und 2005 um 9 Prozent zunahm, wuchs die Zahl der Angestellten um 38 Prozent. Innerhalb dieser Gruppe sind insbesondere die Absolventen von Hochschulen und Fachhochschulen überproportional gestiegen. Im Zeitraum 1999 bis 2005 sind nach den Daten des Instituts für Arbeitsmarkt- und Berufsforschung bei der Bundesanstalt für Arbeit über 46 Prozent mehr Akademiker in der Automobilindustrie eingestellt worden. Überproportional haben dabei mit 66 Prozent Zuwachs die Automobil-Zulieferer (Fach-)Hochschulabsolventen eingestellt. Heute arbeiten nahezu 86 000 Akademiker in der Automobilindustrie.

Treibender Faktor hierfür sind die zunehmenden Kompetenzen der Zulieferindustrie, insbesondere in Forschung und Entwicklung. Die Zulieferindustrie hat zusätzliche Aufgaben übernommen – entsprechend steigen ihre F&E-Ausgaben einschließlich des Personalaufwandes. Sie hat damit ihre Innovationskraft weiter gestärkt und ist zunehmend in der Lage, komplexe System- und Modullösungen anzubieten.

Dabei spielt die Elektronik einschließlich Software die entscheidende Rolle. Bereits heute wird der Großteil der Elektronik im Fahrzeug von Zulieferunternehmen bereitgestellt; hier kommt es ganz besonders auf die Beherrschung der Schnittstellen an. Dies wirkt sich in allen Bereichen des Fahrzeugs aus. Themen wie aktive und passive Sicherheit, Motoren- und Emissionstechnologie, aber auch Komfort-Optionen werden von der Zulieferindustrie technologisch mit bestimmt.

Partnerschaft in der Lieferkette – auch in kritischem Umfeld

Die deutsche Automobilindustrie weist traditionell einen deutlich geringeren vertikalen Integrationsgrad auf als beispielsweise ihre japanischen Wettbewerber. Es ist schon seit Beginn des Automobilbaus in Deutschland insbesondere der eigenständigen Innovationsleistungen selbstständig geführter Unternehmen der Zulieferindustrie zu verdanken, dass die deutsche Automobilindustrie stets an der Spitze der technologischen Entwicklung steht.

Die Partnerschaft der Automobilhersteller und -Zulieferer wird immer wieder harten Belastungsproben unterzogen. Die steigenden Rohstoffpreise in jüngster Zeit sind ein echter Härtetest für die automobile Wertschöpfungskette. Seit Beginn des Jahres 2004 haben die zweistelligen Preiserhöhungen der Stahlindustrie in allen Produktbereichen die Kosten- und Erlössituation der Zulieferindustrie massiv unter Druck gesetzt. Beginnend mit den ersten Stufen der Lieferkette über die Komponentenlieferanten bis hin zu den großen Tier 1-Zulieferern hat sich eine Kaskade aufgebaut, die auch bei den Automobilherstellern zu deutlich gestiegenen Kostenbelastungen geführt hat.

Dass es in dieser Situation bislang nicht zu Produktionsunterbrechungen und Programmkürzungen gekommen ist, liegt auch daran, dass frühzeitig ein Grundkonsens gefunden werden konnte, in dem die Lasten entlang der Lieferkette geteilt wurden. Auf der einen Seite haben die Fahrzeughersteller sich bereit erklärt, auf der Basis der individuellen Situation ihrer Lieferanten Zusatzkosten teilweise, zum Teil auch vollständig, zu übernehmen. Dort, wo der Markt dies zulässt, insbesondere im Nutzfahrzeuggeschäft, haben sie auch die Endkunden an den Zusatzkosten beteiligt. Auf der anderen Seite hat aber auch die Zulieferindustrie verstanden, dass es ein einfaches „Durchreichen der Kosten“ nicht geben kann. Sie musste auf Basis der transparenten Darstellung der individuellen Betroffenheit und der eigenen Möglichkeiten, Kosten zu senken, in produktspezifischen Gesprächen argumentieren. Diese Kombination aus Transparenz auf Lieferantenseite und Gesprächsbereitschaft auf der Ebene der Kunden wird auch künftig gefordert sein. Der Druck bei Stahl hat bislang ebenso wenig nachgelassen wie bei Aluminium oder Kupfer; auch im Kunststoffbereich bewirken die anhaltend hohen Ölpreise einen steigenden Druck auf die Lieferkette.

Strukturwandel der Wertschöpfungskette

Die wichtigsten Trends in der Entwicklung der automobilen Wertschöpfungskette werden sich auch in den kommenden Jahren fortsetzen:

- **Fortschreitende Variantenvielfalt:** Der bereits seit einigen Jahren erkennbare Trend weg von den klassischen Aufbauformen, wie etwa der Limousine, wird sich in Zukunft weiter verstärken. Individualisierung, Multioptionalität und Erlebnisorientierung prägen das Konsumverhalten und erfordern neue Fahrzeugkonzepte. Mit dem wachsenden Angebot so genannter Crossover-Modelle trägt die Automobilindustrie diesem Trend Rechnung.
- **Fortschreitende Modularisierung:** Als Folge der wachsenden Modellvielfalt nimmt die Notwendigkeit zu, die Fahrzeuge in einzelne Module zu zerlegen und in unterschiedlichen Konfigurationen zu verschiedenen Fahrzeugkonzepten

zusammenzuführen. Nur so lässt sich der Prozess eines zunehmenden „Customizing" kostenseitig im Griff behalten.

- **Mehr Elektronik:** Der Einsatz und vor allem die fehlerfreie Beherrschung der Elektronik wird die Fahrzeugentwicklung in den nächsten Jahren noch weit stärker prägen als in der Vergangenheit. Insbesondere wird es darum gehen, schon zu Beginn der Fahrzeugentwicklung eine „Elektronik-Architektur" zu entwerfen, die eine möglichst friktionsfreie Integration unterschiedlicher elektronischer Komponenten ermöglicht. Der Anteil der Elektronik am gesamten Fahrzeugwert wird daher, ernstzunehmenden Prognosen zufolge, von heute 20 Prozent auf über 35 Prozent im Jahr 2015 ansteigen.

In diesem Umfeld wird der Wettbewerb im Automobilmarkt auf zwei Ebenen ausgetragen: An der „Oberfläche" des Geschäfts mit dem Kunden über global positionierte Markenidentitäten – bei den deutschen Marken getragen von einem umfassenden Premiumanspruch. Dieser reicht von technologischer Höchstleistung über Komfort und Sicherheit bis zur ökologischen Effizienz ihrer Produkte. Auf der Ebene darunter aber stehen letztlich nicht mehr nur die einzelnen Fahrzeughersteller mit ihren technologischen Kernkompetenzen im Wettbewerb, sondern konkurrierende Wertschöpfungssysteme, die vor allem aus dem Netzwerk ihrer Zulieferer bestehen. Die Aussicht, dass bis zum Jahr 2015 der Wertschöpfungsanteil der Zulieferer (weltweit) von 65 auf 75 Prozent steigen wird, bedeutet nicht nur ein entsprechendes Umsatzsteigerungspotenzial für die Zulieferindustrie, sondern führt zu einer deutlichen Erweiterung ihrer Rolle als Kompetenzträger. Die Zulieferer mit den zu der jeweiligen Marke passenden optimalen Leistungen einzubinden und ihre innovativen Potenziale zu mobilisieren, wird damit noch mehr als heute zum Erfolgsfaktor für die Automobilhersteller.

Das alles bedeutet allerdings auch, dass wichtige betriebswirtschaftliche Fragen nicht mehr ohne einen integrativen Blick auf die Gesamtkette gelöst werden können: Die Fragen, welche Vorleistungen in der Entwicklung neuer markenspezifischer Technologien von welchen Partnern in der Kette zu tragen sind, wie die Rechte an diesen Technologien verteilt sind oder wie die entsprechende Produktionsinfrastruktur (Stichwort Werkzeugkosten) finanziert wird, werden zu gemeinsamen Herausforderungen über die Wertschöpfungsstufen hinweg.

Markenbildung im Zulieferbereich

Insbesondere auf dem deutschen Markt spielt das Markenimage der Automobilhersteller eine wichtige Rolle. Im Premiumbereich haben sich die deutschen Hersteller, sowohl auf ihrem Heimatmarkt als auch auf anderen Märkten, eine herausgehobene Position erarbeitet. Für ausländische Anbieter hat es sich – zumindest in Deutschland – als äußerst schwierig erwiesen, neue Marken einzuführen. Auch die deutschen Volumen-Hersteller profitieren im Wettbewerb von ihrem Markenimage.

In dieser Konstellation kann eine starke Zuliefermarke direkt nur wenig zur Profilierung des Automobilherstellers gegenüber seinem Endkunden beitragen. Sie wird vielmehr vom Automobilhersteller in seine eigene Markenbildung integriert. Ein Zulieferunternehmen entwickelt vor allem dann seine Kompetenzen, wenn es sich nicht auf einen Kunden konzentriert, sondern ein breit gefächertes Kundenspektrum beliefert. In dem sich dadurch ergebenden Freiraum ist eine eigene Profilierung möglich. Ein Automobilhersteller mit starker Marke wird aber darauf achten, die Markenbildung seiner Lieferanten zu unterstützen.

Die deutschen Automobilhersteller profitieren auf allen Märkten von ihrem positiven Markenimage. Es wäre jedoch möglich, dass ausländische Wettbewerber auf dem deutschen Markt ihre eigene Marke durch das positive Image ihrer kompetenten Lieferanten aufwerten. Aktuell spielt dies noch keine Rolle. Deutsche Zulieferer profitieren vielmehr im Ausland von ihrer eigenen Marke, die Innovationskraft, führende Technologie und Zuverlässigkeit ausstrahlt. Teilweise speist sich dies weiterhin aus dem Image „Made in Germany". Die herausragende Stellung deutscher Zulieferer auf den Weltmärkten basiert auch auf diesem positiven Image. Damit trägt es selbst zur Stärkung der deutschen Automobilindustrie auf den globalen Märkten bei.

Profilierung gegenüber Kunden

Eine eigene Markenbildung ist für Zulieferunternehmen vor allem dann sinnvoll, wenn sie selbst über eine starke Position im Endkundengeschäft verfügen. So haben sich Reifenhersteller über ihre Präsenz im Ersatzteilgeschäft eine starke Marke und dadurch in der Erstausrüstung eine gewisse Unabhängigkeit von den Automobilherstellern erarbeitet.

Aber auch in anderen Bereichen haben sich Zulieferunternehmen respektable Positionen schaffen können; Grundlage hierfür sind in der Regel Alleinstellungsmerkmale hinsichtlich Technologie, Zuverlässigkeit, zum Teil auch Tradition. Typische Produktbeispiele hierfür sind Batterien, Scheinwerfer, Stoßdämpfer oder Bremsen. Profitieren können Unternehmen auch, wenn sie über eine starke Position in einer anderen Branche verfügen, möglicherweise sogar von dieser Branche in das Automobilgeschäft diversifiziert haben. Beispiele hierfür sind der Audio-Bereich in Fahrzeugen und die Telematik. Insbesondere Unternehmen der Unterhaltungselektronik sprechen über das Fahrzeug auch den Endkunden an. In all diesen Fällen profitiert auch der Automobilhersteller vom „Ingredient Branding"; er kann seine Position gegenüber dem Endkunden verbessern. Damit verbundene höhere Kosten wird er allerdings nur dann akzeptieren, wenn er diese auch selbst am Markt in höhere Preise umsetzen kann.

Profilierung im Aftermarket

Zulieferunternehmen streben insbesondere eine Profilierung ihrer Marke an, wenn sie einen signifikanten Teil ihres Geschäftes im Aftermarket realisieren. Eine bekannte und imagestarke Marke kann hier den Absatz nachhaltig fördern. Gelungen ist dies namentlich den Reifenherstellern. Aber auch bei anderen Produkten haben Zulieferermarken einen zum Teil hohen Bekanntheitsgrad erreicht. Als Beispiele seien hier wieder die Produzenten von Batterien oder Scheinwerfern, aber auch von Scheibenwischern, selbst von Betriebsstoffen genannt. Die Profilierung im Aftermarket-Geschäft ist ein probates Mittel, die Marke zu stärken. Da im Ersatzteilgeschäft durchweg schwarze Zahlen geschrieben werden, sind Investitionen dort durchaus lohnend.

Die neue Gruppenfreistellungsverordnung (GVO) hat den Bewegungsspielraum der Zulieferindustrie im Ersatzteilgeschäft vergrößert. Dazu tragen insbesondere erweiterte Anwendungsmöglichkeiten des Qualitätsmerkmals „Original-Ersatzteil" bei. Dem Zulieferer bieten sich hiermit verbesserte Vermarktungsmöglichkeiten seiner Produkte. Auf der anderen Seite erleichtert die Verwässerung des Originalteile-Begriffs allerdings auch die Vermarktung von Nachbauteilen.

Profilierung im Beschaffungsmarkt

Starke Marken üben Anziehungskraft auch gegenüber Lieferanten aus. Dies gilt nicht nur für die Marken der Automobilherstelle, sondern zumindest auch für die Ebene der Tier 1-Lieferanten. Mit attraktiven Kunden werben zu können, erleichtert den Unternehmen auf vorgelagerten Ebenen, neue Kunden zu gewinnen. Auch hier gilt allerdings: Preisspielräume entstehen dadurch nicht. Der scharfe Wettbewerb auf allen Stufen der Wertschöpfungskette verhindert, dass solche Spielräume entstehen. Umgekehrt wird der Kunde mit hoher Attraktivität eher geneigt sein, daraus weitere Preisvorteile zu schöpfen.

Ein weiterer Zweig der Beschaffung ist die Rekrutierung von Mitarbeitern. Qualifizierte Mitarbeiter sind wohl die wichtigste Ressource eines Unternehmens. Unternehmen mit einem starken Markenimage fällt es sicherlich leichter, qualifizierte Mitarbeiter zu gewinnen. Mit einem positiven Image werden Zuverlässigkeit, Technologieführerschaft und langfristige Entwicklungsmöglichkeiten verbunden. Befragungen von Hochschulabgängern belegen immer wieder, dass solche Unternehmen die begehrtesten Arbeitgeber sind. Die Profilierung einer Marke zahlt sich langfristig in einer hohen Qualität der Mitarbeiter aus.

Entwicklung von Zuliefermarken

In Automobilindustrien anderer Länder spielt die Bedeutung von Zuliefermarken – verglichen mit der deutschen Industrie – weiterhin eine untergeordnete Rolle. Ist dort etwa das Kunden/Lieferanten-Verhältnis immer noch von der in Deutschland längst überholten Idee des Subcontracting beherrscht, ist eine Profilierung weder vom Kunden gewünscht noch hilfreich.

Besonders ausgeprägt ist dies im japanischen Keiretsu-System, das eine Profilierung der Zulieferunternehmen verhindert. Die „Geborgenheit" dieser Wertschöpfungsarchitektur lässt aber auch die Notwendigkeit, sich selbst einen Namen zu schaffen, nicht entstehen. Japanische Zulieferer sind auch außerhalb ihres Heimatmarktes eng an ihre Automobilhersteller gebunden; entsprechend schwer fällt es ihnen, neue Kunden zu gewinnen. Dagegen sind die deutschen Zulieferer stets rechtlich und wirtschaftlich selbstständige, selbstbewusste Unternehmen. Auch mittelständische Unternehmen müssen sich beständig im Wettbewerb behaupten. Sie haben sich früh international orientiert und bewegen sich aggressiver auf ausländischen Märkten. Das Kunden/Lieferanten-Verhältnis ist in der deutschen Industrie offenbar ausgewogener als anderswo. Dem Begriff der Partnerschaft kommt deshalb hier eine besondere Bedeutung zu.

Stabile und auf Partnerschaft beruhende Beziehungen werden allerdings vom scharfen internationalen Wettbewerb attackiert. „Erbhöfe" gibt es nicht mehr – Kostensenkung auf der einen, Innovationskraft und Technologieführerschaft auf der anderen Seite stellen die differenzierenden Faktoren dar.

Die deutsche Zulieferindustrie muss kostenmäßig wettbewerbsfähig sein; die Kostenführerschaft übernehmen kann sie in dieser hoch entwickelten Volkswirtschaft in dieser Hinsicht natürlich nicht – aber sie muss sich auch hier am Wettbewerb orientieren. Differenzieren können sich die Unternehmen dagegen über den Wettbewerbsfaktor Technologie. Insbesondere im internationalen Maßstab trägt die Stärkung der Marke zu dieser Profilierung bei. Im Zuge ihrer Globalisierungsaktivitäten werden die deutschen Zulieferer den Prozess der Markenbildung forcieren. Dazu gehört auch ein verstärktes Auftreten in der öffentlichen Wahrnehmung. Mit der Internationalen Automobil-Ausstellung IAA bietet dabei der VDA als Veranstalter dieser weltweiten Leitmesse der Mobilität ein ganz besonders wichtiges Podium für diese Strategie.

Markenbildung als strategisches Unternehmensziel

Die wachsende technische Komplexität des Automobils und der Prozess der zunehmenden Globalisierung der Wertschöpfungsstruktur bieten den deutschen Automobil-Zulieferern in den nächsten Jahren gute Chancen, sich als aktive Innovationsträger noch stärker auf dem Weltmarkt zu positionieren. Ein auf einer hohen technischen und logistischen Kompetenz basierendes, eigenständiges und klares Profil wird der entscheidende Erfolgsfaktor in der Zulieferindustrie sein.

Die Unternehmen der Automobil-Zulieferindustrie werden sich daher in Zukunft mit dem Thema „Markenbildung“ systematisch und strategisch beschäftigen. Dazu gehört eine Analyse der Kernkompetenzen, über die das Unternehmen verfügt, sowie eine Vision über seine künftige Rolle in einer globalisierten automobilen Wertschöpfungsstruktur. Beides muss in einem Markenwertmodell zusammengeführt werden, das zum Ausdruck bringt, für was das Unternehmen steht. In diesem Sinne ist eine erfolgreiche Marke sowohl das Ergebnis als auch die Voraussetzung für die Wahrnehmung der Wachstumschancen, die der Weltautomobilmarkt in den nächsten Jahrzehnten weiter bietet.

Die deutschen Unternehmen besitzen in diesem Sinne gute Chancen, am Wachstum der Märkte zu partizipieren. Die deutsche Automobilindustrie verbindet starke Hersteller- mit starken Zuliefermarken. Die weitere Stärkung dieser Verbindung, auf Basis einer engen und partnerschaftlichen Zusammenarbeit, stellt einen wichtigen Erfolgsfaktor im globalen Wettbewerb dar.

Prof. Dr. Bernd Gottschalk

Präsident des Verbandes der Automobilindustrie e. V. (VDA)

Prof. Dr. Bernd Gottschalk, geboren am 10. Juni 1943 in Lübeck, studierte an den Universitäten Hamburg, Saarbrücken und Stanford Calif., USA, Volkswirtschaftslehre. 1971 promovierte er an der Universität Hamburg zum Dr. rer. pol.. Von 1972 bis Mitte 1996 war er in verschiedenen Bereichen der Daimler Benz AG tätig. 1982 wurde ihm die Leitung der Öffentlichkeitsarbeit, Wirtschafts- und Verkehrspolitik übertragen. 1988 übernahm er die Kaufmännische Leitung des Werkes Mannheim, 1991 als Präsident der Mercedes-Benz do Brasil die Leitung der größten ausländischen Nutzfahrzeuggesellschaft der Mercedes-Benz AG. 1992 wurde Prof. Dr. Gottschalk zum ordentlichen Vorstandsmitglied für den Geschäftsbereich Nutzfahrzeuge bestellt.

Am 18. Oktober 1996 wählte ihn der Vorstand des VDA einstimmig zum Präsidenten des Verbandes, der die Interessen der deutschen Automobilhersteller, der Hersteller von Anhängern, Aufbauten und Containern und die der Zulieferindustrie vertritt.

Die Westsächsische Hochschule Zwickau bestellte am 20. Dezember 1999 Prof. Dr. Gottschalk zum Honorarprofessor für „Mobilität, Transport und Verkehr".

Der VDA-Präsident ist Vizepräsident des Bundesverbandes der Deutschen Industrie e. V. (BDI) sowie Vorsitzender des BDI-Verkehrsausschusses, Präsident der Organisation Internationale des Constructeurs d'Automobiles (OICA), Paris, und Vizepräsident des Deutschen Verkehrsforums.

Kapitel 2

Markendifferenzierung als Grundlage für zukünftige Wertschöpfungsstrategien

Dr. Jan Dannenberg
Director, Mercer Management Consulting

Dr. Romed Kelp
Principal, Mercer Management Consulting

Christian Kleinhans
Principal, Mercer Management Consulting

Wenn zukünftig nur noch 25 Prozent der gesamten automobilen Wertschöpfung für den Fahrzeughersteller als markenprägend gelten und somit im Fokus der Eigenleistung stehen, dann werden 75 Prozent durch die Automobil-Zulieferer erbracht – genügend Spielraum, um die Positionierung der eigenen Zuliefermarke zu verwirklichen.

Die Automobilmarke erfährt steigende Bedeutung

Marken begeistern! Eine Rolex wird nicht gekauft, weil sie innovative Technik in sich vereint, sondern weil die Marke eine besondere Ausstrahlung hat. Ein Ferrari ist stets ein hochklassiger Sportwagen, doch aufgrund der Aura, die diese Fahrzeuge umgibt, zugleich auch der Traum ganzer Generationen. „Is it love?" – der Claim von Mini bringt es auf den Punkt: Marken versehen Produkte mit Emotionen. Marken geben Orientierung! Früher lag die Beziehung „Volkswagen = Käfer" auf der Hand. Heute bieten die OEMs zahlreiche Fahrzeugkonzepte und eine umfangreiche Palette an Serviceleistungen an. Hier dienen Marken als Gütesiegel nach dem Motto: Da weiß man, was man hat (ehemaliger VW-Claim). Doch soll der Kunde das jeweilige Fahrzeug „aus Liebe zum Automobil" (aktueller VW-Claim) kaufen. Somit kommt Marken eine wachsende Bedeutung zu. Marken müssen begeistern!

Rapide Zunahme der Fahrzeugsegmente

Seit Ende der 1970er Jahre ist die Anzahl der Fahrzeugsegmente und -konzepte sprunghaft gestiegen. Gab es früher im wesentlichen Limousine, Coupé und Cabriolet, so finden sich heute Mikro-, Mini- und Maxivans, Sports Utility Vehicles und Sport Activity Vehicles, Crossover-Fahrzeuge neben Coupé-Cabriolets mit versenkbarem Harttop. Die Vielfalt der Fahrzeugkonzepte findet sich in nahezu jedem Fahrzeugsegment wieder vom Kleinwagensegment bis zu Luxusfahrzeugen. Die neuen Fahrzeugkonzepte und Modellreihen weisen mittlerweile einen erheblichen Anteil am Absatz der einzelnen Automobilmarken auf. So entfielen 2003 zirka 40 Prozent aller abgesetzten Fahrzeuge der Mercedes Car Group auf Modellreihen, die 1995 noch nicht existierten (Abb. 1). Diese und ähnliche Modelloffensiven erhöhen das Angebot an Fahrzeugen, die stärker den Bedürfnissen der Automobilkunden entsprechen. Für die OEMs bringt die starke Ausweitung der Modellpalette jedoch auch eine steigende Komplexität mit sich, die es zu bewältigen gilt.

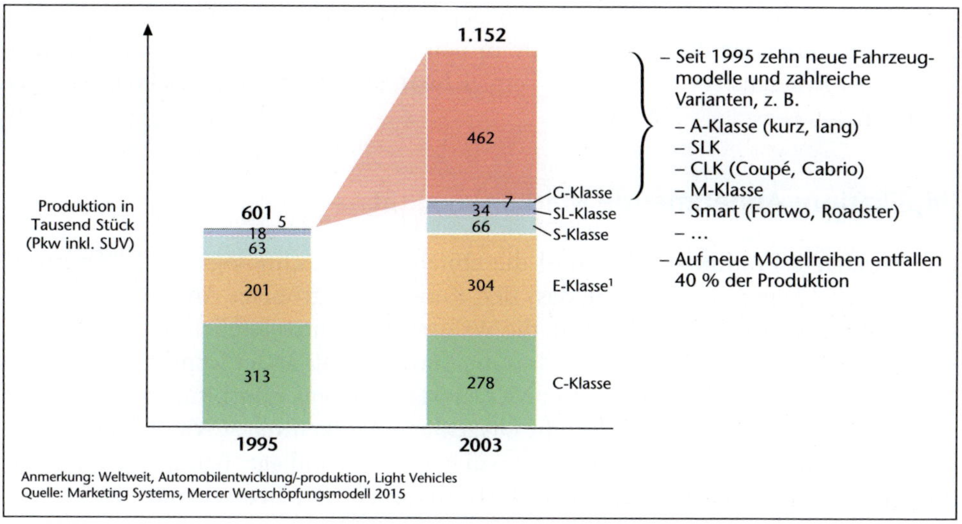

Abb. 1: Zunahme der Anzahl an Fahrzeugsegmenten am Beispiel „Mercedes-Benz/SMART"

Abnehmende technologische Differenzierungsmöglichkeiten für OEMs

Die Möglichkeiten der OEMs, ihr Kernprodukt – das Automobil – in technologischer Sicht vom Wettbewerb zu differenzieren, nimmt stetig ab. Eine Vielzahl von Innovationen wird mittlerweile nicht mehr von den OEMs selbst, sondern von Zulieferunternehmen entwickelt. Zur Erzielung von Skaleneffekten bei den Zulieferunternehmen ist eine markenübergreifende Vermarktung der Innovation in vielen Fällen Standard. Exklusivität der Vermarktung dieser Innovationen wird somit zunehmend schwieriger oder ist zumindest nur zeitlich stark begrenzt möglich. Die Beispiele hierzu sind zahlreich. Vergleicht man die Entwicklung der bahnbrechenden Sicherheitsinnovationen ABS und ESP, so wird der Trend deutlich: Nach der Ersteinführung von ABS 1978 dauerte es zwanzig Jahre, bis eine Durchdringungsrate von 40 Prozent erreicht wurde. Mittlerweile zählt ABS bei nahezu allen in Deutschland angebotenen Fahrzeugen ab der Kompaktklasse zur Serienausstattung. Das elektronische Stabilitätsprogramm (ESP), das 1994 erstmals eingesetzt wurde, wird die Marktdurchdringungsrate von 40 Prozent bereits nach rund zehn Jahren erreichen. Die Zeit des Alleinstellungsmerkmals und somit des Wettbewerbsvorteils des Ersteinsetzers verkürzt sich somit signifikant, die ehemalige Sicherheitsinnovation wird zu einer Commodity.

Auch in anderen Bereichen des Fahrzeugs lässt sich eine derartige Technologiediffusion feststellen. Elektronische Dämpferverstellung – bis vor kurzem nur bei ausgewählten Fahrzeugen der oberen Fahrzeugsegmente zu finden – wird bereits im Opel Astra, einem Modell der unteren Mittelklasse, angeboten. Die genannten Beispiele zeigen auf: Durch abnehmende Möglichkeiten der OEMs, sich technologisch nachhaltig zu differenzieren, werden die Produkte in den „messbaren" und tangiblen Dimensionen aus Kundensicht zunehmend vergleichbar, ja sogar als austauschbar wahrgenommen.

Implikation: Abnehmende Markenloyalität

Das erweiterte Produktangebot und die abnehmende technologische Differenzierungsmöglichkeiten führen dazu, dass den Kunden ein größeres Angebot vergleichbarer Fahrzeuge zur Verfügung steht, die Wahlmöglichkeiten folglich steigen. Das hat Folgen. Zahlreiche Studien belegen, dass die Markenloyalität der Kunden im Zeitverlauf stetig abnimmt. Eine Studie von Mercer Management Consulting aus dem Jahr 2003 kommt zu dem Ergebnis, dass die tatsächliche Markentreue (Wiederkaufrate) in den letzten fünf Jahren um 18 Prozent gesunken ist (Grundlage: Befragung von 2 500 Autofahrern in den USA, Frankreich, Großbritannien und Deutschland). Zieht man in Betracht, dass ein Kunde, der die Automobilmarke wechselt, einen Umsatzverlust von rund 300 000 Euro (pro Haushalt, über den gesamten Kundenlebenszyklus) verursacht und die Rückeroberung eines Kunden fünf Mal teurer ist, als einen Kunden zu halten, so zeigt sich die ökonomische Dimension sinkender Markenloyalität: Der Handlungsbedarf wird offensichtlich.

Profilierung der Automobilmarke zur Erhöhung der Kundenbindung

Die abnehmende Markenloyalität ist ein Indikator dafür, dass den Anforderungen der Kunden nicht adäquat entsprochen wird. Die Markenpositionierungen sind nicht ausreichend trennscharf, um die angesprochene technologische und modellpolitische Auswechselbarkeit zu kompensieren. Um der abnehmenden Markenloyalität entgegenzuwirken, muss die Automobilmarke einen klaren Fokus entwickeln. Die Kunden sind zielgerichtet zu segmentieren, und das geeignete Kundensegment ist zu selektieren. Das Produktangebot und die Attribute der einzelnen Produkte müssen an die Bedürfnisse des Zielkundensegments angepasst werden. Nachgelagerte Service-Dienstleistungen und der Auftritt der Vertriebs- und Serviceorganisation runden den Gesamtauftritt ab. Es ist somit ein Paket aus physischem Produkt und Dienstleistungen zu erstellen und mit werblichem Aufwand zu kommunizieren, das den Anforderungen der Kunden entspricht. Dabei kommt mit Blick auf die Kundenbindung allen Bestandteilen des Paketes eine hohe Bedeutung zu, allen voran dem Produkt selbst. Ein Hol- und Bringservice bietet den Kunden nur dann einen echten Mehrwert, wenn das richtige Produkt gebracht wird.

Spannungsfeld Upstream versus Downstream: Was hilft der Automobilmarke mehr?

Es zeigt sich, dass zur Erzielung von Kundenbindung zahlreiche Maßnahmen aus dem Downstream-Segment, etwa die Gestaltung des POS (Point-of-Sale) oder Finanzierungsdienstleitungen, und Upstream – das eigentliche Fahrzeug selbst – aufeinander abzustimmen sind. Nur so kann ein konsistenter Markenauftritt gewährleistet werden.

Die Notwendigkeit, sowohl upstream als auch downstream aktiv zu sein, zeigt auf, dass Konkurrenz um knappe Ressourcen innerhalb des Unternehmens entsteht: Ist der Wertbeitrag durch den Aufbau einer umfassenden Finanzdienstleistungssparte höher als der, den die Investition in eine neue Lackierstraße erwirtschaftet? Wo sind die knappen Ressourcen am besten einzusetzen? Das Automobil und somit der gesamte Produktentstehungsprozess müssen ihren Beitrag zur effizienten Ressourcenallokation leisten. Die Wertschöpfungsstruktur ist hierbei auf den Prüfstand zu stellen.

Markenprägende Wertschöpfungsstrategie

Bei der Überprüfung der Wertschöpfungsstruktur ist der Beitrag der Entwicklungs- und Produktionswertschöpfung zur Erfüllung der Kundenanforderungen und somit der Schärfung des Markenprofils zu untersuchen. Die Ausprägungen der Automobilmarke müssen die Kundenbedürfnisse widerspiegeln. Den Kundenbedürfnissen wird durch markenspezifische Ausgestaltung relevanter Funktionen im Fahrzeug entsprochen. Diese vom Kunden wahrgenommenen Funktionen werden im Automobil durch eine Gruppe von Modulen erbracht. Die technische Ausgestaltung dieser Module trägt somit wesentlich zur Wahrnehmung der relevanten Funktionen beim Kunden bei. Das Markenprofil aus Sicht der Kunden wird durch die spezifische Auslegung des Moduls beeinflusst. So entspricht beispielsweise Porsche dem Kundenbedürfnis einer sportlichen Fortbewegung unter anderem dadurch, dass das Modul Motor markenspezifisch ausgestaltet wird. Sowohl Leistungsvermögen als auch Ansprechverhalten der Motoren dienen dazu, die Automobilmarke Porsche positiv aufzuladen.

Abhängig vom Markenprofil finden sich also in einem Fahrzeug sowohl solche Module, die dazu beitragen, das Markenprofil zu schärfen, als auch solche Module, die dazu keinen Beitrag leisten. Für eine Automobilmarke, die sportliche Markenwerte aufweist, sind Module mit Auswirkung auf die Fahrdynamik sicherlich wesentlich, um das Markenprofil zu schärfen, wohingegen etwa das Modul Fenster/Glas einen deutlich geringeren Stellenwert aufweist. Es sind also diejenigen Module zu identifizieren, die das Markenprofil schärfen. Bei diesen Modulen kann durch gezielte Eigenleistung das Markenerlebnis gesteigert werden, da Alleinstellungsmerkmale generiert und abgesichert werden. Im Umkehrschluss ergibt sich: Module ohne Beitrag zum Markenprofil bedürfen geringerer oder keiner eigenen Wertschöpfung des OEMs.

In diesem Kontext sind auch die einzelnen Wertschöpfungsschritte von Vor- und Serienentwicklung über Modulfertigung bis hin zur Modulmontage zu betrachten. Im Rahmen der als markenprägend identifizierten Module ist die Frage zu beantworten, welche Wertschöpfungsschritte der OEM selbst erbringen muss, um dem Modul seinen Stempel aufzudrücken. Es ist für einen Kunden, der sportliche Automobilmarken bevorzugt, sicherlich nicht wesentlich, dass der OEM die Wertschöpfungskette des Fahrwerks von der Bauxitgewinnung über Aluminumschmelze und -guss bis hin zur Montage der einzelnen Baugruppen erbringt. Vielmehr ist der Kunde am Ergebnis, dem konkreten Fahrerlebnis, interessiert. Das wird im genannten Beispiel stark von der Entwicklung des Fahrwerks sowie der zugehörigen Fahrwerkselektronik und der Abstimmung des Gesamtfahrwerks bestimmt.

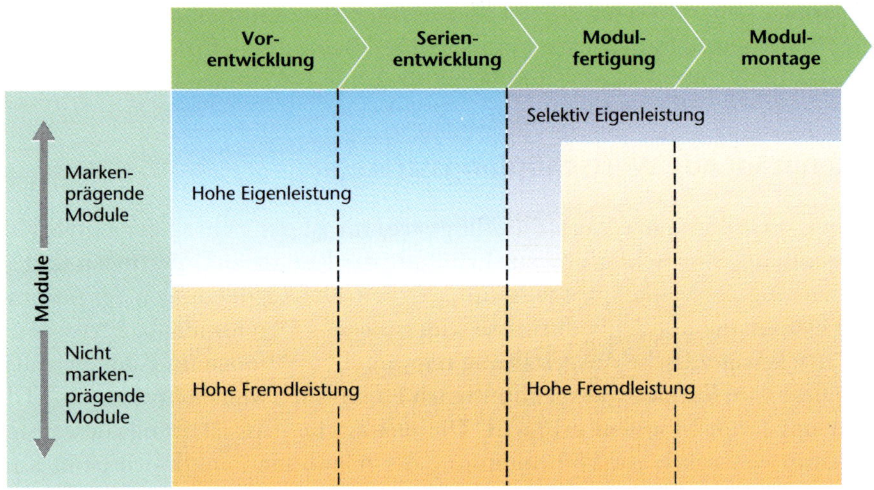

Quelle: Mercer Wertschöpfungsmodell 2015

Abb. 2: Markenprägende Wertschöpfung des OEMs – Zusammenwirken von Modulen und Wertschöpfungsstufen

Das Beispiel zeigt: Nicht nur die Identifikation der markenprägenden Module ist von Bedeutung, auch der zu leistende Wertschöpfungsumfang je Modul trägt zur Wahrnehmung einer Automobilmarke beim Kunden bei. Hierbei lässt sich aus Markensicht festhalten: Im Rahmen der Vor- und Serienentwicklung kann der OEM die spezifischen Attribute der Module definieren und an der Automobilmarke ausrichten. Hohe Eigenleistung in diesen Wertschöpfungsstufen dient zur Markenprägung. In der Produktionswertschöpfung verhält es sich anders. Selbst bei markenprägenden Modulen ist Wertschöpfung in den Stufen Modulfertigung und -montage nur in Ausnahmefällen als markenprägend anzusehen.

So ergibt sich eine Matrix aus Modulen und Wertschöpfungsstufen, in der die gezielte Eigenleistung zur Schärfung des Markenprofils beiträgt (Abb. 2). Der Fokus liegt auf der Entwicklungswertschöpfung für markenprägende Module.

Umsetzung der markenprägenden Wertschöpfungsstrategien bei OEMs

Die OEMs stehen vor der Aufgabe, die dargestellten Herausforderungen zu meistern. Positionierung der Automobilmarke, zielgerichtete Gestaltung der Downstream-Aktivitäten und markenorientierter Umbau des Upstream-Bereichs stehen bevor. Vor allem die Neuausrichtung der Entwicklungs- und Produktionswertschöpfung bedeutet einen erheblichen Änderungsbedarf.

Markenwerte nicht mehr produktzentrisch

Der Tatsache Rechung tragend, dass die Kunden von einem OEM mehr erwarten als das nackte Fahrzeug, führt dazu, dass die Markenwerte der OEMs umfassender werden. Am Beispiel Opel lässt sich das anschaulich beschreiben: Im Zuge der Revitalisierung der Automobilmarke Opel wurden spezifische Markenwerte herausgearbeitet. Diese Markenwerte vermitteln einen breiten Anspruch der Automobilmarke Opel; sie stehen teilweise in geringem Bezug zu dem Fahrzeug selbst (Abb. 3). Werte wie Partnerschaft sind eher der Beziehung zur Community zuzuordnen als einzelnen Produkten wie Zafira oder Signum. Vielseitigkeit und Kreativität finden sich sowohl in tangiblen Bereichen wieder, wie beispielsweise dem Packaging des Gesamtfahrzeugs, als auch in Downstream-Services. Dynamik und Qualität hingegen sind die einzigen Markenwerte, die einen direkten Wertschöpfungs- oder Modulbezug aufweisen, beispielsweise für Fahrwerksmodule.

Das Markenversprechen wird also vielschichtiger; sowohl Upstream als auch Downstream werden angesprochen. Einzulösen ist das Markenversprechen somit über die gesamte Wertschöpfungskette. Vertrieb und Services müssen ebenso an den Markenwerten ausgerichtet werden wie die Fahrzeuge selbst.

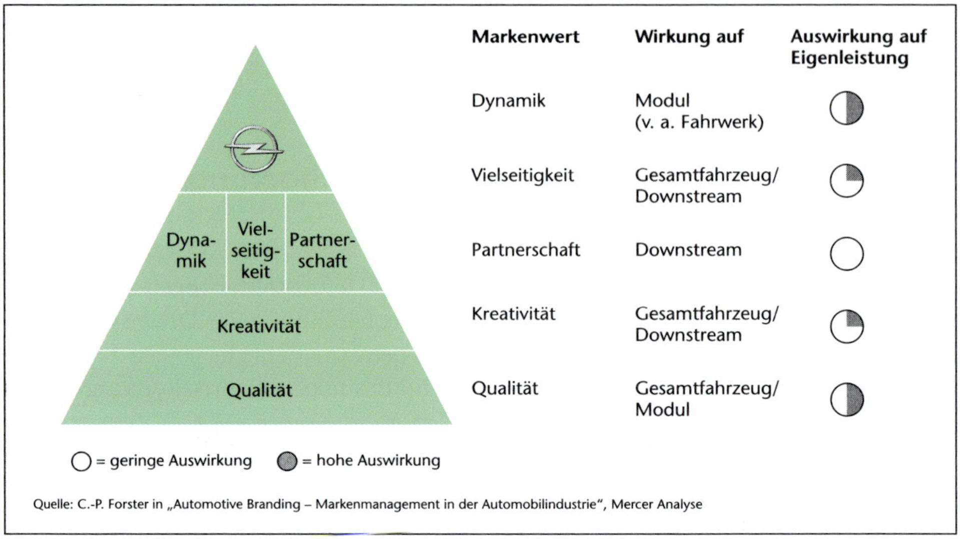

Abb. 3: Vielschichtigkeit der Markenwerte am Beispiel Opel

Die OEMs investieren downstream

Um das erweiterte Markenversprechen einzulösen, investieren die OEMs massiv in Vertriebsorganisationen und Serviceleistungen. Professionalisierung der Händler und Niederlassungen, Aufbau und Ausbau von Multi-Channel-Vertriebssystemen und die Etablierung neuer Retail-Formate sind einige Schlagwörter im Bereich der Vertriebs- und Serviceorganisation. Die Neugestaltung der Vertriebs- und Serviceorganisation von Nissan in den USA zeigt das Bestreben, einen konsistenten Markenauftritt auf der Retail-Ebene zu erzielen. Das äußerst heterogene Erscheinungsbild der Nissan-Händler wurde zugunsten eines markenunterstützenden Auftritts einheitlich ausgerichtet. Als Beispiel für ein neues Retail-Format dient die „Autostadt" des Volkswagenkonzerns. Neben der ausführlichen Präsentation aller Konzernmarken werden dem Kunden zahlreiche zusätzliche Serviceangebote von Werksführungen über Sicherheits- und Spartrainings bis hin zu Fahrten über den Gelände-Parcours entgeltlich angeboten. Die OEMs bauen ihren Vertrieb im Sinne der Unterstützung des Markenauftritts radikal um.

Auch bei den Serviceleistungen sind die OEMs sehr aktiv: Die Dienstleistungsangebote werden zunehmend ausgebaut. Die einzelnen Leistungspakete, die teils fahrzeug- und teils kundenbezogen sind, werden so konzipiert, dass sie einen Beitrag zum Markenerlebnis leisten. Dabei werden Finanzierung, Leasing, Flottenmanagement, Telematik-Services aber auch Kommunikation, Fahrertraining oder Kundenbindungsprogramme spezifisch für die jeweilige Automobilmarke ausgestaltet.

Die neuen Dienstleistungen erstrecken sich sowohl auf fahrzeugbezogene als auch auf kundenbezogene Services. So plant Volkswagen den Erwerb der Flottenmanagement-Tochter leaseplan der ABN Amro für eine Milliarde Euro (50-Prozent-Anteil). Durch den Erwerb steigt Volkswagen zum größten europäischen Anbieter im Segment des Großkunden-Leasing auf und erhält somit auch Zugang zu Kunden anderer OEMs, die ein Wachstumspotenzial für das Finanz- und Dienstleistungsgeschäft darstellen. Auch andere OEMs bauen die Finanzsparten weiter aus. So erwägen einige OEMs den Aufbau von Universalbanken, um den Kunden ein umfassenderes, nicht-fahrzeugbezogenes Angebot unterbreiten zu können. Die Beispiele zeigen: Im nachgelagerten Bereich ist Bewegung; massive Investitionen werden im Downstream getätigt.

Markenorientierte Anpassung der Produktwertschöpfung

Wie ist in diesem Zusammenhang die markenprägende Wertschöpfungsstrategie umzusetzen? Aus dem oben Gesagten folgt, dass die Bestimmung der markenprägenden Wertschöpfungsstrategie im jeweiligen Kontext der Automobilmarke zu erfolgen hat. Dennoch lassen sich übergreifende Strukturen ableiten. Ein Hebel, die Automobilmarke auf das Produkt zu übertragen und so erlebbar zu machen, ist das Exterior- wie auch Interior-Design. Alle Entwicklungsschritte, die mit Design, Gestaltung und Haptik zu tun haben, vom Cockpit bis zur Außenhaut, sind als markenrelevant anzusehen – egal, ob für Dodge oder Hummer – und werden somit eine Eigenleistungsdomäne darstellen. Ausnahmen sind hier vor allem bei der Gestaltung von Nischenfahrzeugen oder bei solchen OEMs zu erwarten, die von der Vergabe der Design-Leistung an Unternehmen wie Bertone, Zagato oder Pininfarina die eigene Automobilmarke positiv aufladen können.

Ein weiterer Aspekt ist die Zugehörigkeit zu jeweiligen Marken-Clustern. An Premiummarken werden in der Regel andere und höhere Anforderungen gestellt als an Volumenmarken, unabhängig ob Jaguar oder Maserati beziehungsweise Ford oder Fiat. Premiumfahrzeuge müssen bestimmte Anforderungen hinsichtlich Komfort, Sicherheit und Produktqualität erfüllen, ungeachtet der jeweiligen Markenpositionierung innerhalb des Premiumsegments. Diese Anforderungen führen zu höherer Eigenleistung in den Wertschöpfungsumfängen, die für die genannten Bereiche wesentlich sind.

Schließlich gilt es, die markenspezifischen Anforderungen dergestalt zu erfüllen, dass durch die Umsetzung der Anforderungen das Markenprofil geschärft wird, also Differenzierungspotenziale innerhalb des Segments genutzt werden. Bei BMW beispielsweise steht Fahrdynamik im Vordergrund. Abgeleitet aus dem Markenkern „Freude am Fahren" werden Innovationen verstärkt in den Fahrzeugumfängen und -funktionen erarbeitet, die die Fahrdynamik positiv beeinflussen (Abb. 4).

Marke	BMW			
Kern der Marke	**„Freude am Fahren" „The Ultimate Driving Machine" „Sheer Driving Pleasure"**			
Fahrzeug-attribute	**Styling**	**Fahren**	**Technologie**	**Sicherheit**
Marken-prägung	• Emotional, athletisch • Eleganz • Kontinuität • Premium	• Sportliches Fahrverhalten • Performance • Präzises Handling	• Technologie-orientierte Umsetzung des Premiummarken-versprechens	• Erfüllung der Kunden-anforderungen an ein Premium-Produkt
Konsequenzen für Produkt/ Wertschöpfung	• Moderate bis aggressive Designänderung	• Fokus auf Motor, Antriebsstrang und Fahrwerkselektronik • „Fahrerarbeitsplatz" im Mittelpunkt (z. B. i-Drive)	• Innovationsführer-schaft in fahr-dynamikrelevanten Fahrzeugumfängen (z. B. Valvetronic, Aktivlenkung) • Innovationsan-spruch Leichtbau	• Sicherheitsstandards über Marktniveau • Innovationsführer-schaft in fahr-dynamikrelevanten Sicherheitssystemen (z. B. Head-up-Display)

Quelle: BMW, Mercer Analyse

Abb. 4: Markenprägung und Konsequenzen für Produkt und Wertschöpfung am Beispiel BMW

Ob Leichtbau beim Gesamtfahrzeug, Valvetronic bei der Ventilsteuerung oder i-Drive als Ergonomie-Innovation: In den Fahrzeugattributen „Fahren" und „Technologie" ist eine konsequente Ausrichtung auf Fahrdynamik zu erkennen. Das spiegelt sich in erhöhter spezifischer Eigenleistung für die Module, die markenprägend sind, wider. Abb. 5 zeigt beispielhaft die 42 Module des Fahrzeugs des sportlichen Premiumanbieters BMW hinsichtlich markenprägend, nicht-markenprägend und Premiumanspruch sowie die daraus resultierende Eigenleistungsstrategie. Dabei wird deutlich, dass Module, die die Fahrdynamik beeinflussen, wie beispielsweise Bremssystem, Fahrwerks-/Antriebselektronik, Motor und Federung/Dämpfung, für BMW als markenprägend anzusehen sind. Als Automobilmarke mit Premiumanspruch sind weitere Module eigenleistungsrelevant. Hier lassen sich exemplarisch Insassenschutz, Sitze oder Cockpit nennen. Zahlreiche andere Module weisen eine nur geringe Markenprägung auf.

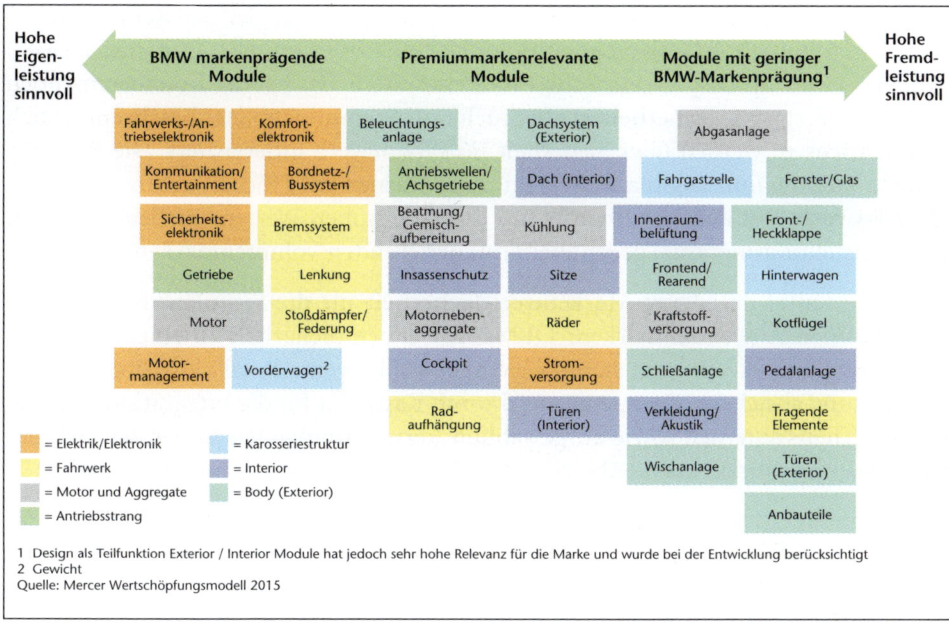

Abb. 5: Markenprägende und nicht-markenprägende Module einer sportlichen Premiummarke am Beispiel BMW

Markenprägende Wertschöpfungsstrategie am Beispiel Fahrzeugsicherheit

Seit jeher stehen Volvo und Mercedes-Benz für Sicherheit im Automobilbau. Die Zahl der Innovationen, die mit Mercedes-Benz, aber auch mit Volvo verbunden wird, ist beträchtlich. Von ABS und Airbag über Sicherheitsgurt und -lenksäule bis hin zu „Presafe“ und „WHIPS“ (Whiplash Protection System, ein System zur Vermeidung von Schleudertraumata): Volvo und Mercedes-Benz sind seit Jahren Treiber der Sicherheitsentwicklung. Sicherheit stellt bei diesen OEMs einen aktiven Markenwert dar. Doch wird das Thema Sicherheit auch für andere OEMs zu einem bedeutenden Bestandteil der Automobilmarke. BMW und Audi erfüllen die gängigen sicherheitsrelevanten Anforderungen an Premiummarken, legen jedoch bei der jeweiligen Innovationsstrategie markenspezifische Schwerpunkte: Mit der breiten Penetration des quattro-Antriebs in der Modellpalette kombiniert Audi das Thema Sicherheit mit den sportlichen Markenwerten. Sicherheit und Fahrdynamik werden synergetisch zusammengeführt, und Sicherheit ist somit markenspezifisch besetzt. Einen ähnlichen Weg verfolgt BMW: Ebenso eine Automobilmarke mit stark ausgeprägten sportlichen Attributen, erfüllt BMW die sicherheitsspezifischen Anforderungen an Premiummarken. Innovationen, also Alleinstellungsmerkmale, werden jedoch hauptsächlich in den Sicherheitsfunktionen erzielt, die eine Nähe zu Fahrdynamik und Fahrerassistenzsystemen aufweisen. Als Beispiel dienen hier die in der 5er-Reihe angebotenen Innovationen Adaptive Lenkung und Wankstabilisierung („Dynamic Drive") sowie das Head-up Display, ein Fahrerassistenzsystem, das bei der Konkurrenz noch nicht eingesetzt wird. Sicherheit ist aber nicht auf Premiumanbieter beschränkt; auch Volumenmarken werden über Sicherheit im Wettbewerb differenziert. Die Renault-Modelle Megane und Laguna weisen mit fünf Sternen die Höchstwertung im Euro-NACAP-Crash-Test auf. Mit überdurchschnittlich hohen Werten erarbeitet Renault ein Alleinstellungsmerkmal gegenüber konkurrierenden Volumenmarken.

Was bedeutet der aktive Markenwert Sicherheit für die Eigenleistungsstrategie der genannten Automobilmarken? OEMs, bei denen Sicherheit zu einem markenprägenden Element wird, müssen dieses Alleinstellungsmerkmal aktiv über gezielte Eigenleistung absichern. Kompetenz und somit Kapazität für die Integrationsleistung von Sicherheitssystemen sowie ausgewählten Kernkomponenten sind daher bei diesen OEMs stark auszubauen (Abb. 6).

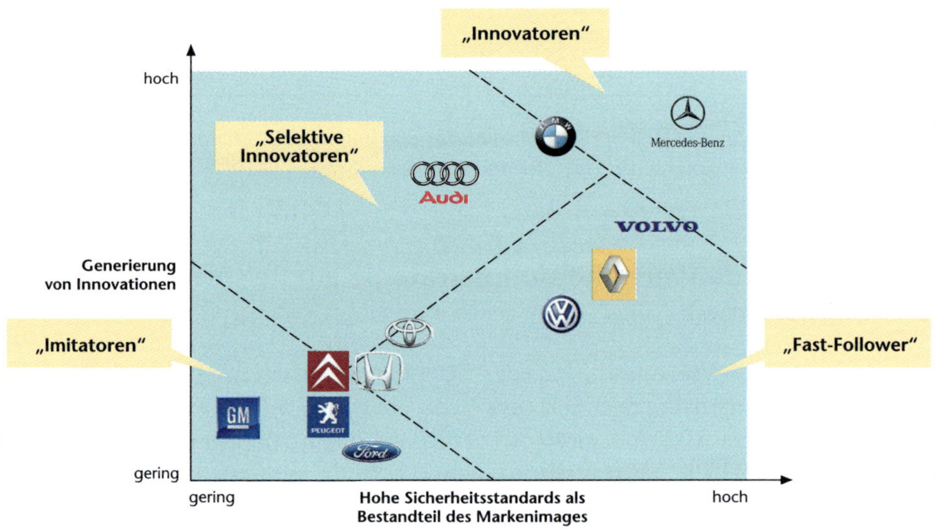

Quelle: Mercer Wertschöpfungsmodell 2015

Abb. 6: Beispiel Markenpositionierung für aktive und passive Sicherheit

Hiervon sind insbesondere Forschung, Vor- und Konzeptentwicklung betroffen, aber auch im Rahmen der Serienentwicklung die Software-Erstellung. In der Produktion gilt es, die Herstellung von komplexen Komponenten, vor allem aus der Mechatronik in Eigenregie zu übernehmen. Nur so kann sichergestellt werden, dass das Markenversprechen in puncto aktiver und passiver Sicherheit im Rahmen des Produkterlebnisses vom Kunden erlebt werden kann. Einzelkomponenten und -module, die keinen signifikanten Beitrag zur Markenprägung leisten, werden von Spezialisten bezogen.

Für OEMs, die Sicherheit nicht im Markenkern aufweisen, werden Module, Komponenten und Integrationsleistung zu einer Fremdleistungsdomäne. Diese OEMs werden „standardisierte" Sicherheitstechnik mit einem geringeren Innovationsgrad von unternehmensexternen Systemintegratoren zukaufen, um den jeweiligen Anforderungen zu genügen. Die Eigenleistung wird bei sicherheitsbezogenen Modulen weitgehend reduziert. Die frei werdenden Ressourcen stehen somit anderen Verwendungszwecken zur Verfügung, das heißt zum Aufbau von Eigenleistung für markenprägende Wertschöpfungsumfänge der betrachteten Automobilmarken oder auch für Investitionen in Downstream-Aktivitäten.

An dem prominenten Beispiel Sicherheit zeigt sich: Zur Positionierung und Absicherung der Automobilmarke ist spezifisch Eigenleistung in den Modulen und Wertschöpfungsschritten aufzubauen, die vom Kunden während der Produktnutzung als markenprägend wahrgenommen werden. Die Module und Wertschöpfungsschritte – beispielsweise die Produktion eines selbst abblendenden Innenspiegels –, die zwar der Sicherheit zuzuordnen sind, deren Eigenleistung jedoch nicht zur Einlösung des Markenversprechens dient, sind konsequent an unternehmensexterne Wertschöpfungspartner zu übertragen.

Konsequenz: Markenspezifische Eigenleistungsstrategie der OEMs

Am Beispiel der Fahrzeugsicherheit konnte aufgezeigt werden, welche Konsequenzen die markenprägende Wertschöpfungsstrategie auf die Eigenleistungsstrategie der Automobilmarken hat. Im Folgenden wird dieses Beispiel verallgemeinert und die Auswirkungen quantifiziert.

Obwohl – wie eingangs ausgeführt – die OEMs daran arbeiten, die jeweiligen Automobilmarken mit individuellen Markenwerten zu positionieren, lassen sich einzelne Automobilmarken anhand distinkter Kriterien zu Marken-Clustern zusammenfassen. Die Einteilung in Volumenmarken und Premiummarken dient hierbei als gängige Grobeinteilung. Wie in Abb. 7 zu sehen ist, lässt sich diese Einteilung noch weiter aufgliedern.

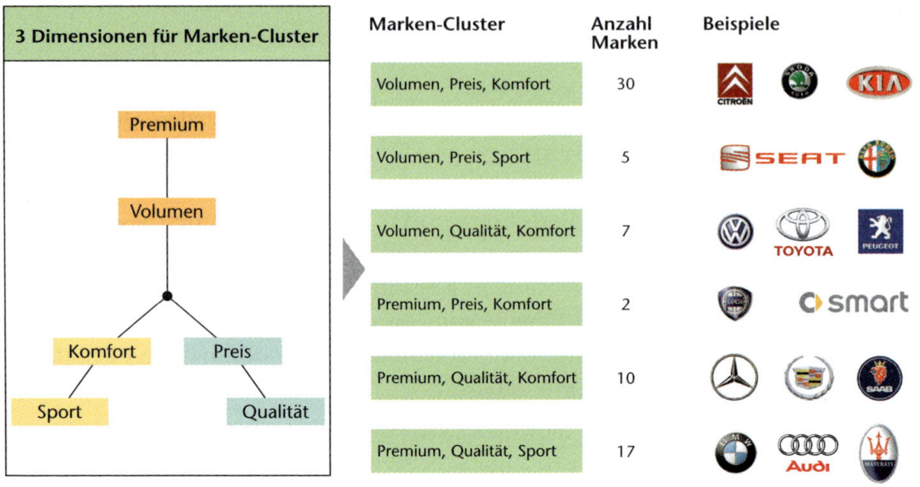

Quelle: Mercer Wertschöpfungsmodell 2015

Abb. 7: Festlegung der Marken-Cluster –
Zuordnung der Automobilmarken anhand dreier Dimensionen

So sind neben der Dimension Volumen versus Premium die Dimensionen Preis versus Qualität und Sport versus Komfort wesentlich. Was zunächst als Widerspruch erscheint – unabhängige Dimensionen für Volumen versus Premium oder Preis versus Qualität –, macht bei genauerer Betrachtung der Positionierungen der Automobilmarken des Toyota-Konzerns Sinn: Toyota und Daihatsu, beides Automobilmarken im Volumensegment, weisen deutliche Unterschiede hinsichtlich der Ausgestaltung des Markenanspruchs auf. Während Daihatsu beispielsweise bei Technologieanspruch und Materialauswahl eindeutig den Kostenfokus in den Vordergrund stellt, bietet die Automobilmarke Toyota bei allem Effizienzstreben qualitativ hochwertige Technologien und Materialen und erfüllt somit den Qualitätsanspruch im Volumensegment. Premiumansprüche werden im Toyota-Konzern jedoch über die Automobilmarke Lexus abgedeckt. Ebenso eindeutig ist die Trennung in sport- und komfortorientierte Markengruppen: Maserati und Cadillac verfolgen beide einen qualitätsorientierten Premiumanspruch. Dennoch unterscheiden sich beide Automobilmarken erheblich hinsichtlich sportlicher Markenwerte. Während bei Maserati sportliche Werte zu den vitalsten Markenwerten gehören, ist dieser Aspekt bei Cadillac nicht ausgeprägt; hier dominieren komfortorientierte Werte. Deshalb findet sich Cadillac in einer Markengruppe mit Lincoln, Saab und Mercedes-Benz wieder.

Die aus der Betrachtung der drei Dimensionen identifizierten sechs Automobilmarken-Cluster weisen starke Unterschiede hinsichtlich des zukünftigen Eigenleistungsanteils auf (Abb. 8). Im Durchschnitt werden die OEMs im Jahr 2015 einen Eigenleistungsanteil von 22,5 Prozent aufweisen. Das Marken-Cluster „Premium

– Qualität – Sport“ wird mit 26,2 Prozent zukünftig den höchsten Eigenleistungsanteil auf sich vereinen, während das Marken-Cluster „Volumen – Preis – Komfort“ mit 20,9 Prozent den niedrigsten Wert besitzt.

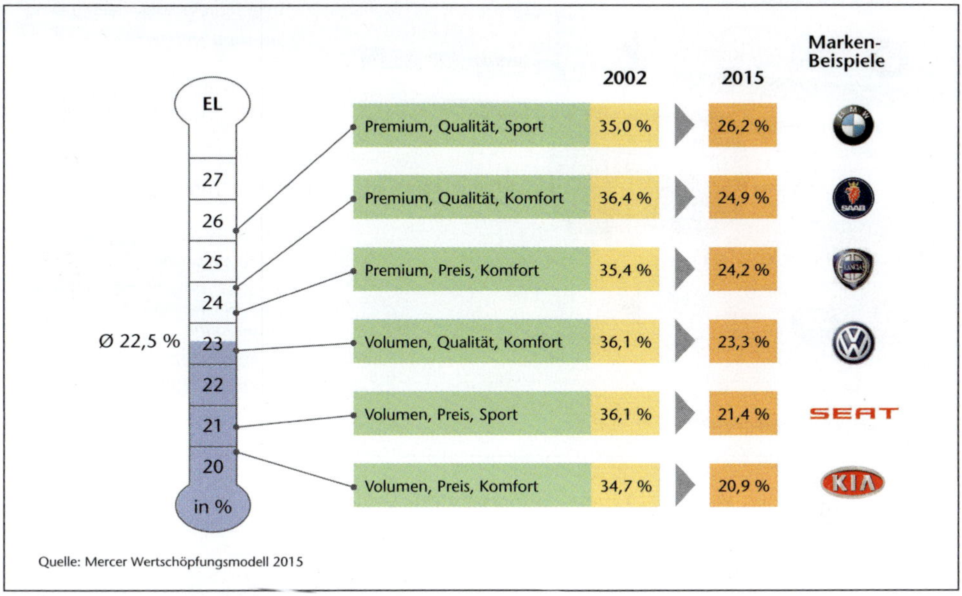

Abb. 8: Wertschöpfungstiefe je Marken-Cluster 2002 vs. 2015

Der Unterschied von über fünf-Prozent-Punkten ist vor allem auf die Ausprägung der Dimensionen „Volumen versus Premium“ und „Sport versus Komfort“ zurückzuführen. Zur Sicherstellung des Premiumanspruchs werden Premiummarken einen signifikant höheren Eigenleistungsanteil in der Entwicklung, aber auch selektiv in der Produktion inhouse behalten als Volumenmarken, die ihre Wertschöpfungsstruktur stärker unter Kostengesichtspunkten optimieren. Automobilmarken mit sportlichen Automobilmarkenwerten werden zukünftig Kernwertschöpfungsumfänge – vor allem im Fahrwerk – zur Erfüllung dieser Markenwerte in Eigenleistung erbringen, wohingegen komfortorientierte Automobilmarken diese Umfänge von Systemintegratoren beziehen. Am Beispiel des Moduls Fahrwerks-/Antriebselektronik lässt sich das nachvollziehen (Abb. 9): Im Jahr 2002 weisen beide Fahrzeug-Cluster vergleichbare Eigenleistungsanteile auf. Während für das Marken-Cluster „Volumen – Preis – Komfort“ – also beispielsweise Chevrolet oder Nissan – das durch dieses Module erzeugte Fahrerlebnis nicht markenprägend ist und somit weitere Wertschöpfungsanteile an Systemintegratoren übertragen werden, dient für das Marken-Cluster „Premium – Qualität – Sport“ Eigenleistung zur Differenzierung. Das Ergebnis: Der Eigenleistungsanteil steigt bis 2015 um zirka zehn Prozent-Punkte.

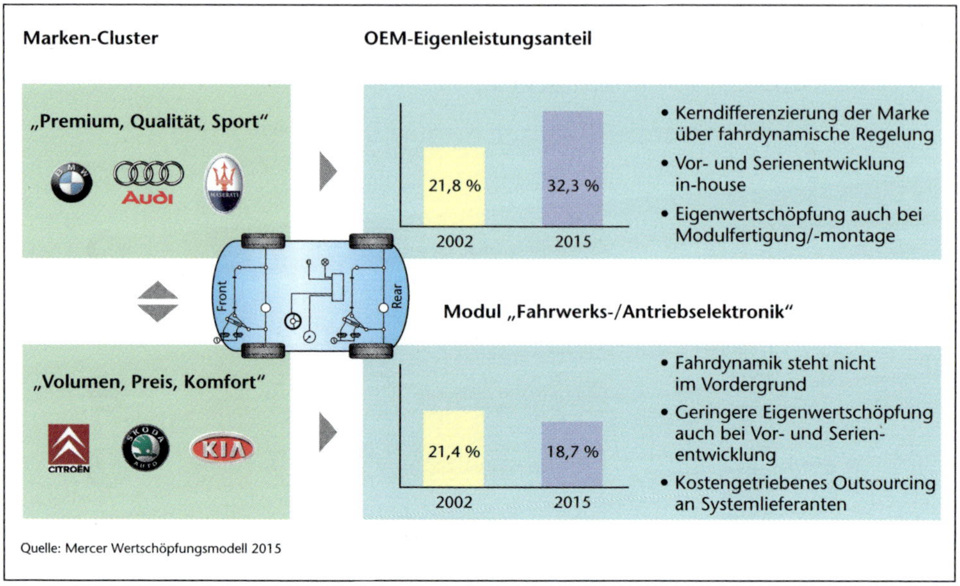

Abb. 9: Vergleich Eigenleistungsstrategie zweier Marken-Cluster für das Modul „Fahrwerks- und Antriebselektronik"

Aus den genannten Beispielen lassen sich übergreifende Muster ableiten: Mit wenigen Ausnahmen führen die aufgezeigten Verschiebungen dazu, dass die einzelnen Automobilmarken bis 2015 Eigenleistung auch in absoluten Zahlen abbauen werden (Abb. 10). Das bedeutet, dass der Anstieg der Fahrzeugproduktion die Reduzierung des Eigenleistungsanteils nicht kompensieren wird. Rund 30 Mrd. Euro des Wertschöpfungsvolumens, das heute in OEM-Eigenleistung erbracht wird, entfällt zukünftig auf Zulieferunternehmen. Dem stehen rund 4,5 Mrd. Euro Wertschöpfung gegenüber, die hauptsächlich bei Premiummarken aufgebaut werden. Umsatzwachstum, markenspezifische Wertschöpfungsstrategien und Erfüllung von Premiumansprüchen führen bei Automobilmarken wie beispielsweise Mercedes-Benz dazu, dass, bezogen auf die Ist-Eigenleistung, Wertschöpfung aufgebaut wird.

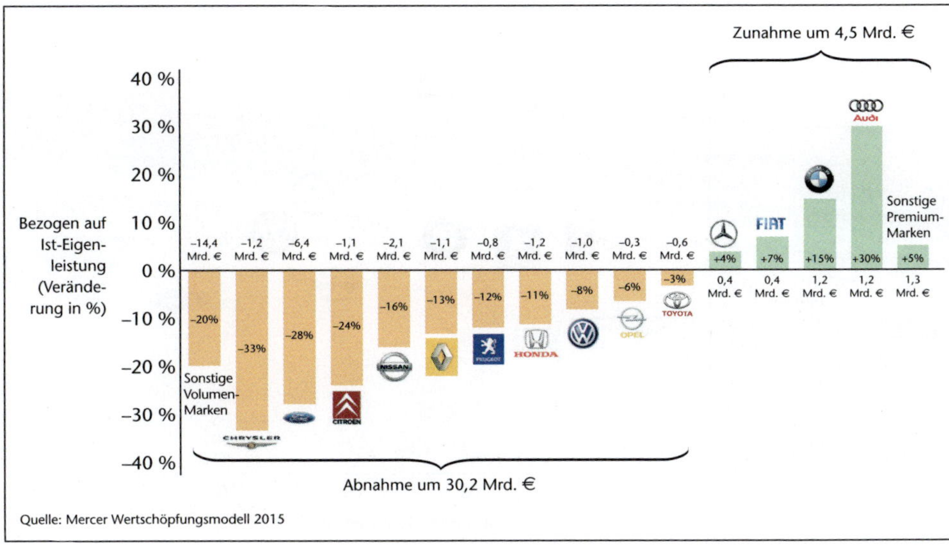

Abb. 10: Entwicklung der Eigenleistung der OEMs 2015 vs. 2002

Dem gegenüber sehen sich jedoch alle OEMs einer signifikanten Steigerung des Fremdleistungsvolumens gegenüber. Getrieben durch Stückzahl- und Umsatzwachstum sowie durch die Reduzierung des OEM-Eigenleistungsanteils steigt das unternehmensexterne Wertschöpfungsvolumen deutlich an (Abb. 11). Bezogen auf die Ist-Fremdleistung wird das fremdvergebene Wertschöpfungsvolumen bei Automobilmarken wie Opel oder Audi bis zum Jahr 2015 verdoppelt. Die Zunahme der Fremdwertschöpfung und der damit verbunden Komplexität trifft sowohl Volumen- als auch Premiummarken.

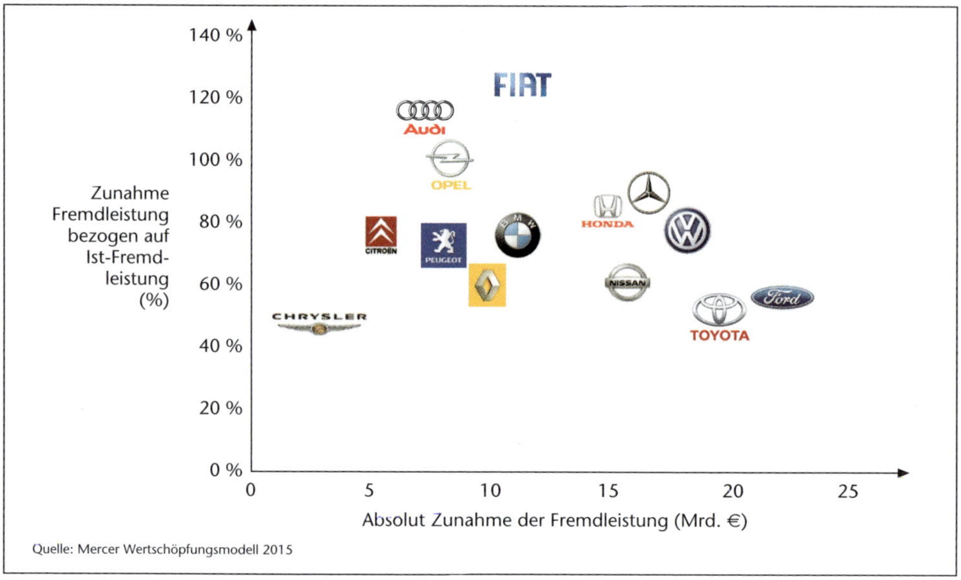

Abb. 11: Zunahme der Fremdleistung je Automobilmarke 2015 vs. 2002

Die dargestellten Muster und Trends zeigen Konsequenzen für die Automobilmarken auf. In der konkreten Umsetzung der Eigenleistungsstrategie muss daher für jede Automobilmarke eine spezifische Wertschöpfungsstrategie entwickelt werden.

Handlungsempfehlungen zum Aufbau einer markenprägenden Wertschöpfungsstrategie für OEMs

Ausgehend von den Kundenanforderungen müssen die OEMs diejenigen Kundenerlebnisfelder und somit die technologischen Innovationen identifizieren, die dazu beitragen, die Automobilmarke im Wettbewerb zu differenzieren. Darauf aufbauend ist das erstellte Markenprofil in eine Soll-Wertschöpfungsstruktur je Modellreihe zu übersetzen. Dabei ist die gesamte Matrix aus Fahrzeugmodulen und Wertschöpfungsstufen zu analysieren und bezüglich ihres Beitrags zum Markenprofil zu hinterfragen. Die markenprägenden Wertschöpfungsumfänge müssen ebenso identifiziert werden wie jene Wertschöpfungsumfänge, die zukünftig von Zulieferern übernommen werden sollen. Ausgehend von der Soll-Wertschöpfungsstruktur gilt es, die Rollen im OEM-Zuliefernetzwerk festzulegen, um den angestrebten Wertbeitrag zu realisieren. Es ist also der strukturelle Wandel in der Automobilentwicklung und -produktion aktiv zu gestalten (Abb. 12).

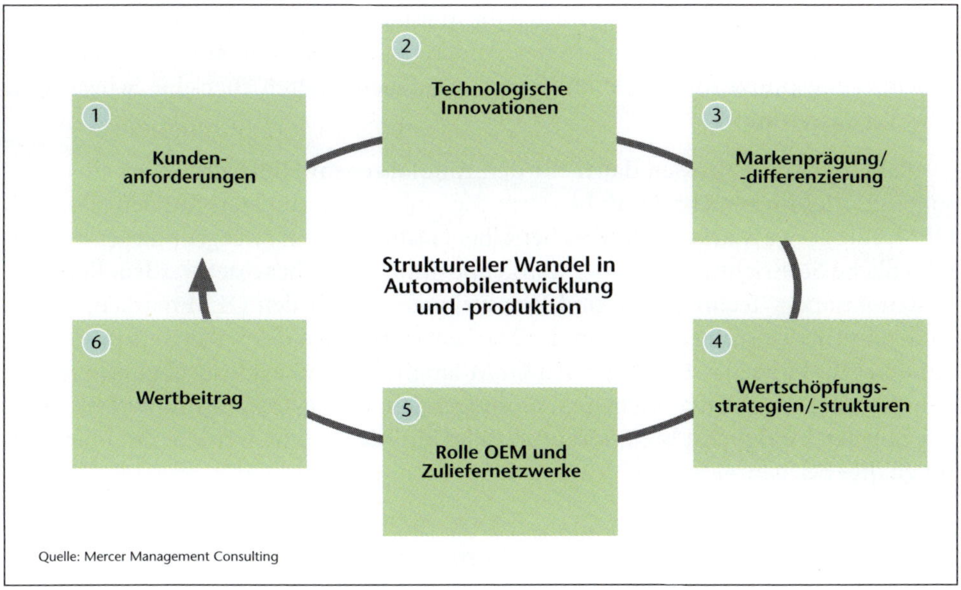

Abb. 12: Zukünftige Wertschöpfungsstrategien der OEMs

Die Zulieferer müssen in diesem Kontext klären, welche Rolle sie in den neu entstehenden OEM-Zuliefernetzwerken spielen können. Partnerwahl, Kompetenzstrategie und Bewältigung des stark wachsenden Wertschöpfungsumfangs sind hier zentrale Themen. Die Zulieferer müssen festlegen, mit welchen OEMs sie sich in langfristige, modellzyklusübergreifende Partnerschaften begeben wollen. Im Zuge der Ausrichtung auf die zukünftigen Herausforderungen ist die eigene Positionierung im Wertschöpfungsnetzwerk zu definieren. Hier stehen zahlreiche zukunftsträchtige Geschäftsmodelle vom Auftragsfertiger über den Modulspezialisten bis hin zum Systemintegrator zur Wahl. Im Rahmen der gewählten Geschäftsmodelle ist der Aufbau an Wertschöpfung zu gestalten. Aufgrund der Konzentration der OEMs auf markenprägende Wertschöpfung werden Wertschöpfungsumfänge beträchtlichen Ausmaßes auf die Zulieferer übertragen. In diesem Kontext ist zu entscheiden, ob beispielsweise Entwicklungs- und Produktionskapazitäten neu aufgebaut oder Kapazitäten der OEMs übernommen werden sollen. Ebenso ist eine partnerschaftliche Finanzierungsstrategie zu erarbeiten, um den mit der Wertschöpfungsverlagerung verbundenen Investitionsanforderungen gerecht zu werden.

Konsequenzen für Zulieferunternehmen

Die Unternehmen der Zulieferindustrie müssen sich nahtlos an die Marken- und Wertschöpfungsstrategien der Fahrzeughersteller anpassen. Von wenigen Ausnahmen, wie „Aftermarket"-Marken oder „Ingredient"-Marken (siehe letztes Kapitel in diesem Buch) einmal abgesehen, dürfen die meisten Zuliefermarken für den Endkunden dabei nicht in Erscheinung treten. Anderenfalls droht der Automobilmarke als Orientierungspunkt für stabile und prägnante Eigenschaften eher eine Schwächung bzw. Verwässerung.

Zuliefermarken müssen daher für den Autofahrer im Hintergrund arbeiten. Das sollte sie allerdings nicht daran hindern, gegenüber dem direkten Kunden, also dem OEM, eine aktive Markenpolitik zu betreiben. Dabei müssen zwei grundlegend unterschiedliche Stoßrichtungen in der Markenpositionierung beachtet werden. Bei Fahrzeugfunktionen, Technologien und Innovationen, die für den OEM markenprägend sind, muss die Leistung und somit das Markenversprechen des Zulieferers individuell auf den OEM angepasst und für den OEM langfristig und exklusiv abgesichert werden. Bei allen sonstigen, nicht markenprägenden Wertschöpfungsaktivitäten sollte der Zulieferer möglichst breit und umfassend am Markt aktiv werden. Zwei Beispiele sollen dies belegen.

Der Zulieferer als Quelle für markenprägende Innovationen

Die Entwicklung von Motoren zählt heute zu den Kernkompetenzen der meisten Fahrzeughersteller. Bei einigen Automobilmarken (z. B. Porsche, BMW oder Jaguar) bildet der Motor das Herzstück in der Markenpositionierung. Der Werbespruch „The Ulimate Driving Machine" von BMW ist nur ein Beleg hierfür. Trotzdem haben sich rund um die Antriebsentwicklung Unternehmen herausgebildet, deren Hauptgeschäft in der Entwicklung von Motoren liegt: Das Aachener Unternehmen FEV Motorentechnik, die zur Mahle Gruppe gehörende Cosworth Engineering, Ricardo Plc aus England, die IAV Ingenieurgesellschaft Auto und Verkehr aus Berlin (ein Tochterunternehmen von Volkswagen, Siemens VDO und anderen Zulieferern), das IFP Institute Français du Pétrole aus Paris und nicht zuletzt die AVL List aus Graz, Österreich. Von der Grundlagenentwicklung alternativer Antriebe, über Brennraumoptimierung bis hin zur Anpassungsentwicklung bei bestehenden Grundmotoren arbeiten diese Engineering Dienstleister an innovativsten Technologien der Motorentechnik gemeinsam mit ihren Kunden, den OEMs.

Heute werden bereits mehr markenprägende Innovationen durch die Automobilzulieferer als durch die Fahrzeughersteller erschaffen. Hybridantriebe, Katalysatoren zur Stickoxidreduzierung (Stichwort: AdBlue), variable Ventiltriebe, 3D Navigationssysteme, Abstandsensorik für adaptive Geschwindigkeitsregelung, Aktivlenkung, Massagesitze usw. – kaum eine technologische Neuerung ist ohne das Mitwirken eines oder mehrerer Zulieferer denkbar.

Geht es bei der Zusammenarbeit zwischen Zulieferer und OEM um markenprägende Fahrzeugfunktionen und Innovationen, sollte die Beziehung daher eher langfristig angelegt sein. Höchste Vertraulichkeit und möglichst langfristige Exklusivität sind entscheidend für ein erfolgreiches Zusammenarbeiten. Die Zuliefermarke lebt dann vom Nimbus des Unbekannten und des Exklusiven. Für den Zulieferer ist es auf der anderen Seite entscheidend, dass er mit den richtigen Partnern langfristig zusammenarbeiten kann. Je nachdem, welchen Innovationsschwerpunkt der Zulieferer abdecken kann, muss er sich für die geeigneten OEMs als Partner entscheiden. Aktive und passive Sicherheit gehört zum Markenkern von Mercedes-Benz; Volvos Stärke liegt in der passiven Sicherheit; Themen rund um die Fahrdynamik, also Leichtbau, Lenkung, Dämpfung, Federung und natürlich der Antrieb, sind wichtige Funktionen für den Kern der Marke BMW; die Marke Volkswagen hat sich seit Jahren dem Thema Umwelt gewidmet. Um zu den Innovationsführern der Zulieferindustrie zu zählen, muss der Zulieferer mit den innovativsten Automobilherstellern zusammenarbeiten.

Bei Zulieferern von Commodity-Produkten zählt allein der Preis

Für die Mehrzahl der Komponenten, Module und Systeme eines Fahrzeugs, die durch Zulieferer entwickelt und gefertigt werden, gelten jedoch nur die definierten Spezifikationen und Kostenvorgaben des OEMs. Typische Commodity-Produkte hierfür sind Leitungen, Kunststoffanbauteile, Bleche, Batterien, Gussteile, Lager, Schläuche, einfache mechanische Bauteile, etc. Die Stärke der Zuliefermarke wird dabei an relativ einfachen Kriterien in einem äußerst komplexen Wertschöpfungssystem gemessen. Zu den wesentlichen Leistungskennzahlen zählen: Erfüllung bzw. Unterschreiten der Preisvorgaben, hundertprozentige Lieferzuverlässigkeit und (nahezu) perfekte Produkt-/Dienstleistungsqualität. Produktinnovationen sind nur erwünscht, wenn sie zu günstigeren Kosten führen oder bei gleichen Kosten die Fahrzeugfunktion deutlich verbessern. Wer langfristig und wiederholt bei allen gelieferten Komponenten Spitzenqualität zu relativ niedrigen Kosten liefert, genießt bei den OEMs höchste Anerkennung.

Während bei markenprägenden Fahrzeugfunktionen für den Zulieferer die Innovationskraft im Vordergrund steht, sind es bei Commodity-Produkten ständige Effizienzsteigerungen beim Kapitaleinsatz, die perfekte Beherrschung der Supply Chain, kontinuierliche Verbesserungen der Kostenposition und die ständige Optimierung der Wertschöpfungsstruktur (make or buy).

Aufgrund der Ausrichtung der Wertschöpfung der OEMs auf markenprägende Wertschöpfungsumfänge kommt es zu fundamentalen Veränderungen in der Arbeitsteilung zwischen den OEMs und den Zulieferunternehmen. Die Gestaltung des Wandels wird sich eher in einem kooperativen Prozess bewerkstelligen lassen. Große Herausforderungen kommen auf die Beteiligten zu, jedoch bietet das auch große Chancen: Die Umsetzung der markenprägenden Wertschöpfungsstrategie birgt sowohl für die OEMs als auch für die Zulieferindustrie hohe Erfolgspotenziale. Sie führt zu einer deutlichen Stärkung sowohl von Automobil- als auch Zuliefermarken.

Dr. Jan Dannenberg

Director, Mercer Management Consulting

Dr. Jan Dannenberg, Jahrgang 1962, ist Director bei Mercer Management Consulting in München. Er studierte Economics an der Stanford University sowie Betriebswirtschaftslehre an der Universität Bamberg, wo er über strategische Unternehmensführung promovierte.

Dr. Jan Dannenberg verfügt über siebzehn Jahre Erfahrung in der Managementberatung für die Fertigungs- und Automobilindustrie. Er hat sich spezialisiert auf Innovations- und Technologiestrategien, Markenmanagement, Wertschöpfungsstrategien und Geschäftsmodelle/Zuliefererstrategien.

Dr. Romed Kelp

Dr. Romed Kelp, Jahrgang 1971, ist Principal bei Mercer Management Consulting in München und Mitglied der Global Automotive Practice.

Er studierte an der Ludwig-Maximillians-Universität München und promovierte dort über Unternehmensstrategien in der europäischen Nutzfahrzeugindustrie.

Dr. Romed Kelp berät Unternehmen der Automobil- und Investitionsgüterindustrie. Inhaltliche Schwerpunkte seiner Beratungstätigkeit sind die Entwicklung und Implementierung von Unternehmensstrategien, organisatorische Neuausrichtungen und Effizienzsteigerungsprogramme.

Christian Kleinhans

Christian Kleinhans, Jahrgang 1966, ist Principal bei Mercer Management Consulting in München und Mitglied der Global Automotive Practice.

Er studierte Wirtschaftsingenieurwesen an der Technischen Universität Kaiserlautern und ging anschließend in die PKW-Entwicklung von Daimler-Benz.

Seine Beratungspraxis erstreckt sich auf Automobilhersteller und die Automobil-Zulieferindustrie inklusive der Engineering-Dienstleister. Er ist Experte für Forschung und Entwicklung, Technologiestrategien, innovative Geschäftsmodelle, Wertschöpfungsstrategien und Effizienzsteigerung.

Kapitel 3

Markenmanagement und Markenpolitik der Automobil-Zulieferer

Prof. Dr. H. Dieter Dahlhoff
Inhaber des Lehrstuhls Kommunikations- und Medienmanagement, Institut für Betriebswirtschaftslehre der Universität Kassel

„Supplier Inside" kann zum Markenzeichen für automobile Technik und Innovation werden, oder umgangssprachlich formuliert: „Die Zutaten gehören auf die Packung."

Innerhalb der Marketingdisziplin hat das Themenfeld des Markenmanagements in den letzten Jahren eine enorme Bedeutungssteigerung erfahren. Aus markentechnischer Sicht wird die Automobilbranche noch immer von der OEM-Marke dominiert. Einige zusammenfassende Ausführungen zu dieser breit dokumentierten Markendisziplin erleichtern den Einstieg in die folgenden Ausführungen zur Zulierferermarke (vgl. Aaker, D. A. 1996, 1993; Brandmeyer/Schmidt 1999; Bruhn 2001; Bullinger/Warschat 1997, Dahlhoff 2000, 1997; Esch 1999; Schimansky 2004).

OEM-Marke

Ausgehend von der professionellen Markenarbeit der OEMs lassen sich drei Aspekte mit wichtigen Merkmalen und Aufgabenbereichen zusammenstellen:

- die Charakteristika der Automobilmarke,
- der Marken-Prozess und
- das Marken-Management.

Charakteristika und Gestaltungsprinzipien der Automobilmarke

Die Entwicklung und Gestaltung der typischen Markenzeichen der Automobile ist ein ganz eigenes Kapitel. Die Ermittlung, Historie und Bedeutung von Mercedes-Stern, BMW-Niere, Audi-Ringen, Opel-Blitz, Peugeot-Löwen u. a. m. sind sowohl in ihrer ästhetisch-stilistischen Entwicklung und Veränderung wie vor allem auch in ihrer psychologischen Wirkdimensionen wichtige Zeichenträger und Symbolelemente der Marken und werden im Zusammenhang mit dem Stichwort „Automobildesign" in der Literatur umfassend unter gestalterischen Aspekten abgehandelt (vgl. Linxweiler 1999; Gottschalk/Kalmbach 2003).

Die Komponenten der Markenidentität sollen als Gestaltungsprinzipien aus dem inzwischen sehr umfangreichen Material zur Konstruktion und Gestaltung der Automobilmarke herausgegriffen werden (vgl. Meffert/Burmann 2002).

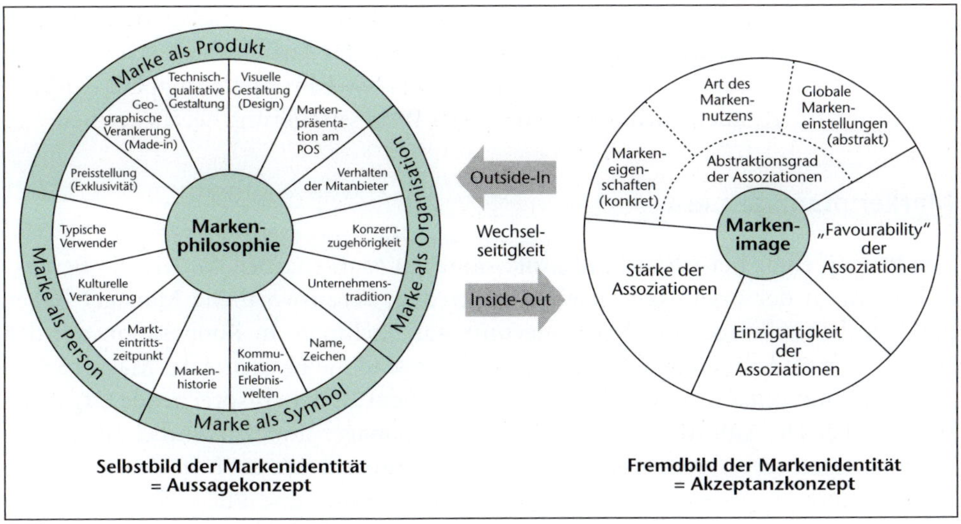

Abb. 1: Komponenten der Marken-Identität (Meffert/Burmann 2002, S. 51)

Die Marke fasst die Zieldimensionen des Marktauftritts in inhaltlicher Beschreibung zusammen. Ihre Konstruktion und eine entsprechende Klarheit der Architektur besitzt die Kraft, alle Marketing-Anstrengungen zu vereinigen. Dazu muss die Marke in ihren einzelnen Bereichen für alle Organisationsmitglieder klar und deutlich formuliert und kommuniziert sein. Engineering, Produktion und Vermarktung müssen von ein und derselben Zielstruktur gesteuert werden. Alle Mitglieder einer Organisation sollten die bestehende Soll-Struktur der Marke kennen und auf ihre Ausfüllung hinarbeiten (vgl. Dahlhoff 2004).

Dies gilt ganz wesentlich für die übergeordnete Herstellermarke („corporate brand") oder Dachmarke. Nur wenn alle funktionalen Einheiten des Unternehmens diese kennen und in der gleichen Richtung aktiv sind, lässt sich die Markenstruktur professionell gestalten – sowohl für die Dachmarke wie auch für die einzelnen Produktmarken. Als Mitglieder der Markenfamilie haben alle Produktmarken ihren Beitrag zur Gesamtmarke zu leisten.

Die Ausstattung einzelner Produktmarken mit einem jeweils eigenen Markendesign ist die Aufgabe des Markenmanagements. Dabei gilt es, für eigenständige Markenpersönlichkeiten einerseits zu sorgen, andererseits die positive Familienzugehörigkeit zu berücksichtigen.

Markenprozess

Markengestaltung muss bereits in den frühen Stadien des Automobil-Entwicklungsprozesses beginnen. Marken-Zielfelder für Produkte und Komponenten sind bereits bei den ersten Überlegungen der Vorausentwicklung zu definieren. Wenn man davon ausgeht, dass der Entwicklungsprozess eines neuen Fahrzeugs zwischen drei und fünf Jahre dauert, so ist in diesen Entwicklungsstufen von der Analyse der Käuferwünsche, der Wettbewerbssituation über das Lastenheft bis hin zum Marketingplan die Markenarchitektur als übergeordnetes Element der Prozesssteuerung heranzuziehen.

Markenmanagement

Das Prinzip einer bewussten und professionellen Markenarbeit fordert die Berücksichtigung in der organisationalen Verankerung. Verantwortliche Manager haben die Aufgabenstellungen der Markentechnik aufzunehmen. In Kooperation mit den Ingenieuren und anderen fachlichen Disziplinen sind die Elemente der Markenarbeit zu planen und umzusetzen. Das Brand Management ist der entsprechende Organisationsbereich. Die Anforderungen an die Markenmanager sind beträchtlich. Von ihnen wird erwartet, dass sie sowohl im Entwicklungsprozess wie auch in den folgenden Vermarktungsprozessen die systematische Ausgestaltung und Pflege der Marke verantworten.

Ihre Tätigkeit ist innerhalb des Unternehmens entsprechend zu fixieren. Sie müssen sowohl in technischer und produktbezogener Hinsicht wie auch in den Fragestellungen der Vermarktung eine Koordinationsfunktion wahrnehmen.

Die Ausgestaltung der Markenstrategie ist ihre Aufgabe. Ihre Arbeit vollzieht sich im Spannungsfeld von technischen und marktbezogenen Erfordernissen. Sie haben die Aspekte sowohl der Dachmarke wie ihrer jeweiligen Produktmarken zu berücksichtigen. Die Anforderungen der verschiedenen nationalen Märkte einerseits und die notwendige Internationalität bzw. gesamteuropäische Ausrichtung andererseits sind dabei zu berücksichtigen. Eine Tätigkeit, die gleichermaßen faszinierend wie anspruchsvoll ist.

Markenbildung der Zulieferer

Aus der zuvor vorgenommen Betrachtung wird deutlich, dass eine Markenbildung innerhalb der Wertschöpfungskette „Automobil" bisher vorangig im Umfeld der OEM und zugehörigen Retailer betrieben wird. Verständlich, da im klassischen Automobilvertrieb Kommunikation und Interaktion vorangig in diesem Umfeld und somit in der Beziehung zwischen OEM/Retailer und Konsument stattfinden.

Andererseits auch wiederum unverständlich, wenn man das Gewicht des Zulieferers im Hinblick auf den Umfang seines Beitrags von heute ca. 60 bis 70 Prozent der Teile und den generellen Anteil am Wertschöpfungsprozess Auto und vor allem auch in Bezug auf den Technologie- und Innovationsbeitrag betrachtet.

Die Zuliefererindustrie steht in diesem Markenprozess in der Regel isoliert und weitestgehend anonym da. Die ausgeprägte Produktorientierung, eine vertrieblich bestimmte Absatzpolitik und die vom OEM in den letzten Jahren deutlich in Richtung auf „Preis“ und bestenfalls „Produktionsqualität“ bestimmte Zusammenarbeit zwischen Zulieferer und OEM sind die Gründe. Abb. 2 stellt diesen gegenwärtigen Zustand dar:

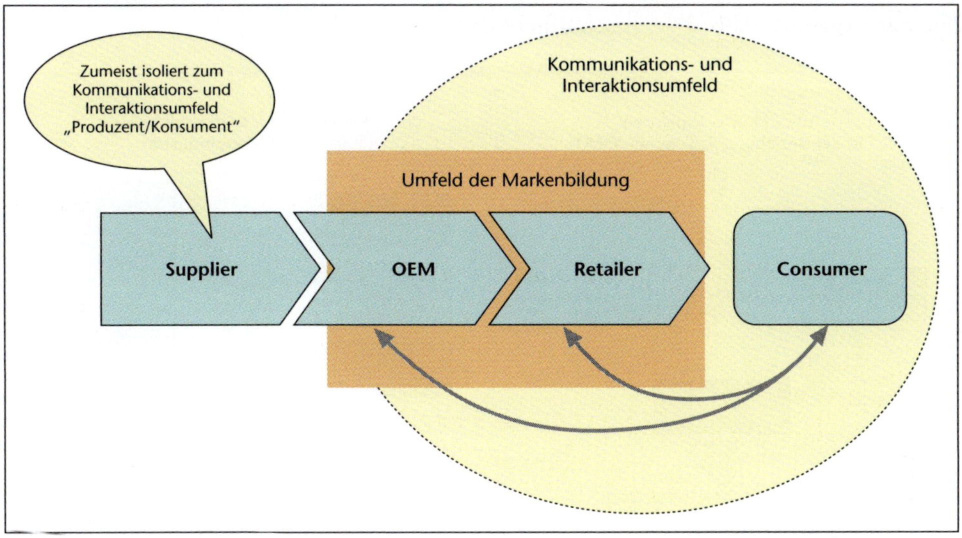

Abb. 2: Markenbildung innerhalb der Wertschöpfungskette Automobil aus Konsumentensicht

Ein Zustand, den allerdings viele Zulieferer ändern wollen. Im Rahmen einer Befragung von 106 Zulieferern der Automobilindustrie ließ sich feststellen, dass von einem Drittel der befragten Unternehmen „der Aufbau einer eigenen Marke“ für die Zukunft als wichtig bzw. sehr wichtig bezeichnet wurde. 40 Prozent der Befragten streben für eine Zukunft sogar eine „Bekanntheit ihrer Produktleistung“ an (Dahlhoff/Dudenhöffer/Densing 2000). Eine Entwicklung, die unter dem Stichwort des „Ingredient Branding“ mit dem Paradebeispiel „Intel Inside“ bekannt ist.

Im Fall eines Zulieferer-Unternehmens bedeutet „Ingredient Branding“, Markenpolitik für Produkte zu betreiben, die ein wesentlicher Bestandteil des Endprodukts Automobil sind, durch die Weiterverarbeitung beim OEM aber für den Endkonsumenten weitgehend unsichtbar in das Endprodukt einfließen. Wesentliches Ziel eines solchen „Ingredient Branding“ ist es dabei, die Kaufentscheidung des Endkonsumenten derart zu beeinflussen, dass der OEM zur Verwendung des entsprechenden Zulieferer-Produktes „gedrängt“ wird (vgl. Köhler/Majer/Wiezorek, 2001). Gerade „Ingredient Branding“ erfordert aber vom Zulieferer den Aufbau einer starken, eigenständigen Marke.

Die bisher gewonnenen Erkenntnisse lassen den Schluss zu, dass eine solche starke Marke nur über eine konsequente Umsetzung von Produkt- und Dienstleistungsqualität, Kommunikation und Kundenorientierung zu etablieren ist.

In der bisher vor allem kostengetriebenen Betrachtung der Absatzpolitik von Zulieferern waren um den Marken- bzw. Unternehmenskern lediglich Funktionen wie Produkt, Organisation und Kundenbeziehung angesiedelt. Eine konsequente Umsetzung einer Markenbildung erfordert jedoch weitere Parameter wie Markensymbol, Markenphilosophie, Markenimage und nicht zuletzt eine Markenkommunikation. Die nachfolgende Abb. 3 veranschaulicht dies.

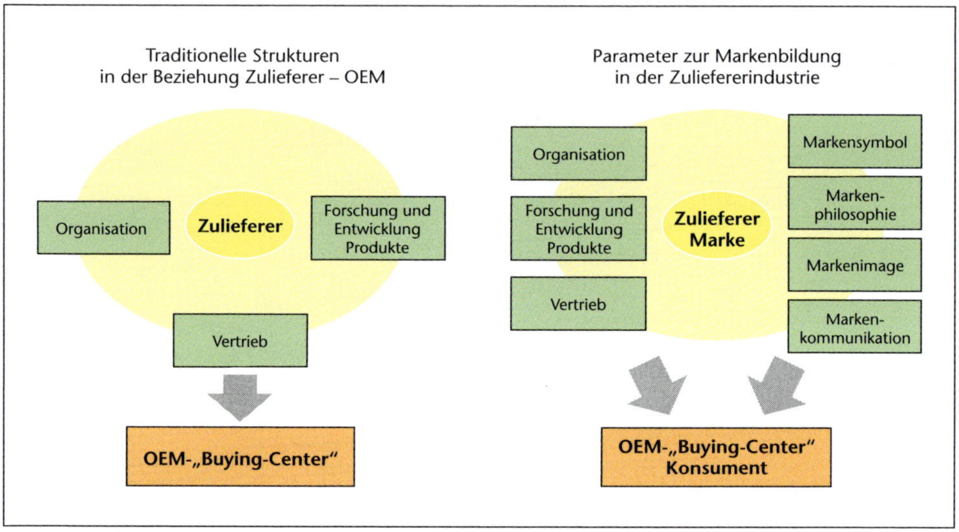

Abb. 3: Parameter zur Markenbildung in der Zuliefererindustrie

Explizite Positionierungen von Zulieferermarken sind, von wenigen Ausnahmen abgesehen, bisher kaum zu finden. Marketingaktivitäten beschränken sich zumeist auf die traditionellen Vertriebsaktivitäten und die Beziehung zum Hersteller und dessen „Buying Center".

Eine systematische Markenbildung setzt aber eine parallel zu diesen Aktivitäten erforderliche Positionierung der Marke voraus. Insbesondere vor dem Hintergrund der dualen Kommunikation, die den Endkonsumenten einschließt, sind entsprechende Umsetzungen unumgänglich.

In diesem Zusammenhang ist ein interessanter Befund einer empirischen Studie hervorzuheben. Nach einer Befragung von 30 Zulieferern werden als die wesentlichen Erfolgsfaktoren für ein erfolgreiches Business in dieser Reihenfolge Innovationsfähigkeit/Technologiekompetenz (1), Kostenführerschaft (2) und Kundenmanagement (3) genannt (vgl. Flörecke 2004).

Dem in der Kommunikation zum Endkunden angesiedelten „Intel"-Beispiel, lässt sich für das Business-to-Business-Geschäftsfeld das Beispiel der Unternehmensgruppe „Würth" gegenüberstellen, die aus der Schraubenverteilung mit der richtigen

Dienstleistung zu einem Millarden-Unternehmen ausbaute. „Würth“ hat mit kontinuierlich vorangetriebener Dienstleistungsstärke und intensiver Kundenbeziehung im B-2-B-Bereich eine starke Marke geschaffen, die direkt am „Point of Sale“ positioniert ist.

Typen der Zulieferer-Markenbildung

Unabhängig von der Zielgruppe, B-2-C oder B-2-B, soll die Marke als das zentrale Bindeglied zwischen Unternehmen und Markt im Mittelpunkt der Betrachtung des Kaufverhaltens stehen. Die Markenbildung sollte daher zwingend auf die jeweilige Zielgruppe ausgerichtet sein.

Für die Bildung einer Zulieferermarke müssen nun sehr differenziert die verschiedenen Typen von Marken und ihr jeweiliger Fokus auf die Zielgruppen unterschieden werden. Aus den zwei Zielgruppen des Zulieferers OEM (B-2-B Bereich) und Endkunde (B-2-C-Bereich) lassen sich vier Typen der Markenbildung herleiten:

- die OEM-bezogene Zulieferermarke,
- die Ingredient-Marke,
- die Endkunden-bezogene Zulieferermarke und
- die OEM- und Endkunden-bezogene Marke.

Beim Ziel einer zielgruppen-fokussierten Markenausrichtung basieren die weiteren Entscheidungen zur Ausgestaltung und Bildung der Zulieferermarke auf der vorausgehenden Festlegung des zutreffenden Markentyps.

OEM-bezogene Zulieferermarke

Hierbei wird die traditionelle Rolle eines Zulieferers im Produktions- und Wertschöpfungsprozess inhaltlich ausgefüllt, die Gestaltung einer B-2-B-Relation mit den Marketinginstrumenten ist angezielt. Es geht im Zusammenhang mit den modernen Vorgehensweisen einer integrierten Marketingpolitik – angeführt von einem kundenorientierten Vertriebsmanagement – durchaus um den Einsatz des Markeninstrumentariums. Allerdings ist die relevante Zielgruppe meist klein und überschaubar – so gibt es für viele Zulieferer 2, 3 bis maximal 15 Kunden auf der Tier 1-Ebene. Für Tier 2-Suppplier ist die Situation bis zum OEM häufig auch durch Anonymität gekennzeichnet. Die Realisierung einer Zulieferermarke beispielsweise mir Schwerpunkten in den Dimensionen Liefertreue, Timing und Service-Qualität – transportiert von Mitarbeitern aus Vertrieb und Kundendienst – kann hier die Markenrealität gestalten (vgl. Bruhn 2001; Dahlhoff 2004).

Ingredient-Marke

In dem OEM-bezogenen Erstausrüster-Umfeld ist der Zulieferer ein Vorproduktelieferant, das heißt, die Produkte des Zulieferers fließen in ein späteres Endprodukt ein. Im Gegensatz zu Konsumgütern sind die zur Erstausrüstung gelieferten Teile im verbauten Zustand meist für den Endkonsumenten nicht mehr sichtbar, eine für den Konsumenten sichtbare Basis-Markierung als Produktbezeichnung wird daher nur schwer oder gar unmöglich.

Eine Markenbildung ist dennoch mittels „Ingredient Branding" möglich. Ziel dieser Art der Markenbildung ist es, die Kaufentscheidung des (End-)Kunden zu beeinflussen. So zeigt das „Gore-Tex"-Beispiel aus der Bekleidungsindustrie, dass die vom Hersteller verwendete „Zutat" „Gore-Tex"-Faser einen so hohen Stellenwert beim Verbraucher hat, dass dieser aus der Verwendung dieses bestimmten Rohmaterials, herstellerunabhängig, auf die Eigenschaften und Produktvorteile (in diesem Fall Wind- und Wetterschutz sowie Atmungaktivität) des Endprodukts schließt. Eine Vielzahl weiterer Beispiele aus diversen Industriebereichen ließe sich anführen. Es geht darum, dem Kunden die Qualitätsmerkmale und Produktvorteile des „Ingredient Produkts" zu verdeutlichen und seine Kaufentscheidung, unabhängig von der Endproduktmarke, auf dieses „Ingredient" zu fokussieren.

Eine solche Einstellung des Endkunden zum Vorprodukt des Zulieferers stärkt die Stellung des Zulieferers gegenüber dem Hersteller des Endprodukts. Das Erfolgsbeispiel „Intel" aus der Computerindustrie mit der massiv beworbenen Aussage „Intel Inside" verdeutlicht, dass eine ausgeprägte Markenbildung des Vorprodukteherstellers sogar die Marktmacht verschieben kann. Insbesondere dann, wenn es sich um innovative, technisch komplexe Vorprodukte handelt, die ein hohes Maß an Know-how erfordern, welches allein auf Seiten des Zulieferers liegt. Bezogen auf die Automobilhersteller bietet sich die Chance einer inhaltsbezogenen Tätigkeit mit einem ausgeprägten „Ingredient Branding" gerade für die Zulieferer von hoch komplexen elektronischen Systemen, zum Beispiel On-Board- oder Navigationssystemen. Der Endkonsument als User hat hier direkten, anschaulichen „Produktkontakt" und zudem Vergleichsmöglichkeiten zwischen Alternativprodukten. Produktvorteile können so leicht veranschaulicht werden, was die Markenbildung für den Zulieferer erleichtert. Hinzu kommt, dass beispielsweise Navigationssystemen zukünftig eine wesentliche Funktion bei der Verkehrslenkung zuteil wird. Denkbar ist daher ein Szenario, in dem der Endkonsument Präferenzen für eine bestimmte Marke von Navigationssystemen oder in Zukunft auch Fahrassistenz-Systemen entwickelt, die bei der Kaufentscheidung gleichbedeutend mit den Präferenzen der OEM-Marke sind oder gar darüber liegen.

Experten der Zulieferindustrie sehen das derzeitige Haupthindernis bei der Ausbildung einer zuliefereigenen Marke darin, eine zu starke eigene Marke könnte den OEM als größten Kunden „verprellen" und sich negativ auf die Geschäftsbeziehung auswirken (vgl. Automobil-Wirtschaft, Heft 3/2001).

Richtig ist sicherlich die Tatsache, dass auch dann, wenn die OEM-bezogene Marke über das „Ingredient Branding“ die direkte Kommunikation zum Endkunden sucht, bei allen Überlegungen der OEM als direkter Kunde einbezogen und berücksichtigt werden muss. Hier gelten die Grundansätze eines Relationship Marketing.

Eine stärkere Orientierung auf die Beziehung Hersteller – Zulieferer spiegelt sich auch in der Einstellung der Automobilhersteller zu diesem Thema wider. So sehen 84 Prozent der OEMs zukünftig eine verstärkte kooperative Produktentwicklung als Mittel zur schnelleren und effizienteren Produktentwicklung bei gleichzeitiger Verbesserung der Produktmargen (vgl. Accenture 2001).

Ein größerer Anteil an der Entwicklung verlangt zugleich ein umfangreicheres Dienstleistungsangebot auf Seiten der Zulieferer. Gerade Dienstleistungen erfordern aber eine starke Marke, die ihre Orientierungs- und Identifikationsaufgabe erfüllt. „Ingredient Branding“ und OEM-Orientierung stellen somit nicht zwangsläufig ein Konfliktpotenzial dar, sondern können im Rahmen einer OEM- und Endkunden-bezogenen Marke sinnvoll parallel zur Markenbildung eingesetzt werden.

Endkunden-bezogene Zulieferermarke

Für eine Endkunden-bezogene Marke macht es Sinn, im Zuge der Markenbildung Beispiele aus dem Bereich der Konsumgütermarken aufzugreifen, da die Zielgruppe hier über die traditionellen Kommunikationsinstrumente des Konsumgütermarketing zu erreichen ist. Marke und Produkt sind im Handel präsent. Die Methoden und Instrumente der klassischen Markenpolitik oder auch der Dienstleistungsmarke sind hier einzusetzen (vgl. Meffert/Burmann 2002). Heute ist eine ausschließliche bzw. überwiegende Endkundenorientierung innerhalb der Zuliefererindustrie eher die Ausnahme.

OEM- und Endkunden-bezogene Zulieferermarke

In einer solchen Beziehung fungiert der Zulieferer als Erstausrüster beim OEM, wendet sich im Teile- und Zubehörmarkt aber auch direkt an den Endkunden. Für diesen Typ der Kundenbeziehung lassen sich bekannte Beispiele wie Hella, Bosch oder Webasto anführen. Eine solche Marke muss entsprechend dehnbar sein, dabei aber gleichzeitig die wesentlichen Markenaussagen auf beide Zielgruppen transformieren.

Exemplarisch seien weiterhin die Reifenhersteller als „klassische Zuliefer-Markenartikler“ angeführt, die diese parallele Kundenorientierung mit dem Wechsel zwischen Erstausrüster und Endkunden-Ersatzgeschäft und auf den entsprechenden Absatzmärkten bereits seit Jahrzehnten betreiben. Während die einzelnen Marken im Ersatzgeschäft mit großen Werbebudgets über einen langen Zeitraum aufgebaut worden sind und bei den Endabnehmern einen hohen Stellenwert erreicht haben, gibt es auch hier noch Nachholbedarf in Bezug auf die Erstausrüstung. Nur bei hochwertigen Fahrzeugen, insbesondere bei sportlicher Orientierung, hat der Kunde häufig die Möglichkeit, einen bevorzugten Reifenhersteller als Erstausrüster zu wählen. Bei Mainstream-Modellen ist dieses Möglichkeit in der Regel nicht gegeben.

Es sei an dieser Stelle warnend angemerkt, dass es nicht Sinn und Zweck einer Markenbildung des Zulieferers sein kann, lediglich technische Produktkürzel festzulegen, um diese anschließend werbetechnisch und „OEM-konform“ zu vermarkten. Eine moderne Markenstrategie umfasst so viel mehr als die bloße Markierung eines technisch und rein funktional definierten Produkts. Die angeführten Beispiele von „Intel“ und „Gore-Tex“ beweisen, dass eine eigenständige, OEM-unabhängige Markenbildung durchaus Sinn macht und im Gesamtrahmen der zukünftigen Entwicklungen im Automobilbau gar zwingend erforderlich werden wird.

Als Beispiel eines aktuellen Ansatzpunktes für die markenpolitischen Zulieferer- und Nachrüsteraktivitäten ist das Thema „Kindersitz“ zu nennen. Zum einen besteht hier eine große Markenpräferenz-Bereitschaft, zum anderen macht die jüngst bekannt gegebene Standardisierung von BMW, VW, Mercedes und anderen kompatible Produktangebote möglich. Im Zusammenhang mit den technologisch bestimmten Entwicklungen (vgl. Stockmar 2004) sind hier Entscheidungen über die Geschäftspolitik und damit den Typus der Zulieferer-Markenpolitik vorzunehmen.

Marktforschung als Grundlage der Markenstrategie

Für die Positionierung einer Zulieferermarke und die spätere Markenstrategie ist neben dem Festlegen der Zielgruppe eine genaue Kenntnis dieser sowie aller übrigen Marktparameter erforderlich. Zur Aufnahme einer Ist-Situation stellt die Marktforschung zahlreiche methodische Instrumente zur Verfügung.

Ziel der Marktforschung des Zulieferers im Zuge von Markenbildung und Markenpositionierung muss es sein, seine Stellung im Markt genau zu definieren. Diese lässt sich aus den qualitativen Produktmerkmalen im Verhältnis zu denen der Wettbewerber ermitteln.

Gerade im Hinblick auf die Gestaltung der Marke ist die Kenntnis darüber, wie das eigene Produkt vom Abnehmer wahrgenommen und beurteilt wird, von großer Bedeutung. Gibt es Produktmerkmale, die eindeutige Kundenvorteile bieten und zu einem „Komparativen Konkurrenzvorteil (KKV)“ führen? Und gibt es Produktmerkmale, die eine Marke aus Kundensicht eindeutig charakterisieren? Ebenso ist die Erforschung der „Idealprodukt-Vorstellung“ des Kunden wichtig.

Im B-2-B-Bereich des OEM ist darüber hinaus die Ermittlung der wichtigen Soft-Skills-Dimensionen hervorzuheben. Gerade die erreichbare Dienstleistungsqualität ist ein sehr wesentliches Element bei der Markenbildung in diesem Bereich. Mit dem Marktforschungstool der Zielgruppenanalyse lassen sich spätere Marketingaktivitäten und Ausrichtungen sehr spezifisch und gezielt vorbereiten.

Markenstrategien

Auf der Basis des gewählten Zielgruppen-Typs der Markenbildung und den anhand der Marktforschung gewonnenen Erkenntnisse lassen sich die Anforderungen an die Marken konkretisieren und unter Berücksichtigung der zu erwartenden Entwicklungen im Umfeld in eine Markenstrategie umsetzen.

Wichtig für eine Unternehmensmarke ist es dabei, eine ausreichende Tragfähigkeit für einzelne Produkt- oder Submarken zu bieten. Solche Elemente für die Tragfähigkeit einer Marke müssen in den Vorstellungen der Kunden vorhanden sein. Nur klare Abgrenzungen einzelner Produktmarken ermöglichen eine insgesamt schlüssige und scharf abgegrenzte Markenbildung.

Die Anwendung der Kenntnisse der Markenführung konkretisiert sich in den zu wählenden Markenstrategien. Eine Reihe verschiedener Konstellationen lassen sich als Parameter der Strategiebildung beschreiben.

Die Bestimmung einer Markenstrategie kann einerseits anhand geografischer- bzw. länderbezogener Ausprägung erfolgen – nationale (regionale) europäische, globale, internationale und weltweite Dimensionierungen der Marktanforderungen sind in der Markenführung zu berücksichtigen.

Die durch Konzentrationsprozesse gebildeten Mehr-Marken-Unternehmen und Allianzen erfordern Markenstrategien, die in den Portfolios die Inhalte, Identitäten, Architekturen und Strategien der Schwestermarken oder Allianzpartner wie auch der internen oder externen Wettbewerber bestimmen. Ein explizites Mehr-Marken-System zur Realisierung innerhalb der Unternehmensorganisation und zur Vermittlung an die Märkte muss für diese sich im Feld von Übernahmen, Zusammenschlüssen und Allianzen entwickelnden Mehr-Marken-Organisationen erarbeitet werden.

Das Beispiel des Unternehmens Bosch zeigt, dass eine hohe Markenbekanntheit der Unternehmensmarke noch kein Garant für eine scharfe Konturierung der Marke insgesamt ist. Bosch verfügt über eine Vielzahl von verschiedenen Produktgruppen und Produktmarken. Bosch-Zündkerzen, Bosch-Scheinwerfer, der Bosch-Dienst aus dem Bereich der Automobilindustrie oder die ebenfalls unter der Unternehmensmarke Bosch vertriebenen Elektrogeräte und -werkzeuge verdeutlichen, dass die Marke in der Vorstellung des Verbrauchers kein klares Markenbild erzeugt – was allerdings möglicherweise aufgrund einer andersartigen Geschäftsstrategie dieses Unternehmens auch nicht angezielt wurde (vgl. Riesner 2004).

Ein Gegenbeispiel liefert Hella. Hella steht für Kompetenz im Bereich Scheinwerfer und Lichtdesign. Auf der einen Seite wird diese von der Entwicklungskompetenz im Bereich der Erstausrüstung getragen. Auf der anderen Seite richtet sich die Marke aber gleichzeitig strategisch über das Zubehörgeschäft an den Endkonsumenten. In beiden Fällen wird jedoch das Know-how im Bereich „Beleuchtung" äquivalent kommuniziert.

Strategieansätze für eine OEM-bezogene Marke

Im Hinblick auf die Ingredient-Zulieferermarke lassen sich für den Zulieferer drei Strategieansätze definieren:

1. OEM-kompatibler Ansatz
2. OEM-additiver Ansatz
3. OEM-offensiver Ansatz

OEM-kompatibler Ansatz

Die Ausrichtung der Zulieferermarke erfüllt bei dieser Vorgehensweise mit ihren Markeninhalten ein hohes Maß an Deckungsgleichheit zu der Marke des OEM. Ein Zulieferer von Fahrwerkskomponenten beispielsweise, der für Know-how aus dem Rennsport bekannt ist, passt mit seinen Markeninhalten zu einem OEM, der für sportlich-dynamische Fahrzeuge steht und bestenfalls ebenso eine hohe Afinität zum Motorsport aufweist.

OEM-additiver Ansatz

Ein Fahrwerkshersteller kann beispielsweise mit seinen Marken-Parametern zusätzliche Produkteigenschaften liefern, die bisher beim Endprodukt nicht ausgeprägt waren. Das Image der Zuliefermarke steht nicht im Gegensatz zu der Markenaussage des OEM, sondern ergänzt diese. Ein Praxisbeispiel zum additiven Ansatz liefert der Sitzhersteller Recaro. Seine sportlich orientierten Sitze unterstreichen und/oder verstärken das sportliche Image des jeweiligen Fahrzeugtyps.

OEM-offensiver Ansatz

Anders sieht es beim offensiven Strategieansatz aus. Hierbei begibt sich der Zulieferer mit seiner Markenstrategie sehr bewusst in ein Spannungsfeld zum OEM. Gerade die Herausstellung seiner Produktleistungen bzw. Teilbeiträge führen zu einer eindeutigen Differenzierung bzw. Abhebung und prägen die Ingredient-Marke möglichst werthaltig und eigenständig.

Markenmanagement

Ein konstruiertes Beispiel vermag dies zu verdeutlichen. Apple hat mit dem Produkt i-pod in jüngster Zeit ein sensationelles Kultprodukt – vor allem in einem jungen modernen Käufersegment – geschaffen. Der Einsatz des i-pod – und seiner zu erwartenden zukünftigen Ausbaustufen – hat zu einer hohen Käuferpräferenz und Markenbindung geführt. Eine optimale Einpassung der i-pod-Marke und vor allem ihrer Verwendungs- und Markenaura in einem geeigneten Fahrzeug könnte die Kaufentscheidung in diesem Käufersegment so dominieren, dass ein i-pod mit Vierräder-Mobilität eines (Marken-)Fahrzeugs denkbar wird.

Weitere Entwicklungen sind aktuell zu nennen. Die Dynamik in den Distributionskanälen führt zu einer Veränderung im After-Sales-Bereich – so haben spezialisierte Repair Shops und Teile-Versorger wie Autoteile Unger in Deutschland Alternativen für den Käufer zur traditionellen Autowerkstatt aufgebaut. Fällt demnächst auch noch der Design-Schutz für Hersteller-Teile, dann wird auf der Stufe zum Endkunden hin neuer, zum Teil erstmaliger Wettbewerb entstehen. Dies bietet eben nicht nur im Preiswettbewerb, sondern eben auch in den anderen Feldern wie der Markenpolitik ganz neue Möglichkeiten für die heute zum Teil ausschließlich als Zulieferer operierenden Unternehmen.

Das Prinzip einer bewussten und professionellen Markenarbeit fordert die Berücksichtigung in der organisationalen Verankerung in der Unternehmung. Verantwortliche Manager haben die Aufgabenstellungen der Markentechnik aufzunehmen. In Kooperation mit den Ingenieuren und anderen fachlichen Disziplinen sind die Elemente der Markendisziplin zu planen und umzusetzen.

Das Brand Management ist der entsprechende Organisationsbereich. Die Anforderungen an die aktiven Brand Manager sind beträchtlich. Von ihnen wird erwartet, dass sie sowohl im Entwicklungsprozess wie auch in den folgenden Vermarktungsprozessen die systematische Ausgestaltung und Pflege der Marke verantworten. Ihre Tätigkeit ist innerhalb des Unternehmens entsprechend zu verankern. Sie müssen sowohl in technischer und produktbezogener Hinsicht wie auch in den Fragestellungen der Vermarktung eine wichtige Koordinationsfunktion wahrnehmen.

Die Ausgestaltung der Markenstrategie ist ihre weitere Aufgabe. Ihre Arbeit vollzieht sich im Spannungsfeld von technischen und marktbezogenen Erfordernissen. Sie haben die Anforderungen sowohl der Dachmarken als auch ihrer jeweiligen einzelnen Produktmarken wie auch die Vorgehensweisen zu konzipieren und umzusetzten. Aber es wäre falsch, dies auf einzelne Manager allein zu konzentrieren. Die unternehmensweite Organisation des entsprechenden Prozesses ist die heutige Aufgabenstellung für viele Zulieferer aus Marketingsicht.

Internal Branding als Aspekt des Markenmanagements

In jüngster Zeit findet ein weiterer Aspekt des Markenmanagements vor allem in der Dienstleistungsindustrie und in vertriebsstarken Branchen verstärkte Berücksichtigung. Es geht dabei um den Aspekt der organisations-internen Markenbildung – das heißt das Korrelat zu den in den externen Märkten aufgebauten Markendimensionen im Inneren der Organisation (vgl. Pervais/Rafiq 1999; Bruhn 1999; Dahlhoff 2004, S. 290 ff.). Denn zur nachhaltigen und überzeugenden Umsetzung der Marken in die Realität ist es notwendig, dass die Mitglieder einer Organisation sich in ihrer Beziehung zu den Kunden in Überzeugung und Verhalten auf den Markenauftritt beziehen bzw. die gleichen Inhalte, wie sie die Markendefinition postuliert, in ihrer Beziehung zu Kunden und anderen Shareholder-Gruppen der Organisation verwirklichen.

Moderne Organisationen bringen den nach innen gerichteten Teil des Markenbildes durch Leitsätze für das Mitarbeiterverhalten oder auch die Definition und explizite Vermittlung so genannter „Values“ als Basiswerte der Organisationsmitglieder zum Ausdruck. Interne Markenbildung ist sowohl ein Einflussfaktor für die Ausgestaltung das Relationship Management wie zugleich eine Erfolgskomponente für dessen Einsatz.

Gerade für die Zuliefererindustrie mit der impliziten großen Bedeutung einer Zusammenarbeit von Zulieferer und OEM bietet ein explizites „Internal Branding“ besonders große Chancen. So können beispielsweise die Produkt- und Markencharakteristiken von Qualität, Zuverlässigkeit und Innovation durch Anspruch, Auftritt und konkreten Einsatz von Vertriebs- und Kundendienstmitarbeitern mit für den OEM wahrnehmbarer Verhaltensrelevanz ausgestattet werden. Konzeption und Maßnahmenprogramme eines expliziten „Internal Branding“ – in weiteren Formen auch kombiniert mit der Ausgestaltung der so genannnten „Employer Brand“ – sind im Bereich der Zuliefererindustrie als ein zukunftsrelevantes Wettbewerbskriterium anzusehen.

Internal Branding im Unternehmen und Ingredient Branding im Gesamtprodukt sind trotz ihrer beider innen-orientierten Funktionen verschiedene Ansatzpunkte der Markenpolitik. Das Wortspiel vom „Internal Ingredient Branding“ weist durchaus einen wichtigen Weg der Markenpolitik.

Bildung einer Zulieferermarke

Zusammenfassend lässt sich für die Bildung von Zulieferermarken ein Anforderungsprofil formulieren, das einen Prozess der Entscheidungsfindung zur „richtigen“ und „erfolgreichen“ Ausgestaltung der Zuliefermarke beinhaltet – dargestellt mit den Teilschritten von Markenkonstruktion, Markenpositionierung/-ausrichtung, Marken-Implementierung und Markenkontrolle und Automotive Ingredient Branding.

Diese fünf Teilschritte des Anforderungsprofils stellen sich wie folgt dar:

I. Markenkonstruktion

1. Zielsetzung und Definition der Zielgruppe
Im Zuge der zielgruppen-fokussierten Ausrichtung der Marke steht die Definition der entsprechenden Zielgruppe am Anfang der Überlegungen. Alternativ kommen in Frage die Bildung der

- OEM-bezogenen Zulieferermarke,
- Ingredient-Marke,
- Endkunden-bezogenen Zulieferermarke oder
- einer OEM- und Endkunden-bezogenen Zulieferermarke.

2. Formulierung einer Strategie
Anhand des gewählten Zielgruppen-Typs wird basierend auf den Erkenntnissen der Marktforschung und des Wettbewerbsumfelds eine Strategie festgelegt. Dabei gilt es, Einflussfaktoren wie regionale, nationale oder internationale Dimensionierung der Marke sowie die Einordnung der Marke in das Unternehmen mit einer eventuell erforderlichen Mehr-Marken-Strategie zu berücksichtigen.

Grundsätzlich stehen bei der Wahl einer geeigneten Strategie verschiedene Ansätze zur Verfügung:

- Für die Endkunden-bezogene Zulieferermarke sind klassische Strategieansätze wie Kosten-, Innovationsführerschaft etc. zu nennen.
- Für eine OEM-bezogene Zulieferermarke bzw. eine OEM- und Endkunden-bezogene Zulieferermarke kommen innovative Strategieansätze in Frage, explizit geht es um einen OEM-kompatiblen Strategieansatz, einen OEM-additiven Strategieansatz oder einen OEM-offensiven Strategieansatz.

3. Konzeption einer Brand Identity
Die vier Bausteine „Marke als Produkt“, „Marke als Organisation“, „Marke als Person“ und „Marke als Symbol“ ergeben miteinander verknüpft die Markenidentität (vgl. Aaker 1993, 1996).

- „**Marke als Produkt**“: Das Produktprogramm in Verbindung mit Produktattributen und -qualität sowie Dienstleistungen und die Anwender der Produkte (OEM oder Endkunde) ergeben in der Summe die „Marke als Produkt“.
- „**Marke als Symbol**“: Neben der visuellen Wahrnehmung der Marke ergibt sich die Symbolkraft der Marke aus deren Herkunft und Tradition. Im Zuge eines Konzentrationsprozesses kann es daher für einen Zulieferer durchaus sinnvoll sein, einen traditionellen Unternehmensnamen, der häufig unmittelbar mit einer „Persönlichkeit“ oder bestimmten Attributen verknüpft ist, als Markenerbe beizubehalten und als Basis des Markenaufbaus zu benutzen.
- „**Marke als Organisation**“: Zur Schaffung der Markenidentität trägt ebenso die Organisation mit Eigenschaften wie Innovationsgrad, Vertrauenswürdigkeit, aber auch dem vorhandenen Kundenstamm bei.
- „**Marke als Person**“: Hierzu trägt neben der Markenpersönlichkeit und ihrer Originalität insbesondere die Beziehung Marke – Kunde bei.

4. Markenarchitektur
Um den Markenkern wird in einer Art „Genetischem Code“ eine Markenarchitektur geschaffen, die sich aus folgenden Einzelbestandteilen zusammensetzt (vgl. Dahlhoff 2004, S. 286):

- Produktmerkmale
- Produktstärken
- Kundenbeziehung
- Kundenprofil
- Tradition und Mythos

Hier gilt der holistische Aspekt der Markentheorie, abgeleitet aus der psychologischen Gestalttheorie, dass „das Ganze mehr ist als die Summe der Teile“.

II. Markenpositionierung/-ausrichtung

5. Einordnung der Marke ins Wettbewerbsumfeld
Die Position innerhalb eines Konkurrenzfeldes sowie dem gemessenen Wahrnehmungsraum der Kunden ist auf empirischer Grundlage zu bestimmen.

6. Zielgruppen-fokussierte Kommunikation
Diese Produktverbesserungen und -innovationen genau auf die Bedürfnisse abzustimmen und diese Entwicklungsprozesse zu vermitteln, ist die Aufgabe einer dauerhaften zielgruppen-fokussierten Kommunikation. Die Wahl der jeweils geeigneten Kommunikationsmittel ist dabei von der jeweiligen Zielgruppe abhängig: im OEM-bezogenen Umfeld zumeist die produkt- oder dienstleistungsabhängige One-to-One-Kommunikation, in der Beziehung zum Endkunden die Kommunikation über die traditionellen Medien des Konsumgütermarketing. Allerdings ist hervorzuheben, dass die Anwendung des Dialogmarketing und das CRM-Vorgehen die effizienteste und effektivste Vorgehensweise darstellt.

7. Durchgängigkeit und Corporate Identity
Vor dem Hintergrund der Markenprofilierung ist eine einheitliche Vorgehensweise bei der Markengestaltung erforderlich. Markennamen und -symbol sowie Kommunikation der Markeninhalte in den unterschiedlichen Kanälen müssen eine durchgängige strukturelle Einheit bilden. Alle Produkt- oder Submarken müssen daher im Sinne einer „Corporate Identity“ den Parametern der Dachmarke entsprechen.

III. Implementierung der Marke

8. Interne Kommunikation „Internal Branding“
Interne Markenbildung ist sowohl ein Einflussfaktor für die Ausgestaltung das Relationship Management wie zugleich eine Erfolgskomponente für dessen Einsatz. Für die

Zusammenarbeit von Zulieferer und OEM bietet ein „Internal Branding“ die Chance, die Produkt- und Markencharakteristiken von Qualität, Zuverlässigkeit und Innovation durch Anspruch, Auftritt und konkreten Einsatz von Vertriebsmitarbeitern und Kundendienstmitarbeitern mit für den OEM wahrnehmbarer Verhaltensrelevanz auszustatten. Konzeption und Maßnahmenprogramme eines expliziten „Internal Branding“ sind im Bereich der Zuliefererindustrie ein zukunftsrelevantes Wettbewerbskriterium.

IV. Markenkontrolle/-weiterentwicklung

9. Innovative Erweiterung und Weiterentwicklung der Marke

Des weiteren gilt für die Zulieferermarke das Gebot eines kontinuierlichen Verbesserungs- und Innovationsprozesses. Hierzu zählen neben den eigentlichen Verbesserungen der Produktstandards und den Produktinnovation auch die organisatorische Weiterentwicklung der Unternehmensstrukturen. Weiterhin ist die Anwendung entsprechender Marktforschungsuntersuchungen zur Erfassung von Awareness, Kompetenz, Sympathie und anderer Markenaspekte in den relevanten Zielgruppen systematisch zu konzipieren. Ebenso die Einordnung und Anpassung dieses Innovationsprozesses im Rahmen von aktuellen gesellschaftlich-wirtschaftlichen bzw. umweltbeinflußte Veränderungen. Eine Erweiterung und Weiterentwicklung kann aber auch bedeuten, die Marke in den Rahmen einer Mehr-Marken-Strategie einzuordnen und gegebenenfalls anzupassen oder neu auszurichten.

V. Automotive Ingredient Branding

Am Ende dieses Markenbildungsprozesses steht beispielsweise das Ziel, auf der Basis einer starken Marke zukünftig die Strategieform „Automotive Ingredient Branding“ zu verfolgen. Die nachfolgende Abbildung 4 fasst diesen Prozess zusammen.

Hervorzuheben ist in diesem Zusammenhang die Forderung nach einem innovativen und zugleich professionellen Vorgehen. In der weiteren Automobilbranche gibt es positive Beispiele, die eine Nutzung von Chancen durch Newcomer und Außenseiter gerade in den angestammten Machtfeldern der Automobilindustrie aufzeigen. So wurde das Feld des Gebrauchtwagenbereichs im Internet von Autoscout24 und Mobile.de erschlossen und aufgebaut; ebenso hat sich ATU auf der Ebene der Werkstätten durchgesetzt. Eine zielgruppenorientierte Markenarbeit gehörte auf der Grundlage von innovativer Leistung zu den wesentlichen Erfolgsparametern dieser Unternehmen.

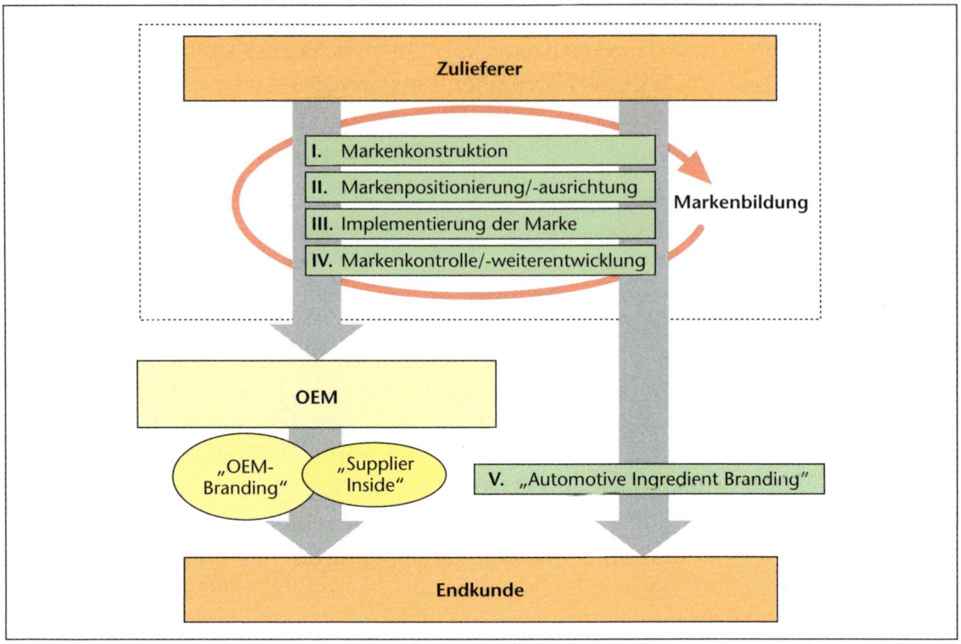

Abb. 4: Prozess der Zulieferer-Markenbildung

Fazit und Entwicklungstendenzen

Zu den Entwicklungstendenzen in der Zuliefererindustrie sollen abschließend einige Thesen formuliert werden.

These 1: Die Notwendigkeit zur Markenbildung ist vorhanden.

Die Automobilindustrie befindet sich in einer Umstrukturierungs- und Konsolidierungsphase. Diese Umstrukturierungen bieten den Zulieferern die Möglichkeit, die Marktverhältnisse zu ihren Gunsten zu verbessern. Um eine verbesserte Marktposition zu erreichen und sich vom reinen „Teilezulieferer-Image“ zu lösen, besteht die Notwendigkeit zur Schaffung einer starken eigenen Marke. Das „Ingredient Branding“ liefert hierzu ein geeignetes Tool. Eine starke Marke stärkt die Nachfrage des Verbrauchers beim OEM nach Ausstattungsfeatures des Zulieferers und stärkt so dessen Position.

These 2: Der Zeitpunkt zur Bildung von Zulieferermarken ist gekommen.

Zulieferer werden verstärkt in die Entwicklungs- und Produktionsprozesse der OEM eingebunden. Know-how verlagert sich zunehmend vom OEM auf die Zulieferer. Neue Technologien, die externes Know-how erfordern, halten Einzug in das Automobil. Technische Innovationen geben dem Zulieferer die Möglichkeit, die eigene Marke zu profilieren.

These 3: Die Bereitschaft zur Ausbildung eigener Markenstrukturen ist gegeben.

Die Bereitschaft zur Verstärkung der eigenen Marketingaktivitäten und somit zur Ausbildung eigener Markenstrukturen ist auf Seiten der Zulieferer gegeben. So kommt eine Studie des Center of Automotive Research zu dem Ergebnis, dass 54 Prozent aller befragten Zulieferer in Zukunft eine eigene Kommunikation zum Endkunden befürworten. Dabei ist die überwiegende Mehrheit der Befragten (82 Prozent) der Meinung, dass sich hierdurch die Stellung des Zulieferers gegenüber dem OEM verbessern lässt (vgl. Dahlhoff/Dudenhöffer/Densing, 2000).

These 4: Gerade in Phasen schlechter Markt- und Konjunkturlage ist die Marken-Emanzipation fortzusetzen und zu verstärken.

Gerade in Phasen schlechter Markt- und Konjunkturlage gilt es, die Marken-Emanzipation fortzusetzen und zu verstärken. Nur durch eine starke Marke kann der Zulieferer im Umfeld von rückläufigen Verkaufszahlen, Kostendruck und Konsolidierungstendenzen seine Position halten, stärken oder ausbauen. Echte Partnerschaft zum OEM wird dann als „Markenkooperation“ auf gleicher Augenhöhe möglich.

These 5: Die Kooperationsausprägungen in der Beziehung Zulieferer/Hersteller sind zu verstärken.

Kooperationen beruhen auf wechselseitigen Vorteilen von OEM und Zulieferer. Für die OEM bedeutet die verstärkte Einbindung der Zulieferer in die Entwicklung die Möglichkeit der Kostenersparnis und der Realisierung kürzerer Entwicklungszeiten. 84 Prozent der OEM setzten zukünftig auf den Ausbau der Partnerschaft im Entwicklungsprozess (vgl. Accenture, 2001).

Mit den Möglichkeiten, die sich aus der Bildung einer Zulieferermarke und insbesondere dem „Automotive Ingredient Branding“ ergeben, können Zulieferer zukünftig ihre gestiegene Bedeutung mit neuem Selbstbewusstsein vertreten. Sowohl in einer stärker partnerschaftlich orientierten Beziehung zum OEM, die nicht mehr rein kosten-, sondern vordergründig technologieorientiert sein muss, als auch in der Kommunikation zum automobilen Endabnehmer.

„Supplier Inside“ kann zum Markenzeichen für automobile Technik und Innovation werden, oder umgangssprachlich formuliert heißt es: „Die Zutaten gehören auf die Packung.“

Literatur

AAKER, D. A. (1996): Building Strong Brands; New York.

AAKER, D. A. (1993): Managing Brand Equity, New York et al..

ACCENTURE (2001): Umfrage zum Thema “Collaborative Product Commerce”, Sulzbach.

BERRY, L. L.; PARASURAMAN, A. (1999): Dienstleistungsmarketing fängt beim Mitarbeiter an, in: Bruhn, M. (Hrsg): Internes Marketing, Integration der Kunden- und Mitarbeiterorientierung, Wiesbaden 1999, S. 15–44.

BRANDMEYER, K.; SCHMIDT, M. (1999): Der Genetische Code der Marke, in: Brandmeyer, K.; Schmidt, M. (Hrsg.): Jahrbuch Markentechnik: Markenwelt, Markentechnik, Markentheorie, Forschungsbericht, Frankfurt am Main.

BRANDMEYER, K.; SCHMIDT, M. (2000): Der genetische Code der Marke als Management-Werkzeug, in: Brandmeyer, K.; Deichsel, A. (Hrsg.): Jahrbuch der Markentechnik 2000/2001, Frankfurt am Main.

BRUHN, M. (2001a): Relationship Marketing: Das Management von Kundenbeziehungen, München.

BRUHN, M. (Hrsg.) (2001b): Die Marke: Symbolkraft eines Zeichensystems, Stuttgart.

BRUHN, M. (1999): Internes Marketing als Forschungsbericht der Marketingwissenschaft, Eine Einführung in die theoretischen und praktischen Probleme, in: Bruhn, M. (Hrsg.): Interes Marketing, Integration der Kunden- und Mitarbeiterorientierung, Grundlagen – Implementierung – Praxisbeispiele, Wiesebaden, S. 15–44.

BRUHN, M. (Hrsg.) (1994): Handbuch Markenartikel; Bd. 1–3, Stuttgart.

BULLINGER, H. J.; WARSCHAT, J. (Hrsg.) (1997): Forschungs- und Entwicklungsmanagement, Reihe Technologiemanagement, Stuttgart.

DAHLHOFF, H. D. (2004): Interne Orientierung internationalen Dienstleistungsmanagements: Internal Brand. Internal Marketing. Internal Communication, in: Gardini, M. A.; Dahlhoff, H. D. (Hrsg.): Management internationaler Dienstleistungen: Kontexte – Konzepte – Erfahrungen, Wiesbaden, S. 281–312.

DAHLHOFF, H. D. (2000): Automobiles Markenmanagement, Gelsenkirchen

DAHLHOFF, H. D. (1997a): Internationales Marken- und Kommunikationsmanagement in der Automobilbranche, in: Werbeforschung und Praxis, H. 4–5, S. 19–30.

DAHLHOFF, H. D. (1997b): Internationales Marken- und Kommunikationsmanagement in der Automobilbranche, in: Werbeforschung & Praxis, Zeitschrift der DWG – Deutsche Werbewissenschaftliche Gesellschaft 4, S. 21–31.

DAHLHOFF, H. D. (1993): Management und Anwendung integrierter Kommunikation, in: Bruhn, M.; Dahlhoff, H. D. (Hrsg.): Effizientes Kommunikationsmanagement – Konzepte, Beispiele und Erfahrungen aus der integrierten Unternehmenskommunikation, Stuttgart, S. 35–66.

DAHLHOFF, H. D.; DUDENHÖFFER, F.; DENSING, C. (2000): „Marketing und E-Commerce – ein neues Bild der Automobilzulieferer entsteht“, Frankfurt am Main.

DAHLHOFF, H. D.; DUDENHÖFFER, F. (1997): „Systemmarke gegen Markenerosion", in: Absatzwirtschaft, H. 7, S. 31-36.

ESCH, Franz-Rudolf (Hrsg.) (1999): Moderne Markenführung – Grundlagen – innovative Ansätze – praktische Umsetzungen, Wiesbaden.

FLÖRECKE, K.-D. (2004): Preisdruck und andere Sorgen, in Automobilwoche 17, S. 18.

GOTTSCHALK, B.; KALMBACH, R. (Hrsg.) (2003): Markenmanagement in der Automobilindustrie: Erfolgsstrategien internationaler Top-Manager, Wiesbaden.

KELLER, K. L. (1998): Strategic Brand Management: building, measuring, and managing brand equity, USA.

KÖHLER, R.; MAJER, W.; WIEZOREK, H. (Hrsg.) (2001): Erfolgsfaktor Marke, München

LINXWEILER, R., MTP e.V. Alumni (Hrsg.) (1999): Marken-Design: Marken entwickeln, Markenstrategien erfolgreich umsetzen, Wiesbaden.

MEFFERT, H.; BURMANN, C. (2002): Theoretisches Grundkonzept der identitätsorientierten Markenführung, in: Meffert, H.; Burmann, C.; Koers, M. (Hrsg.): Markenmanagement. Grundfragen der identitätsorientierten Markenführung. Wiesbaden, S. 35–72.

MEFFERT, H.; PERREY, J. (1998): Mehrmarkenstrategien – ein Beitrag zum Management von Markenportfolios, in: Arbeitspapiere der Wissenschaftlichen Gesellschaft für Marketing und Unternehmensführung e.V., Meffert, H.; Backhaus, K.; Becker, J. (Hrsg.), Münster.

MEFFERT, H.; BURMANN, C.; KOERS, M. (Hrsg.) (2002): Markenmanagement, Grundfragen der identitätsorientierten Markenführung, Wiesbaden.

o.V.: „Vom Teile- zum Autohersteller?", in AutomobilWirtschaft Heft 3/2001.

PERVAIZ, K. A.; RAFIQ, M. (1999): The Role of Internal Marketing in the Implementation of Marketing Strategies, in: Bruhn, M. (Hrsg.): Internes Marketing. Integration der Kunden- und Mitarbeiterorientierung, Wiesbaden.

RIESNER, J. (2004): Marketing Management in der Zulieferindustrie – das Beispiel Bosch, in: Ebel, B; Hofer, M. B.; Al-Sibai, J. (Hrsg.): Automotive Management: Strategie und Marketing in der Automobilwirtschaft, Berlin et. al, S. 171–191.

SCHAAF, A. (1999): Marktorientiertes Entwicklungsmanagement in der Automobilindustrie, Wiesbaden.

STOCKMAR, J. (2004): Erfolgsfaktoren für Automobilzulieferer – Strategien 2010, in: Ebel, B.; Hofer, M. B.; Al-Sibai, J. (Hrsg.): Automotive Management: Strategie und Marketing in der Automobilwirtschaft, Berlin et al., S. 61–77.

VASATA, V. (2000): Radical Brand. Überleben in der Sintflut, München.

Prof. Dr. H. Dieter Dahlhoff

Prof. Dr. H. Dieter Dahlhoff ist seit vielen Jahren in den Bereichen von Markt-, Marketing- und Kommunikations-Management sowie in der Forschung tätig. Akademische Lehre, wissenschaftliche Forschung, Publikationen und Beratung stellen den Tätigkeitsbereich dar.

Er führt den Lehrstuhl „Kommunikations- und Medienmanagement“ der Universität Kassel und war Gründungsdirektor des CAR – Center of Automotive Research der FH Gelsenkirchen.

Er unterstützt international tätige Automobil- und Dienstleistungs-Unternehmen in strategischen und marketingbezogenen Themenfeldern.

Die zugrunde liegende Marketing- und Management-Erfahrung sammelte er in verschiedenen Positionen: Er war unter anderem Marken-Vorstand und Mitglied der Konzernleitung bei der Volkswagen AG sowie Marketing-Direktor bei der Adam Opel AG. Professor Dahlhoff gilt als ausgewiesener Experte auf dem Gebiet Markenkommunikation. Von ihm liegen über 100 Veröffentlichungen zu Themen wie „Internationales Marketing“, „Automobil-Marketing“, „Management und Organisation“ sowie „Kommunikation und Werbung“ vor.

Strom- und Spannungsgipfel

Steckverbindersysteme für Automobilanwendungen neuester Generation!

Waldemar H. Stabroth,
Tyco Electronics AMP GmbH, Bensheim

Einleitung

Für reichlich Hochspannung sorgen die hochmodernen Hybrid-Antriebskonzepte und die zukunftsnahen Brennstoffzellenantriebe als umweltfreundliche Mobilitätsalternative. Der Hybrid-Antrieb ist bereits in der 2. Fahrzeuggeneration auf den Straßen unterwegs, in einer Kombination von Verbrennungsmotor und einem Elektroantrieb mit integriertem Generator. Die Brennstoffzelle als Energielieferant für den Antrieb eines Fahrzeuges, wird seit ihrer Geburt durch den Physiker Sir William Robert Grove im Jahre 1839, nur langsam erwachsen. Zur Bereitstellung des erforderlichen Spannungsniveaus im Bordnetz verfügen beide Konzepte über ein modernes Power Management System im Hochspannungsbereich, welches direkt von der jeweiligen Energiequelle versorgt wird.

Für beide Antriebskonzepte hat Tyco Electronics ein innovatives Kontakt- (Bild 1) und Steckverbindersystem (Bild 2) entwickelt.

Strombelastbarkeit bei +150 °C		
Kontakt	Leitungsquerschnitt	I
8 mm	50 mm²	200 A*
13 mm	70 mm²	230 A*
16 mm	120 mm²	344 A*
* Derating nach DIN-IEC 512-3 (Kontakt) * Strombegranzung Leiter nach DIN-VDE 0298 Teil 4		

Bild 3: Strombelastbarkeit

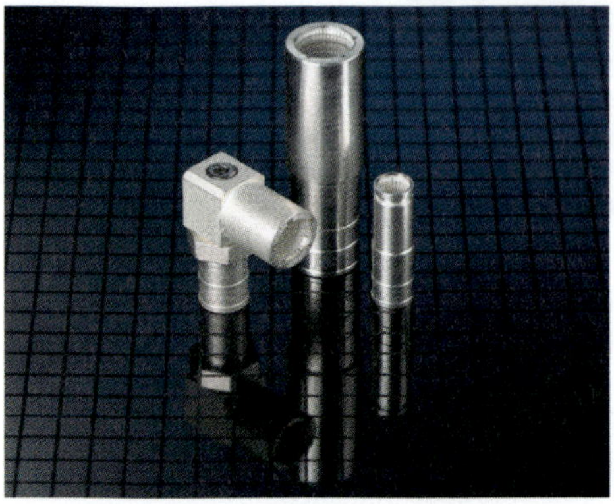

Bild 1: 8 mm, 13 mm und 16 mm Hochstromkontaktsystem

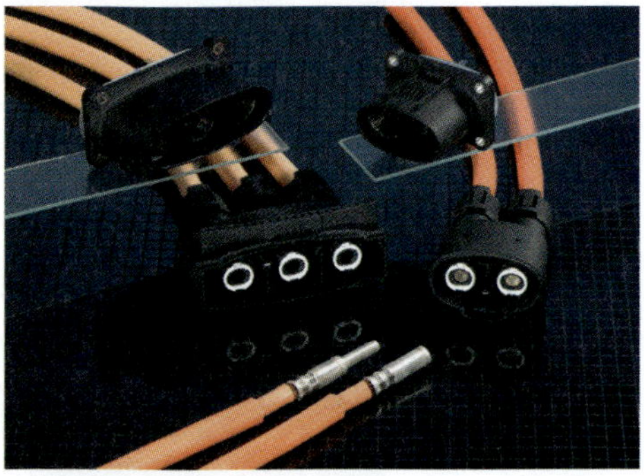

Bild 2: 2- und 3-polige Geschirmte Hochspannungssteckverbindungen.

Innovationen erfordern Leistung

Die Automobilhersteller haben eine Vielzahl an freigegebenen Steckverbindersystemen verfügbar: Nennspannung 14 Volt für Kraftfahrzeuge bzw. 28 Volt im Nutzfahrzeugbereich. Selbst bei der seit 1995 diskutierten 42 Volt Bordnetzspannung, können die Steckverbinder, teilweise mit kleinen Modifikationen, verwendet werden.

Heute sind wir in einem Spannungsbereich angekommen für die es bisher keine „automobiltauglichen Steckverbindersysteme" gegeben hat. Nennspannungen bis zu 500 VDC, aktuelle Entwicklungen bis 1000 VDC, erforderten eine Neuentwicklung, unter Berücksichtigung der Luft- und Kriechstrecken, EMV – Verträglichkeit und dem Berührungsschutz der spannungsführenden Komponenten. Die nachfolgend beschriebenen Steckverbinder der Serie

HV und HVC in geschirmter, wasserdichter Ausführung (Bild 2, 4) wurden speziell für diesen Anwendungsfall entwickelt.

Das Optimum für ein elektrisches Verbindungssystem erreicht man nur durch das perfekte Zusammenspiel zwischen Steckverbindergehäuse und Kontaktsystem. Beide bilden eine Symbiose mit dem Ziel, über die Lebensdauer des Automobils hinweg, mit höchster Zuverlässigkeit das zu tun wofür sie entwickelt worden sind. Als Einheit auch nach vielen tausend Kilometern immer noch fehlerfrei zu funktionieren.

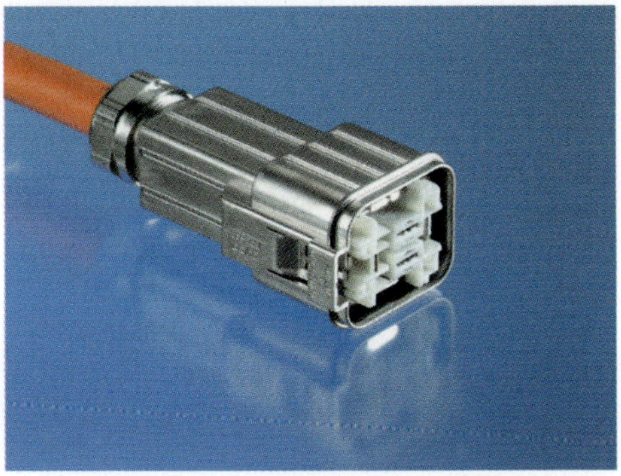

Bild 4: HVC 230 Steckverbinder Gemeinsame Entwicklung von Tyco Electronics und BALLARD (www.ballard.com)

Leistung erfordert Strom

Zur zuverlässigen Übertragung hoher Ströme wurde eine neue Hochstromkontaktserie konzipiert. Das innovative Hochstromkontaktsystem (Bild 1) ist in den Varianten 8 mm, 13 mm und 16 mm verfügbar. Leitungsquerschnitte bis zu 120 mm^2 mit einem 16mm Rundkontakt sind einsetzbar. Der Kontakt besteht aus einem massiven Grundkörper und einer gestanzten Multikontaktpunktfeder, beide aus hochleitfähigem Cu-Material. Dank des neuartigen Kontaktfederkonzeptes, erreichen die Kontaktsysteme beachtliche Stromwerte (Bild 3) bei hohen Einsatztemperaturen. Grundsätzlich bleibt zu erwähnen, das Tyco Electronics bei allen Entwicklungen der letzten Jahre, auf das wenig umweltfreundliche Beryllium als Legierungselement verzichtet.

Eine bedeutende funktionelle Größe für Kontaktsysteme ist die Strombelastbarkeit. Sie ist neben dem Kontaktdurchgangswiderstand eine der wesentlichen elektrischen Kenn größen.

Um verkabelte Systeme vor Überhitzung zu schützen und dauerhafte Schädigungen an den Kontaktsystemen zu vermeiden, ist die Begrenzung der Strombelastbarkeit [1] erforderlich. Für die stationäre Belastung wird die maximal zulässige Strombelastbarkeit, in Abhängigkeit von der Umgebungstemperatur, über die Derating-Kurve (Bild 5) beschrieben.

Alle Derating-Kurven bei Tyco Electronics, werden immer mit dem empfohlenen Korrekturfaktor [$\alpha = 0.8$] der DIN-IEC 512 Teil 3 erstellt, analog gilt für die Leitung die Begrenzung nach DIN-VDE 0298 Teil 4.

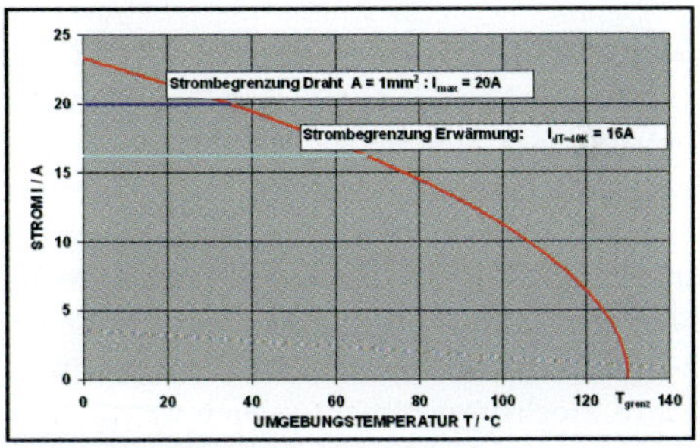

Bild 5: Derating-Kurve (beispielhaft dargestellt) Strombegrenzung durch den Leiter bzw. durch die maximal zulässige Eigenerwärmung des Kontaktes

Derating-Kurven mit geringeren Sicherheitszuschlägen, als in der DIN-IEC 512 Teil 3 empfohlen wird, sind als kritisch zu betrachten. Neben stationären elektrischen, treten zunehmend dynamische Lastfälle auf. Bei kurzzeitigen und transienten Belastungen, wie z. B. hohe Einschaltströme von Verbrauchern oder Auslösezeiten von Sicherungen, darf die zulässige Temperatur im Kontaktbereich nicht überschritten werden. Um die Überhitzung und somit den Ausfall einer Kontaktierung zu vermeiden, sind für alle Kontaktsysteme sogenannte Strom-Zeit-Grenzkurven (Bild 6) zu erstellen, z. B. nach der AK-Prüfrichtlinie „Thermische Zeitkonstante". Zugelassen für das Kontaktsystem sind alle Strom-Zeit-Wertepaare unterhalb der Grenzkurven.

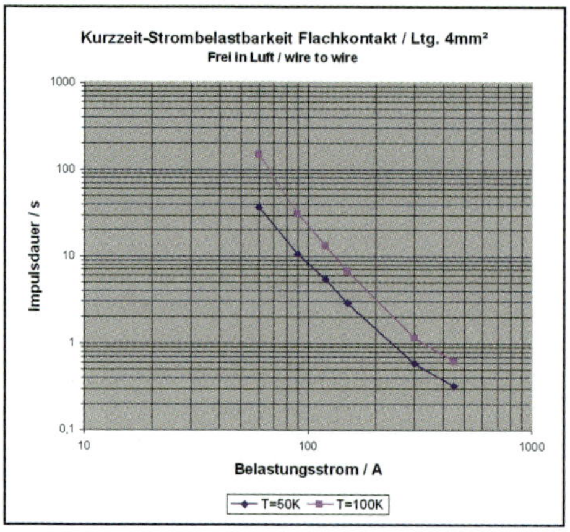

Bild 6: Strom-Zeit-Grenzkurven (beispielhaft dargestellt)

Adaption ins 14 Volt-Bordnetz

Die zunehmende Ablösung der mechanisch-hydraulischen Funktionen durch zum Beispiel elektromechanische Lösungen (x-by-wire) im Zusammenspiel mit konventionellen Antrieben erfordern in vielen Fällen relativ hohe Stromübertragungen, bei vergleichbar niedrigem Spannungsniveau (14 V/42 V). Die zuvor beschriebenen Hochstromkontaktsysteme werden mit abgestimmten Gehäusevarianten für die Leistungsverteilung in diesen Bordnetzstrukturen zum Einsatz kommen. Eine Weiterentwicklung basierend auf dem neuen Multikontaktfederprinzip als Flachkontaktsystem (w = 12.0 und 14.5 mm) zeigen ähnliche Stromtragfähigkeiten bei analogen Drahtquerschnitten.

Steckverbinder bieten Vorteile …

… gegenüber Schraubverbindungen. Primär sind vor allem die Prozesskosten des Fahrzeugherstellers zu betrachten, schließlich könnte auch eine Schraubverbindung den Anforderungen genügen. Während mehrpolige Steckverbinder mit einem Handgriff sicher kontaktiert werden, müssen Schraubverbindungen einzeln und mit zusätzlichem Aufwand für die Prozesssicherheit verarbeitet werden. Die nachträgliche Montage von Abdeckungen als Berührungs- und Feuchtigkeitsschutz für die geschraubte Verbindung kann entfallen, denn diese zusätzlichen Funktionen sind Bestandteil der Steckverbindung.

Zu weiterem Einsparungspotential addieren sich die wartungsintensiven Drehmomentschrauber. Anschaffung und Überwachung sparen weitere Kosten ein. Der Austausch der Komponenten im Service wird ebenfalls vereinfacht. Das alles senkt die Systemkosten.

Weitere Informationen über Hochstromkontaktierungen erhalten sie unter www.tycoelectronics.com

Literatur

[1] Horn J. Dr.; Lippmann B. Dr.; Steinhäuser H.: Strombelastbarkeit von Steckverbinderkontakten Tyco Electronics AMP GmbH, Bensheim

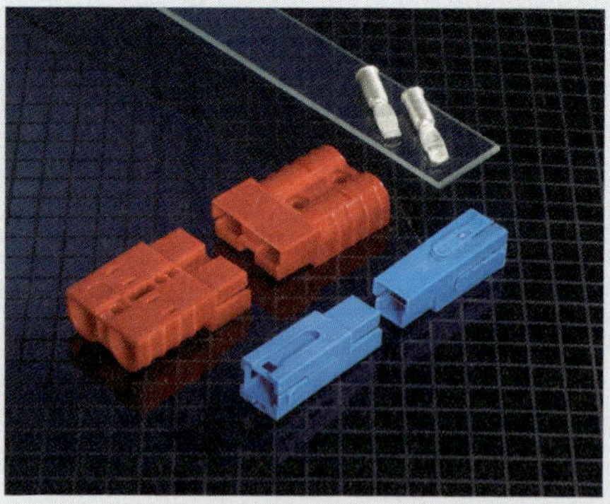

Hermaphroditische Steckverbinder der AMP-Power Series

Nennspannung: bis 600 VDC

Strombelastbarkeit: bis 350 A

Einsatz in Hybrid-, Brennstoffzellen und Elektrofahrzeugen, Power Supplies

Aus 2 gleichen Gehäusen wird eine sichere Verbindung. Kontaktteilvarianten = 1

Teil II

Markenführung in der Automobil-Zulieferindustrie

Kapitel 1

AVL – Von der wissenschaftlichen Denkfabrik zur High-Tech-Marke

Dipl.-Ing. Michael Ksela
Unternehmenssprecher AVL und CEO Scoop

AVL hat mit dem vorliegenden Markenkonzept einen außergewöhnlichen Weg beschritten und für die Investitionsgüterindustrie völlig neuartige Branding-Verfahren entwickelt. Ein präziser und fein abgestimmter Einsatz von markentechnischen Bedeutungsinstrumenten definiert ein hohes Niveau der Marke außerhalb der Zielgruppe in der interessierten breiten Öffentlichkeit. Im Hintergrund ein hochkomplexes markenbildendes System – im Vordergrund eine einfach vertraute Marke.

Der entspannte Autofahrer, der in seinem Cabrio mit Genuss auf einer ruhigen Uferstraße dahingleitet, der sportliche Fahrer, der sich mit spürbarer Kraft in seinem Geländewagen über steinige Wege kämpft, oder die elegante Konzertbesucherin, die in einer Halle mit perfekter Akustik Beat Furrers Uraufführung von „Begehren" lauscht – alles Erfahrungen, basierend auf den Technologien der AVL mit Sitz in Graz, Österreich. Spüren Sie den Wind in den Haaren, das Rütteln des Lenkrades? Lauschen Sie dem verebbenden Klang der Geige nach? Emotionen, die ein „Herz" aus High-Tech umhüllen.

Spitzenleistungen, beruhend auf Forschung und Entwicklung, sind dem Grunde nach kühle, sachliche, sauber bearbeitete, tief rationale Themen. Prozessorientierung, Systemorientierung, Projektmanagement, Optimierungsmechanismen müssen objektiv behandelt werden und lassen keine Gefühle zu. Dem gegenüber ein hart umkämpfter Markt der Automobilindustrie zwischen Differenzierungen und USPs.

Auch das Hochtechnologie-Unternehmen AVL hat vor einigen Jahren die Notwendigkeit erkannt, seine Spitzenleistungen im High-Tech-Bereich mit Emotionen aufzuladen.

„Marke AVL" als Vision

Wenn Geschäftsbeziehungen aufgrund voranschreitender Digitalisierung zunehmend abstrakter werden, erhält die Marke einen immer größeren Stellenwert. Je komplexer rationale Entscheidungen sind, desto größer wird der Einfluss einer positiven emotionalen Bestätigung der sachlichen Analyse. Ziel der AVL Markenpolitik ist es, das gesamte Leistungsspektrum des Unternehmens mit der Markentechnik zu verbinden und daraus die „Marke AVL" zu gestalten, um dem Unternehmen einen Mehrwert zu verschaffen, Grundvertrauen zu erzeugen und Differenzierungselemente zu kommunizieren. In diesem Beitrag werden das zugrunde liegende Markenkonzept und der daraus folgende Prozess beschrieben und transparent gemacht. Das Konzept beinhaltet die konsequente Verbindung mit dem operativen Geschäft – ein schwieriger Weg, aber gleichzeitig auch ein Weg, der das gesamte Unternehmen umfasst und berührt.

Die Ausgangsbasis für die „Marke AVL" ist das weltweit größte private und unabhängige Unternehmen für die Entwicklung von Verbrennungsmotoren und gesamten Antriebssystemen sowie Mess- und Prüfsystemen. Umfassendes Engineering- und Testing-Know-how über den gesamten Entwicklungsprozess, hohe Lösungskompetenz und damit verbundene Produkte machen die AVL weltweit zum anerkannten Partner der Automobilindustrie (2005: Umsatz 507 Millionen Euro, 3 440 Mitarbeiter weltweit). Die Nähe zum Kunden ist durch Tochtergesellschaften in allen für die Automobilindustrie wichtigen Ländern der Erde gewährleistet. Basierend auf der Vision des Haupteigentümers und CEOs der AVL, Prof. Helmut List, über die professionellen Leistungen des High-Tech-Unternehmens hinaus eine Marke im klassischen Sinne aufzubauen, wurde das Abenteuer „Entwicklung und Etablierung einer professionellen Marke und Markenpolitik im Unternehmen" in Angriff genommen. Neben grundsätzlichen strukturellen und organisatorischen Voraussetzungen wurden alle Instrumente des Konsumgütermarketings auf die Investitionsgüterindustrie übertragen.

Konsumgüterindustrie/Investitionsgütermarketing

Viele Unternehmen haben Berührungsängste, traditionelle Instrumente der Konsumgüterindustrie in die Investitionsgüterindustrie zu übertragen. Die Grundmechanismen des Marketings sind dieselben, die verwendete Sprache und die konkrete Umsetzung allerdings jeweils eine andere. Behutsamkeit und Verständnis der Marketingexperten sowie Rücksicht auf den Stand der Organisationsentwicklung erlauben den Transfer der Instrumente. Marketingmanager müssen akzeptieren, dass die Welt der Technik, die Welt der Investitionsgüter eine andere ist. Instrumente allerdings, wie beispielsweise Directmarketing, Telefonmarketing, Marktforschung, Kampagnen, Promotions oder Positionierungsstrategien erweisen sich aber auch hier als sinnvolle Tools.

Der wesentliche Unterschied zwischen den beiden Industrien bezüglich Markenpolitik ist, dass in der Konsumgüterindustrie Marken auf emotionaler Begründung basieren, in der Investitionsgüterindustrie auf emotionaler Bestätigung. So können Produkte beispielsweise der Nahrungsmittelindustrie, die sich geschmacklich kaum unterscheiden, ihre Kraft und Stärke aus der puren emotionalen Differenzierung beziehen. Die Konsumenten erleben aufgrund des hohen Werbedrucks die emotionalen Kernwerte der Marke und hinterfragen nicht den Wahrheitsgehalt. Unvorstellbar in der Investitionsgüterindustrie. Hier müssen reale Leistungen hinter den kommunizieren Inhalten stehen. Kompetenz und Realitätsgehalt sind unbedingte Voraussetzungen und können jederzeit überprüft werden.

Wie in der Konsumgüterindustrie selbstverständlich, müssen auch Investitionsgüter-Unternehmen, speziell High-Tech-Unternehmen, erkennen, dass man auf dem Weltmarkt nur erfolgreich ist, wenn man sich öffnet und aktiv kommuniziert. Daher nimmt der Stellenwert der Marke auch in der Investitionsgüterindustrie in Zukunft eine größere Rolle ein, weiter forciert durch eine voranschreitende Durchdringung im immer bedeutender werdenden World Wide Web. Markenpolitik – egal, ob im klassischen Sinne die Kernwerte der Marke betreffend oder interaktiv fraktal und personalisiert – wird die Zukunft bestimmen.

High-Tech-Branding

Das Produkt- und Leistungsportfolio der AVL erstreckt sich von der Antriebsstrangentwicklung bis hin zu Mess- und Testsystemen. In jedem dieser Bereiche gibt es Produktwelten, Servicewelten, Systemwelten, Projektwelten in einer Spanne von sehr kleinen, problemlösungsorientierten Aufträgen bis hin zu Generalunternehmerschaften wie etwa die Errichtung des Motorenhauses III für die DaimlerChrysler AG in Untertürkheim, wo 72 Prüfmodule in einem Gebäude untergebracht sind. Ein hochkomplexes Leistungsspektrum eines am Weltmarkt tätigen Unternehmens.

Das von einer Unternehmensmarke ausgestrahlte Grundvertrauen sollte es ermöglichen, einzelne Dienstleistungen und Produkte auf dem Weltmarkt differenziert zu platzieren und für das Unternehmen einen Mehrwert zu generieren. Verbindliche Werte und Qualitäten, die durch ein Symbol – das AVL Logo – abrufbar sind und für jedes Produkt und jede Leistung gelten, sollten ein unverwechselbares Bild des Unternehmens vermitteln. Die Herausforderung für das High-Tech-Branding in der AVL war, trotz der Komplexität des realen Geschäftes, eine für die Kunden und Lieferanten einfach wahrnehmbare Marke zu kreieren. Gleichzeitig sollten die Identitäten von Einzelleistungen und Produkten dem Wechselspiel der Markenpolitik dienen.

Brand Code System

In einem eigens für das Unternehmen entwickelten Brand Code System wird das operative Geschäft über mehrere Hierarchie- und Abstraktionsebenen mit den Markeninhalten codiert und begreifbar gemacht. Strategische Positionierungsmodelle werden durch die Codierung kommunizierbar. Die aufgefächerte Vermittlung der Markeninhalte kreiert ein erlebbares und nachvollziehbares Bild des Unternehmens. Vergleichbar ist diese Systematik mit einem Puzzle – einzelne Puzzleteile vereinigen sich in den Gehirnen der Kunden zu einem vollständigen, harmonischen Bild.

Die für die Systematik erforderliche Abstraktion erfolgt dabei in verschiedenen Ebenen. Jede Abstraktionsebene steht für reale – das heißt rational und emotional erlebbare – Markeninhalte. Vom konkreten Produkt bis zur Corporate-Ebene steigert sich der Abstraktionsgrad der Codes – und damit auch der Grad der Ästhetisierung.

Brand Codes

Werte, Bedürfnisse, Services und Produkte werden zu Transformatoren und übertragen das operative Geschäft in Markenwelten. Die konkrete Ausformulierung der Brand Codes folgt dem Konzept einer marktrelevanten Systematik, der Typologisierung von einer technischen über eine technisch-wirtschaftliche bis zur betriebswirtschaftlichen Sprache.

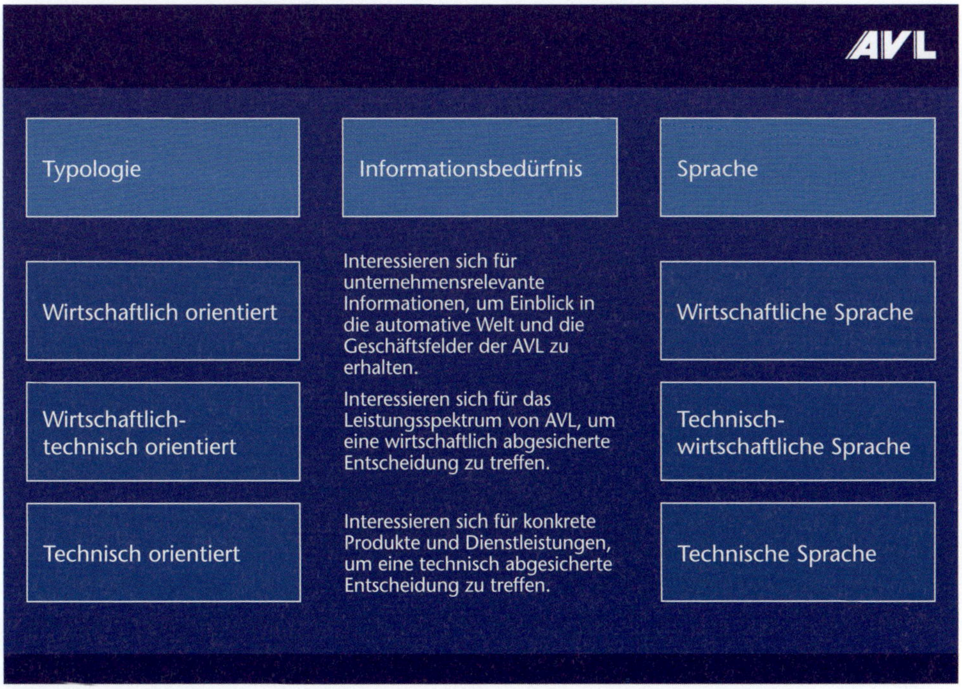

Abb. 1: Ergebnis des Typologisierungsprozesses

Values

Rationale und emotionale „Unique Selling Propositions“ (USPs) – über Wertewelten kommuniziert – gestalten auf der höchsten Abstraktionsebene das gesamthafte Markenbild der AVL. Die Werte wurden in englischer Sprache entwickelt und sind somit in der Originalfassung abgedruckt.

Pioneer Spirit

Turning visions of the future into reality with courage and expertise. AVL has cultivated the ability to recognise important break-through targets early on and reach them ahead of the market. Because only the courageous look beyond the horizon and make discoveries that lead to outstanding developments.

Customer Orientation

Our success can only be measured by that of our customers and his needs combined with experience and a global view allows us to create innovative solutions. Expertly conceived carried out – a success.

Problem Solving Competence

It's a demanding world. Oriented basic research, cutting edge technological developments and clear product orientation for global competitiveness. In multi-discipline teams, AVL offers expertise, creativity, innovative thinking and an effective project management network as support for professional solutions.

Responsibility

Modern mobility represents progress only when its goal, its form and its requirements respect nature. Our work at AVL reflects a deep understanding of the responsibility we share for our society, for mankind and for the world's achievements. Assurance that our world is one we can live in – now and in the future.

Independence

A company with personality. Embodied in Helmut List and reflected in his company. A personality rooted in a life-long pursuit of knowledge characterized by a deep sense of responsibility and expressed in the company's independent status.

Abb. 2: Values

Customer Needs

Markenpolitik auf operativer Ebene erfordert das Gleichschalten des operativen Geschäfts mit den Anforderungen der Markentechnik. Ausgewählte Grundbedürfnisse der Automobilindustrie ermöglichen die inhaltliche Verknüpfung und werden als Kommunikationsinstrumente verwendet.

Abb. 3: Customer Needs – Reducing Emissions, Improving Fuel Efficiency, Acoustic Perfection, Optimizing Performance

Abb. 4: Customer Needs – Research Requirements, Partner Reliability, Brand Differentiation, Process Efficiency

Products and Services

Die Integration von Produkten und Dienstleistungen in die Markenwelt erfolgt auf Basis einer zielgruppenbedürfnisspezifischen Positionierung durch die Entwicklung und den Einsatz eigenständiger und differenzierbarer Signale. Einige ausgewählte Beispiele:

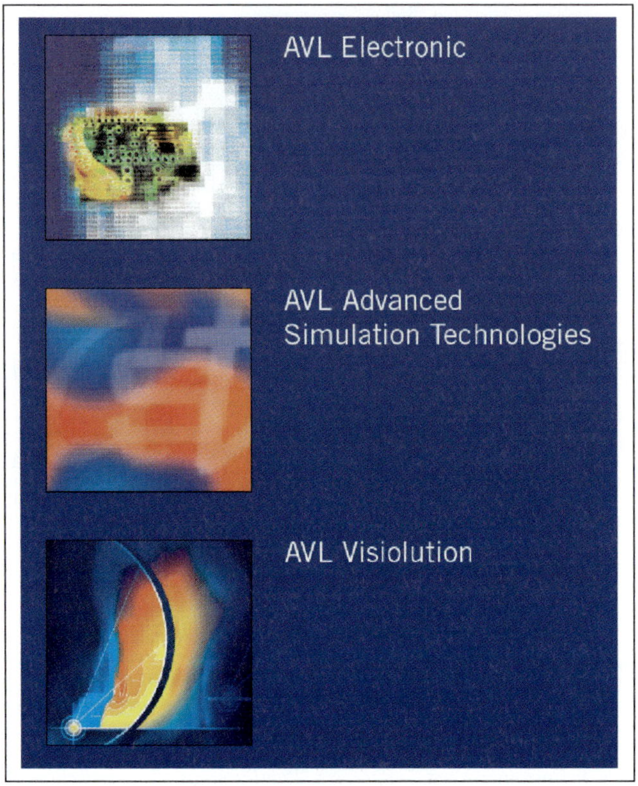

Abb. 5: Products and Services

Communication Style

Der Kommunikationsstil oder die Ästhetisierung der Markenpolitik gewährleistet den einheitlichen Markenauftritt. Systematik, Strukturiertheit, Präzision und Klarheit gestalten den Charakter. Die Emotionalisierung erfolgt ausschließlich durch die Technik selbst und nicht durch Additive. Ein eindeutig definiertes Foto- und Farbkonzept wird in klar beschriebenen Rastern mit einer festgelegten Systematik eingesetzt.

Abb. 6: Communication Style

Logo

Das AVL Logo als komprimiertestes Element der Markenwelt ruft beim Betrachter die definierte positive Vorstellung vom Unternehmen in all seiner Komplexität ab und schafft somit Grundvertrauen. Die äußere Form folgt demzufolge strengen Richtlinien.

Abb. 7: Logo AVL

Product Design

Die Produkte als Botschafter des Unternehmens formen und tragen den genetischen Code der Marke. Design ist die äußere Ausdrucksform der inneren Qualität. Design bestimmt die visuellen Eindrücke und damit die emotionale Vorstellungswelt des Unternehmens. Die durchgängige Farben- und Formensprache unterstreicht den Systemcharakter der AVL Produktwelten. Subjektives Empfinden wie „schön“ oder „nicht schön“ haben genauso wenig Platz wie „gut“ oder „schlecht“. Vorstellungswelten sollten weder Geschmacksfragen noch Zufällen überlassen werden. Erst das bewusste und aktive Gestalten des gesamten Austauschprozesses bringt den erhofften Wettbewerbsvorteil.

Das Ziel der AVL Designpolitik ist es, komplexe Technik durch Design wirtschaftlich zu gestalten und emotional auf den Punkt zu bringen.

Abb. 8: Product Design

Internet

Die Website ist für die AVL mehr als die bloße Darstellung des Leistungsspektrums des Unternehmens. Sie ist vielmehr Webportal als interaktive Kommunikations- und Businessplattform. Eingebettet in ein internationales Forschungsnetzwerk wurde eine hoch komplexe, Nutzen stiftende, interaktive Website geschaffen, um eine markenpolitische Durchdringung des World Wide Webs sicherzustellen und dem Unternehmen Gesicht und Persönlichkeit in der digitalen Welt zu verleihen.

AVL = Avantgarde – Kunst als markenbildendes Element

Die inhaltliche Verknüpfung von AVL mit Kunst – insbesondere der Avantgarde – versetzt die Marke in einen gesellschaftspolitischen Kontext. Eine kritische Auseinandersetzung öffnet neue Sichtweisen und verstärkt damit die Wahrnehmung der Marke in all ihren Dimensionen. Durch eine Vielzahl von realisierten Kunstprojekten zur markentechnischen Kommunikation ist AVL und ihre Kompetenz auf dem Gebiet der subjektiven Verfahren zu einem ernst zu nehmenden Gesprächspartner der Kunst geworden.

Ein anschauliches Beispiel ist die AVL und ihre Akustikkompetenz: Geräuschreduktion und Sound Design sind ein wichtiger Teil des Produkt- und Leistungsportfolios des Unternehmens. So wurden gesellschaftspolitische Auswirkungen auf Forschungsinhalte in einen Kontext mit Kunst gebracht. Entstanden ist aus diesem ein Projekt, das durch weitere Involvierung von Künstlern und Wissenschaftlern am Ende in der Errichtung der „Helmut-List-Halle" mündete – ein klassischer Brückenschlag zwischen Wissenschaft und Kunst. Die entstandene Kooperation von Künstlern mit Wissenschaftlern sowie Wissenschaftlern mit Künstlern führte während des Prozesses immer wieder zur Generierung neuer Kreativitätspotenziale sowohl auf der Forschungs- als auch der Kunstseite.

Abb. 9, Abb. 10: Die „Helmut-List-Halle“, ein Brückenschlag zwischen Wissenschaft und Kunst

So wurde die akustische Brillanz der Halle gemeinsam von Wissenschaftlern des Unternehmens, Prof. Helmut List, mit Experten wie Prof. Karlheinz Müller sowie international anerkannten Künstlern, wie beispielsweise Beat Furrer, Nikolaus Harnoncourt, Gerd Kühr und Bernhard Lang, definiert. Die Halle für Musiktheater und Konzerte ermöglicht einzigartige Konvergenzen von Wissenschaft, Hochtechnologie und Kultur. Damit wurden technologisches Know-how und kultureller Fortschritt auf der Basis von AVL-Kompetenzen (subjektive Verfahren, insbesondere der Akustik) verbunden.

Der Zeitpunkt für die Eröffnung der Halle wurde mit Januar 2003 gewählt, da die Maximierung der internationalen Öffentlichkeit am sichersten gegeben war (Kulturhauptstadt Graz 2003). Die Eröffnung fand im Januar 2003 mit der Uraufführung von „Begehren“ (eine Koproduktion mit der Ruhr-Trienale) statt. Musik von Beat Furrer, Regie Reinhild Hoffmann, Bühnenbild von Zaha Hadid. Fachmedien wählten die Aufführung zur weltweit besten Uraufführung des Jahres. Seitdem wurden vom Steirischen Herbst, der Styriarte sowie Graz 2003 zahlreiche Musikproduktionen von internationaler Bedeutung aufgeführt.

Abb. 11: Eröffnung der „Helmut-List-Halle“ mit der Uraufführung von Beat Furrers „Begehren“

Darüber hinaus wurde eine Reihe von interessanten Kunstprojekten umgesetzt, beispielhaft dafür:

- AVL Life – eine Performance in vier Akten auf der Basis von AVL Forschungsdaten, die den technischen, medialen und biologischen Körper in Einklang brachte. Künstler: Richard Kriesche.
- High-Tech/Low-Tech – eine im Forum Stadtpark angesiedelte vielschichtige Folge von Ereignissen mit Laborcharakter. Auf der Suche nach dem Verhältnis von Technologie und ästhetischer Technik, nach der Zugänglichkeit von Technologie für die künstlerische Produktion und nach dem Materialbegriff in der Kunst ganz allgemein.
- AVL Art Gate – ein multilokales vernetztes Ereignis mit „Steirischer Herbst“, Karlsruhe ZKM (Zentrum für Kunst und Medientechnologie), Tokio (ICC Inter-CommunicationCenter) und Barcelona (MECAD Media Centre dÀrt i Disseny) unter Einbringung des weltweiten Hochgeschwindigkeits-Netzwerkes der AVL.

Neue Wege der Markenführung

AVL hat mit dem vorliegenden Markenkonzept einen außergewöhnlichen Weg beschritten, für die Investitionsgüterindustrie völlig neuartige Branding-Verfahren entwickelt und Penetrierungsstrategien durch die konsequente Verbindung der Markentechnik mit dem operativen Geschäft überflüssig gemacht. Jedes einzelne Element im Austauschprozess mit Kunden und Lieferanten ist markenbildend, wodurch externe Werbeausgaben auf niedrigem Niveau gehalten werden können. Ein präzise und fein abgestimmter Einsatz von markentechnischen Bedeutungsinstrumenten definiert ein hohes Niveau der Marke außerhalb der Zielgruppe in der interessierten breiten Öffentlichkeit. Ausgewählte Bestätigungsmethoden verstärken die Wahrnehmung der Marke. Im Hintergrund ein hoch komplexes markenbildendes System – im Vordergrund eine einfach vertraute Marke.

Dipl.-Ing. Michael Ksela

Unternehmenssprecher AVL und CEO Scoop

Dipl.-Ing. Michael Ksela ist Unternehmenssprecher der AVL und CEO der Scoop next level marketing GmbH. Er verantwortete die gesamte Marketingtransformation des Unternehmens und gestaltet dessen weltweite Markenpolitik mit. Nach etwa zehnjähriger Tätigkeit in der Konsumgüterindustrie als Marketingdirektor wechselte er 1996 in die Investitionsgüterindustrie und wurde im Jahr 1999 für seine Marketingleistungen in der Konsumgüter- und Investitionsgüterindustrie von der IAA als „Marketingmann des Jahres" ausgezeichnet. Dipl.-Ing. Ksela ist außerdem Vorstandsmitglied der evolaris Privatstiftung, einem internationalen Netzwerk zur Erforschung interaktiver Marketing-Innovationen. 2005 gründete er sein eigenes Marketing-Unternehmen und schloss mit der AVL einen mehrjährigen Outsourcing-Vertrag, um eine neue innovative Form der Markenbetreuung zu etablieren, die die Professionalität der AVL in diesem Bereich noch weiter ausbauen soll.

Jüngste Auszeichnungen im Zusammenhang mit der Markenentwicklung:

2003 Maecenas (zum zweiten Mal)

2003 Staatspreis Design

2003 Nominierung für den Staatspreis PR

2003 Nominierung für den Staatspreis Marketing

2004 Finalist für den „Euro Effie" in Brüssel (Europaweite Auszeichnung für die effektivsten Marketingprojekte)

2004 Besondere Anerkennung „European Arts Sponsorship Award" in Brüssel (Europaweite Auszeichnung für Kooperationen zwischen Wirtschaft und Kunst)

2005 Effies in Gold und Silber

Kapitel 2

Bosch – Innovation mit Tradition

Die Marke Bosch im Wandel der Zeit

Wolfgang Chur
Geschäftsführer, Robert Bosch GmbH

Das Wichtigste, das Wertvollste, was wir haben, ist unsere Marke Bosch.

Im Spannungsfeld zwischen Markenartikel und Zulieferergeschäft

Bosch ist den meisten Kunden als Hersteller von Bohrmaschinen, Kühlschränken und Waschmaschinen bekannt. Hiermit erreicht Bosch die Endverbraucher direkt, und die Marke bleibt während der Lebensdauer der Erzeugnisse sichtbar. Produkte aus der Kraftfahrzeugtechnik werden jedoch zum größten Teil vom Fahrzeughersteller ausgewählt und verschwinden unter der Haube des jeweiligen Fahrzeugs. Zündkerzen und Wischer – die wenigen verbliebenen Verschleißteile im Fahrzeug – sind dabei die Ausnahme. Die dadurch gegebene Verzerrung zwischen der Wahrnehmung der Marke Bosch und den tatsächlichen Schwerpunkten des Geschäfts besteht für Bosch seit vielen Jahren. Dieses Spannungsfeld kennzeichnet die besondere Herausforderung bei der Führung der Marke Bosch.

Ursprung der Marke Bosch

Die Gründerphase – vom Magnetzünder zur Marke

Als Robert Bosch 1886 sein Unternehmen gründete, sah er zwar die blühende Zukunft der Elektrotechnik voraus, nicht aber die des Automobils. Entscheidend war, dass Bosch 1887 den Auftrag erhielt, für einen stationären Gasmotor einen Magnetzünder nach einem Muster der Motorenfabrik Deutz zu bauen. Bosch verbesserte in den Folgejahren seinen Magnetzünder so weit, dass er schließlich 1897 das erste Kraftfahrzeug mit seinem Magnetzünder ausrüstete – ein De Dion Bouton Dreirad.

1902 gelang der entscheidende Durchbruch: Boschs Chefingenieur Gottlob Honold erfand den Hochspannungs-Magnetzünder. Das komplizierte und hohen Drehzahlen im Wege stehende Abreißgestänge wurde entbehrlich, denn von nun an erzeugte die zu dem System gehörende Zündkerze den Lichtbogen. Damit lernte der Ottomotor sozusagen „das schnelle Laufen“.

Bereits 1903 bewährte sich der neuartige „Bosch Magneto“ im Motorsport. Der Belgier Camille Jenatzy siegte auf einem Mercedes beim Gordon Bennet-Rennen, einer der ersten anspruchvollen Motorsportveranstaltungen überhaupt (Abb. 1). Der populäre Jenatzy wurde wegen seines roten Barts und seines roten Staubmantels „der rote Teufel“ genannt. Und er wurde zur Vorlage für ein Werbeplakat um 1910, mit dem Bosch heute noch in Oldtimer-Fachzeitschriften wirbt. Die langjährige Historie des Unternehmens wird durch solche Maßnahmen neben der Innovation als Markenbestandteil gepflegt (Abb. 2).

Abb. 1: Camille Jenatzy 1903

Abb. 2: „Der rote Teufel"

1918 meldete Bosch die von Gottlob Honold skizzierte Bildmarke des Doppel-T-Ankers – dem Kernstück des Bosch Magnetzünders – zum Markenschutz an. Von Details abgesehen, hat Bosch diese Bildmarke seither nicht mehr verändert (Abb. 3).

Abb. 3: Die Bildmarke des „Magnetankers" und ihre Entwicklung

Die Wortmarke Bosch erschien bis Anfang der 50er Jahre in einer Pinselschrift, aber bereits 1914 schuf der Grafiker Lucian Bernhard einen frühen Vorläufer der heutigen, modernen Wortmarke (Abb. 4).

Abb. 4: Die Wortmarke Bosch

Die Wortmarke ist als Warenzeichen separat geschützt und wurde bis 2004 unabhängig von der oben dargestellten Bildmarke des „Ankers“ eingesetzt. 2004 wurde die Bild- und Wortmarke überarbeitet. Seitdem wird diese ausschließlich als unverwechselbare Einheit verwendet und weltweit kommuniziert. (Abb. 5)

Abb. 5: Die Bild-Wortmarke als unverwechselbare Einheit

In den 20er Jahren kam der Slogan „Mit Bosch gerüstet – gut die Fahrt!“ auf, der sich bis in die 60er Jahre hielt. Werbung mit Motorsporterfolgen war eine Selbstverständlichkeit und der „Bosch Renndienst“ gehörte zum gewohnten Bild an jeder Grand Prix-Strecke (Abb. 6).

Abb. 6: Historisches Werbeplakat 1937

Die Diversifikationsphase – Bosch wird „Consumer Brand"

Die „Boschkerze" war zum Markensignal geworden – und ist es im angelsächsischen Raum bis heute geblieben. Aber bereits in Folge der ersten Weltwirtschaftskrise, die 1926 in der Automobilwirtschaft zu erheblichen Turbulenzen führte, hatte Bosch nach neuen Produkten gesucht. So kommt 1928 das erste Bosch Elektrowerkzeug auf den Markt, 1932 übernimmt Bosch die Junkers Gasgeräteproduktion. Im folgenden Jahr erwirbt Bosch Blaupunkt und bringt den ersten Bosch Kühlschrank in Serie (Abb. 7).

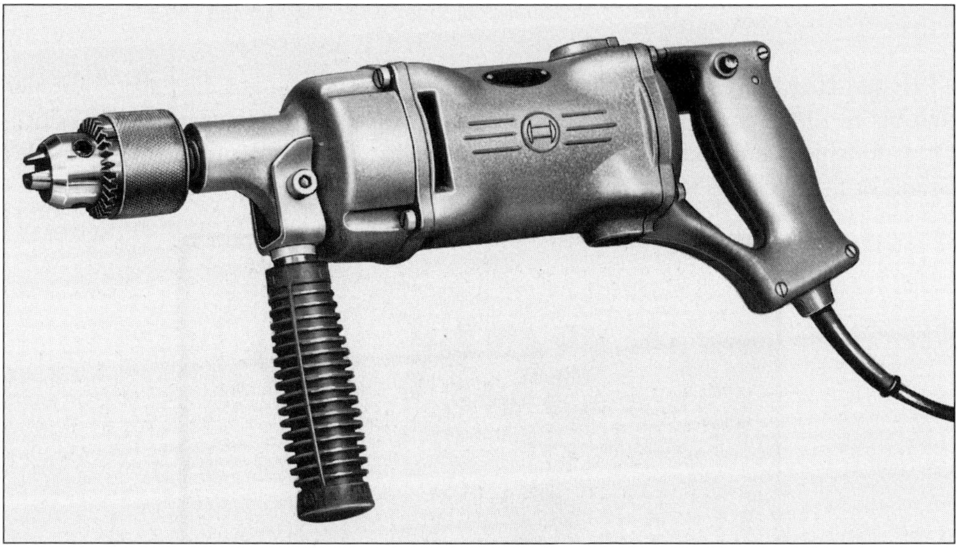

Bosch Bohrmaschine 1952

Blaupunkt Autoradio 1936

Bosch Kühlschrank 1933

Abb. 7: Erweiterung des Produktspektrums

„Junkers“ und „Blaupunkt“ wurden als eigenständige Marken weiter geführt. Dagegen trugen die Bereiche Kraftfahrzeugtechnik, Elektrowerkzeuge und Hausgeräte von Anbeginn die Marke „Bosch“. Die schon damals gepflegten Kernwerte dieser Marke – Qualität und Zuverlässigkeit – bildeten in einer Zeit materieller Not und des Wiederaufbaus nach dem zweiten Weltkrieg eine Grundlage für den Erfolg der Marke in allen drei Bereichen.

Mit zunehmendem Wohlstand ab den 60er Jahren reichte dies allerdings nicht mehr aus. Werbung nahm an Bedeutung stark zu, und Markenmanagement war gefordert, zumal Elektrogeräte für Haushalt und Heimwerker boomten. Getrennte Markenführung von „Bosch Hausgeräten“ und „Bosch Elektrowerkzeugen“ war die Konsequenz (Abb. 8).

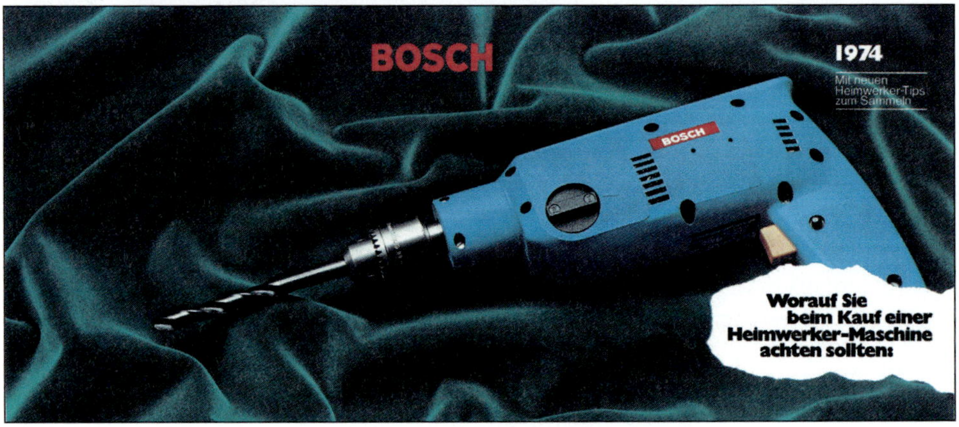

Abb. 8: Anzeigen Hausgeräte und Elektrowerkzeuge aus den 70ern

In den 70er Jahren hielt die Elektronik Einzug in die Kraftfahrzeugtechnik. Zugleich wurden die Fahrzeuge immer weniger wartungsintensiv. Entsprechend sank die Bedeutung der Nachrüstung, während die der Erstausrüstung stieg – nicht nur für Bosch. Der Einsatz der Elektronik schaffte immer neue Möglichkeiten im Automobil und erzeugte einen technischen Wettlauf unter den Herstellern. Dabei erarbeitete sich Bosch eine wesentliche Rolle als Innovationsführer.

Unter diesen Gegebenheiten empfahl sich für Bosch eine dezente Marktkommunikation in der Kraftfahrzeugtechnik. Man beschränkte sich auf sachlich informative Werbung für Innovationen wie „Jetronic“ oder „ABS“. In dieser Zeit entwickelte Bosch jene nüchterne Kommunikation, die den Stil des ganzen Unternehmens mit geprägt hat (Abb. 9).

Hans L. Merkle, der langjährige Vorsitzende der Geschäftsführung, verordnete dem Unternehmen Zurückhaltung in der Außendarstellung und bewies damit über zwanzig Jahre hinweg, dass erfolgreiche Markenführung nicht zuletzt eine Frage der Disziplin ist. Diese Ära hat allerdings auch dazu beigetragen, dass das Markenimage Bosch heute im Wesentlichen durch die Consumer-Bereiche „Bosch Hausgeräte“ und „Bosch Elektrowerkzeuge“ geprägt ist.

Abb. 9: ABS Werbung aus den 70ern

Tatsächlich aber erwirtschaftet der Bereich Kraftfahrzeugtechnik rund 60 % des Konzerngeschäfts. Von den rund 23 600 bei Bosch in Forschung und Entwicklung tätigen Mitarbeitern sind 75 Prozent direkt der Kraftfahrzeugtechnik zugeordnet. Der Entwicklungsaufwand liegt in diesem Bereich bei knapp 10 Prozent vom Umsatz und damit weit über dem Durchschnitt der Branche. Bosch Schlüsselinnovationen kommen zum überwiegenden Teil aus der Kraftfahrzeugtechnik. Fahrdynamikregelung wie ABS und ESP, Motorsteuerung, Vernetzung, Rundumsensorik oder Navigation sind bekannte Beispiele. Die detaillierte Funktion dieser Techniken ist dem Endkunden gewiss nur teilweise vermittelbar. Der Nutzen der Produkte wird aber beim

Vergleich eines modernen Fahrzeugs mit Vorgängergenerationen offensichtlich. ESP, Airbag, Klimaregelung, Navigation und Direkteinspritzung sind nur Beispiele dafür, dass das Gesamtfahrzeug heute nicht nur komfortabel, sondern auch – entsprechend der Produktphilosphie von Bosch – sicher, sauber und sparsam ist.

Die Konsolidierungsphase – Bosch bekommt ein „Markensteuerrad"

Zunehmender Werbedruck und gleichzeitig eine Vielzahl von neu verfügbaren Medien erforderten ab Mitte der 90er Jahre eine einheitliche Markenführung für alle Produkte – nicht nur für Bosch. Der *erste* Schritt in diese Richtung war 1997 eine Printkampagne mit dem Ziel, der Öffentlichkeit Überblick über alle Aktivitäten der Bosch Gruppe zu vermitteln. Dabei deutete sich bereits an, dass Bosch seine bis dahin geübte werbliche Zurückhaltung im Bereich Kraftfahrzeugtechnik zwar nicht über Bord geworfen, aber doch reduziert hatte (Abb. 10).

Abb. 10: Unternehmenswerbung 1997

Diese Kampagne lief über drei Jahre in mehreren Ländern Europas und Asiens sowie in den USA. Sie diente zwar in erster Linie der Information, war aber gleichzeitig nach außen und innen Signal für Veränderungen der Markenführung. Den Bereich Kraftfahrzeugtechnik ließ Bosch bewusst erst in einem *zweiten* Schritt deutlicher hervortreten. Die entsprechende Kampagne startete im Spätsommer 1999, unmittelbar vor Beginn der IAA. Eine Anpassung an das neue Corporate Design erfolgte 2004. (Abb. 11).

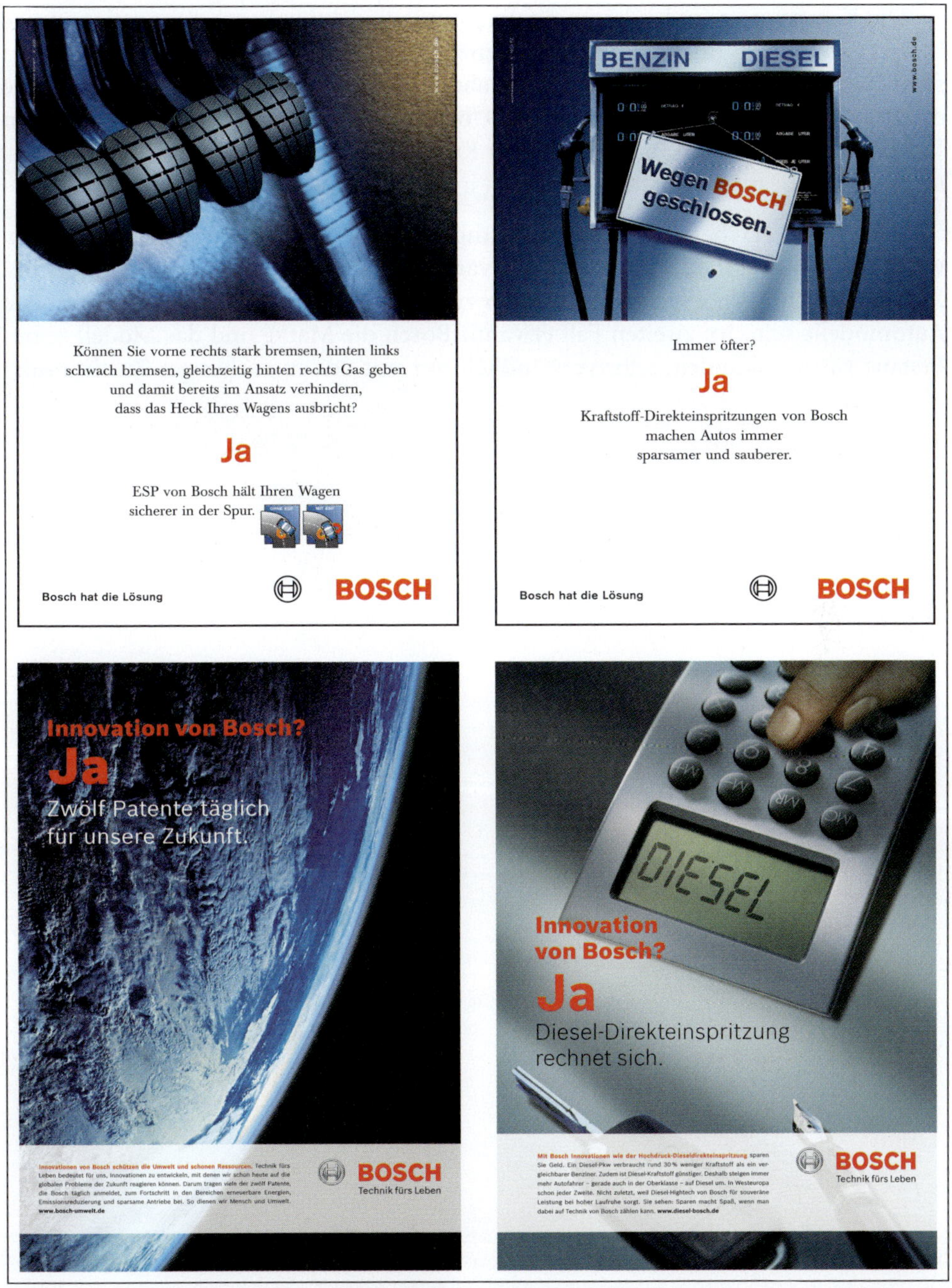

Abb. 11: Werbemotiv Kundennutzen in verschiedenen Produkten im bisherigen und im neuen Corporate Design

Die Kampagne zeigt bis heute für Endkunden wichtige Bosch Innovationen wie beispielsweise ESP oder Diesel- und Benzin-Direkteinspritzung. Im Vordergrund steht dabei weniger die Technik, als vielmehr deren unmittelbarer Kundennutzen, wie er für jeden Autofahrer erlebbar ist. Die Überschrift stellt die Frage „Innovation von Bosch?", die Antwort ist immer ein klarer Kundennutzen, der in der Bodycopy erläutert wird. Innovation steht als Kernthema im Mittelpunkt.

Begleitend erscheinen in Tageszeitungen kleine einspaltige Textteilanzeigen, welche sich auf aktuelle, für Bosch relevante Ereignisse in der Automobilwelt beziehen. Dies können allgemeine Themen zur automobilen Technik, aber auch neue Automodelle sein. Im zweiten Fall erwähnt Bosch die Marke und das Modell seines Erstaus-rüstungskunden, selbstverständlich nur mit dessen vorheriger Zustimmung (Abb. 12).

Abb. 12: Kleinanzeigen für Tageszeitungen mit aktuellen Botschaften im bisherigen und im neuen Corporate Design

Bosch ist jedoch nicht nur in der Werbung wahrnehmbar, sondern auch durch flächendeckende geografische Präsenz: Rund 12 000 „Bosch Service"-Betriebe repräsentieren die Marke weltweit vor Ort. Diese Partnerbetriebe haben ein einheitliches Erscheinungsbild und erfahren laufend technische Schulung sowie Marketingunterstützung (Abb. 13).

Abb. 13: Bosch Service Kennzeichen

Sowohl die einheitliche Markenführung als auch die Harmonisierung der Außenauftritte der drei – für die Wahrnehmung der Gesamtmarke wesentlichen – Unternehmensbereiche Kraftfahrzeugtechnik, Elektrowerkzeuge und Hausgeräte sind heute vollzogen. Hierzu gehören die folgenden Elemente:

a) Einheitliches Corporate Design

Das aktuelle Corporate Design von Bosch wurde 2001 entwickelt und bis 2004 optimiert. Heute wird es in fast allen Bereichen des Unternehmens eingesetzt. In der internen und externen Kommunikation sowie im Internet wird die überarbeitete Gestaltung deutlich.

Abb. 14: Externe Kommunikation im neuen Corporate Design

b) Einheitlicher Slogan

Einen einheitlichen Slogan für Produkte wie Elektrowerkzeuge, Kraftfahrzeugtechnik und Hausgeräte zu finden, der dem Markenversprechen auf allen drei Gebieten gleichermaßen gerecht wird, war schwierig. Die Produkte sind bezüglich Funktion, Gebrauch, Sichtbarkeit und Handhabung völlig unterschiedlich. Die Marke Bosch weist aber Grundwerte auf, die übergreifend relevant sind.

Hervorstechendes Merkmal ist die Innovation. Entwicklungen wie ESP oder Hochdruck-Dieseleinspritzung sind Beispiele aus der Kraftfahrzeugtechnik. Bosch ist Marktführer bei Elektrowerkzeugen weltweit und bei Hausgeräten in Europa und setzt durch Produktneuheiten wie der Lithium-Ionen-Akkutechnologie im handlichen Akkuschrauber IXO immer wieder Marktimpulse. Es war nicht leicht, all diese Aspekte unter einen gemeinsamen Slogan zu bringen, der für die Marke steht wie der Cowboy für Marlboro, die Doppelniere für BMW und die Form einer Flasche für Coca-Cola.

„Technik fürs Leben" – das ist mehr als ein neuer Slogan von Bosch. Hinter diesen Worten stecken Werte, für die Bosch nicht erst heute steht. Technik fürs Leben, das heißt: langlebige, beständige und zuverlässige Technik, die Menschen über eine längere Zeit ihres Lebens begleitet. Technik fürs Leben heißt auch: durchdachte, innovative und nutzbringende Technik, die den Menschen hilft, das Leben angenehmer und einfacher zu gestalten.

Dass dieser Slogan zur Marke Bosch passt, hat unsere Marktforschung gezeigt – nicht nur in Deutschland, sondern auch in anderen Ländern, wo er jeweils in Landessprache adaptiert eingesetzt wird. Die Doppelsinnigkeit im Sinne von langer Haltbarkeit und Zuverlässigkeit einerseits und dem Leben dienender Technik andererseits wurde bewusst gewählt. Damit drückt der Slogan auch eine besondere Verantwortung aus, der sich Bosch seit seiner Gründung verpflichtet fühlt. In der Regel steht der Slogan unter der Bild-Wortmarkt (Abb. 15).

Abb. 15 Slogan in verschiedenen Sprachen

c) Selbstähnlichkeit

Mit der Festlegung des neuen Corporate Design wurde zugleich für alle Geschäftsbereiche ein einheitlicher, weltweiter Werbeauftritt erarbeitet. Die Struktur der Anzeigen, die Schrifttypen, die Position der Bild-Wortmarke und der gemeinsame Slogan sorgen für Einheitlichkeit und Wiedererkennbarkeit, Bild- und Textinhalte werden durch die Produkte und Zielgruppen bestimmt. Auf die besonderen Bedürfnisse der Geschäftsbereiche Elektrowerkzeuge und Hausgeräte wurde mit einem eigenen Farbcode Rücksicht genommen (Abb. 16).

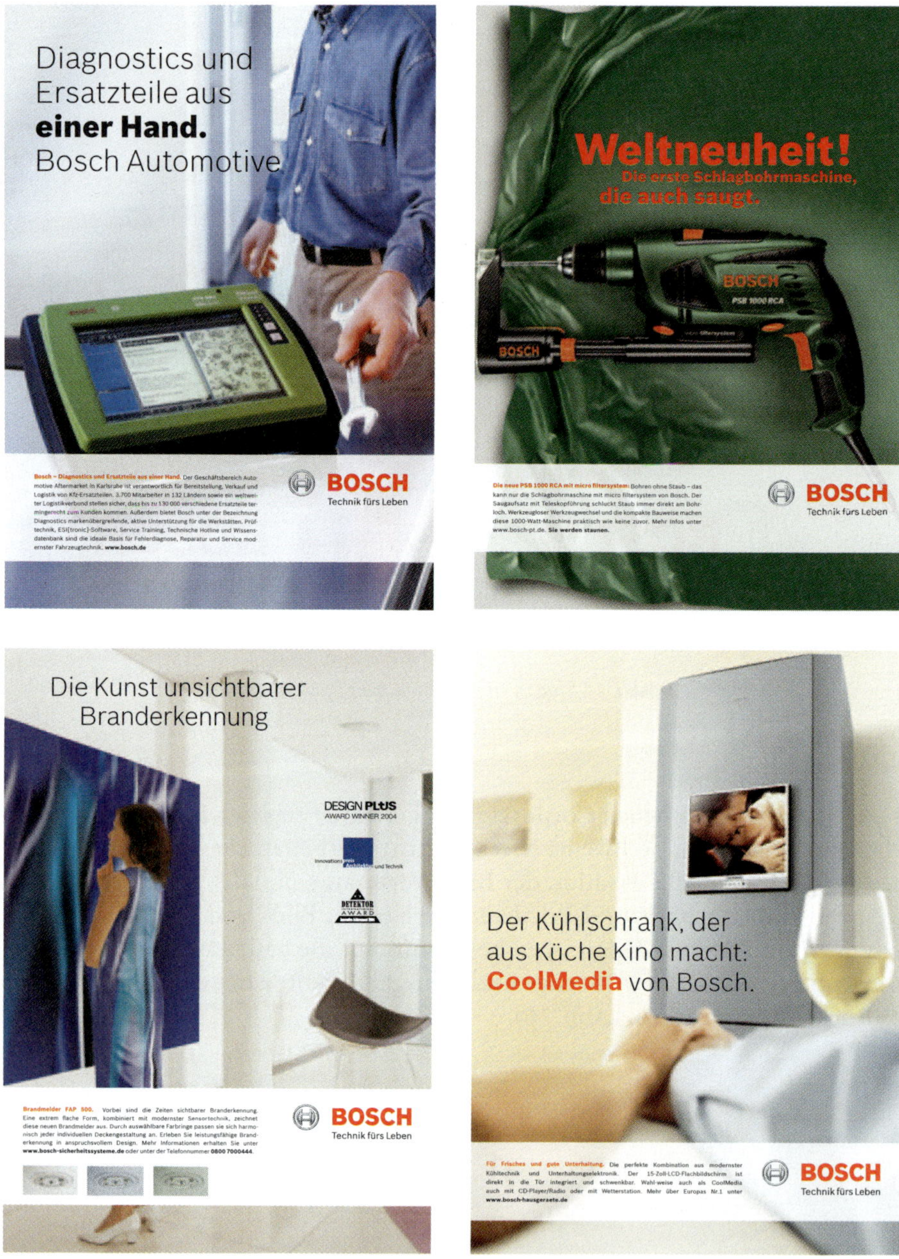

Abb. 16 Werbeauftritt der Geschäftsbereiche

Co-Branding – Modell für die künftige Zusammenarbeit zwischen Automobilhersteller und -Zulieferer?

Das „supplier inside"-Missverständnis

Insbesondere Forschungs- und Beratungsinstitute im Umfeld der Automobilindustrie führen seit einigen Jahren den Begriff „Ingredient Branding" oder „Co-Branding" im Munde. In diesem Zusammenhang werden Erfolgsbeispiele wie „Gore Tex" und immer wieder „Intel inside" zitiert (Abb. 17).

Abb. 17: Motorraum mit verfremdeter Markenkennung

Speziell der Fall „Intel inside" stellt aber keine zielführende Analogie für die Automobilbranche dar. Intel befindet sich in einer einzigartigen Marktkonstellation, weil dieses Unternehmen seine Prozessoren quasi synchron zu den Softwareplattformen des Marktführers Microsoft weiter entwickelt. Außerdem ist der Prozessor die entscheidende Komponente für die Leistung eines PC. Im Ergebnis fragt der heutige Endkunde gewöhnlich weniger nach der Marke des PC-Herstellers, sondern mehr nach der des Prozessorherstellers. Übertragen auf die Automobilbranche hieße dies etwa, dass der Autokäufer seine Modellentscheidung im Wesentlichen davon abhängig macht, von welchem Zulieferanten die Motorsteuerung stammt. Selbst die wichtigste Komponente im Fahrzeug erreicht aber bei weitem nicht die Bedeutung für das Gesamtfahrzeug wie der Prozessor für den PC. „Intel inside" kann also kein Benchmark für das Verhältnis zwischen Automobilherstellern und -Zulieferern sein.

Erfolgsfelder und Grenzen des Co-Brandings

Es gibt in der Automobilbranche Beispiele für gelungenes Ingredient- oder Co-Branding, allerdings ist deren Zahl überschaubar. Bei ab Werk lieferbaren Autoradios geben manche Automobilhersteller traditionell die Marke des Radioherstellers zu erkennen, manche nicht. In den 70er Jahren nutzten einige Automobilhersteller „Bosch Jetronic“ und „Bosch ABS“ als Beleg für technischen Fortschritt. Ende der 90er Jahre führte Blaupunkt gemeinsam mit Automobilherstellern Verkaufsförderungsaktionen für Navigationssysteme durch. Die hierdurch bei Händlern und Niederlassungen erzeugte Bekanntheit steigerte nicht nur die Bestellungen von Navigationsgeräten, sondern trug auch zu deutlich messbaren Absatzsteigerungen von Neuwagen bei. Win-Win-Effekte dieser Art machen solche Aktionen sinnvoll. Navigations- und Audiosysteme zählen allerdings nicht zu den Kernkompetenzfeldern von Automobilmarken, und die Marke des Zulieferers bedeutet daher sicher auch keine Gefährdung für die Marke des Automobils (Abb. 18).

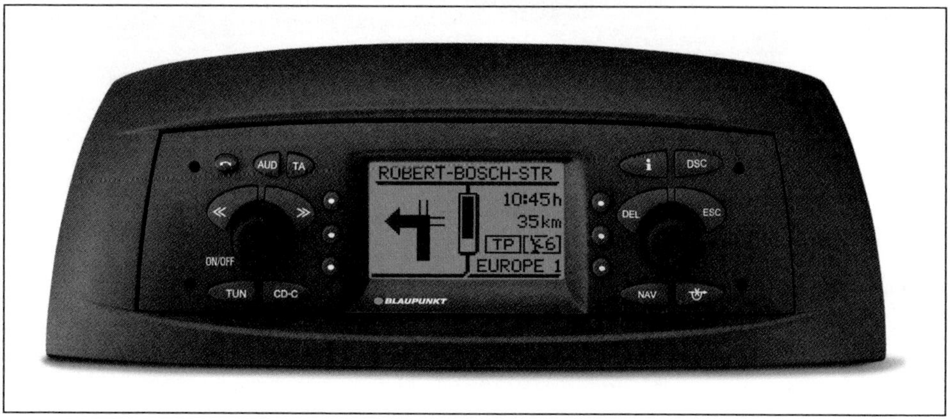

Abb. 18: Markenauftritt Blaupunkt im Fahrzeug

Auf Gebieten wie „Motor“, „Fahrwerk“ oder „Sicherheit“ aber will der Automobilhersteller seine Kompetenz uneingeschränkt zeigen. Der Verbraucher wiederum verlässt sich allein auf die Automarke seiner Wahl – mitsamt ihrem Qualitätsversprechen und ihrer technischen Kompetenz, die auch die Auswahl der Zulieferer beinhaltet. Er will dabei nicht auf die Zusammensetzung des Fahrzeugs aus verschiedenen Systemen von unterschiedlichen Herstellern achten müssen.

Selbstverständlich kann der Automobilhersteller seine Zulieferer mit bestimmten Kommunikationsaufgaben beauftragen – beispielsweise einer Verkäuferschulung zur Fahrdynamikregelung oder einer Informationsbroschüre zur Reduzierung von Schadstoffemissionen. Eine Zusammenarbeit auf dieser Ebene entlastet einerseits den Erstausrüster und kann andererseits dem Zulieferer wertvolle Rückkopplungen geben – sei es hinsichtlich des Produkts selbst, sei es hinsichtlich der Argumentation gegenüber dem Endkunden. Daher sieht Bosch auf diesem Feld Potenzial für die Zukunft. Diese Art der Zusammenarbeit hat aber nichts mit Ingredient Branding oder Co-Marketing zu tun. Co-Branding darf kein Selbstzweck sein. Nur wenn beide Seiten – Erstausrüster und Zulieferer – von einem gemeinsamen Auftritt profitieren, macht dieser Ansatz Sinn.

Markenerfolg auf eigenem Terrain

Bosch ist stolz darauf, an der Entstehung des faszinierenden Produkts „Automobil" wesentlich beteiligt zu sein. Natürlich identifizieren sich die Bosch Mitarbeiter mit ihrem Produkt, ihrem Erstausrüstungskunden, ihrem Auto. Natürlich sollen die erfolgreichen Produkte auch bei anderen Herstellern platziert werden. Deswegen möchte Bosch seine Kraftfahrzeugtechnik in der Öffentlichkeit bekannt machen – mehr als früher. Deshalb schaltet Bosch die oben gezeigten auffälligen Kleinanzeigen zu automobilen Neuheiten. Sowohl Endkunden als auch Entscheider in der Branche reagieren zum Beispiel bei Motorsportveranstaltungen oder auf Messen positiv, wenn Bosch sich als führendes Unternehmen der Automobiltechnik zu erkennen gibt. Es scheint jene Mischung aus Qualitätsbesessenheit und deutschem Ingenieurwesen zu sein, die Automobilinteressierte an Bosch beeindruckt.

Aber es kann nicht darum gehen, den Markenerfolg allein über eine Vielzahl von Automobilherstellern zu erreichen. Die Produkte sollen durch Qualität, Kundennutzen und Langlebigkeit einen guten Ruf erreichen und die Marke eigenständig positiv bekannt machen. Die Kraftfahrzeugtechnik ist dabei nur eine – wenngleich sehr bedeutende – Sparte der Marke Bosch. Da Bosch auch Gebrauchsgüter direkt für Endverbraucher herstellt, muss Bosch eine aus eigener Kraft geführte, eigenständige Marke sein.

Die vom Marktforschungsinstitut Inra erstmals für deutsche Großunternehmen durchgeführte Befragung hat für Bosch sehr gute Ergebnisse gezeigt. Die Bekanntheit liegt mit 84 Prozent im oberen Drittel der Rangliste. Noch wichtiger aber ist der Imageindex von 87 Punkten, der zeigt, dass die Marke bei Verbrauchern eindeutig positiv bekannt ist. Hier erreicht Bosch den dritten Platz – fast punktgleich mit dem Spitzenreiter BMW mit 88 Punkten und noch vor so bekannten Marken wie Adidas, Edeka und Lufthansa.

Das Selbstverständnis von Bosch

Dass ein Unternehmen in der Größe von Bosch keine Aktiengesellgesellschaft, sondern eine GmbH, weitgehend im Eigentum einer gemeinnützigen Stiftung ist, ist außergewöhnlich. Dies geht zurück auf den verfügten Willen des Unternehmensgründers Robert Bosch, von dem Zitate wie dieses stammen: *„Ich weise besonders darauf hin, dass ich es nach wie vor für richtig halte, Arbeiter und Angestellte gut zu bezahlen und sie nicht von oben herab, sondern als gleichberechtigte Vertragsgenossen zu behandeln."* Das klingt heute wie selbstverständlich, aber vor 100 Jahren war das nicht so. 1910 führt Robert Bosch in seinem Betrieb den freien Samstagnachmittag ein. 1927 wird die Alters- und Hinterbliebenen-Fürsorgeeinrichtung Bosch-Hilfe geschaffen. 1934 zahlt Bosch erstmals Arbeits- und Erfolgsprämien. 1952 werden bei Bosch eine Invaliden-und Hinterbliebenen-Beihilfe sowie der freie Samstag eingeführt, 1953 wird die Bosch-Betriebskrankenkasse eingeführt. 1964 gründen die Testamentsvollstrecker und Erben des Gründers die Robert Bosch Stiftung.

Abb. 19: Porträtfoto Robert Bosch der Ältere

Bosch wirbt nicht mit dieser Art von Innovationen, weil das Unternehmen in der Öffentlichkeit durch Produktleistungen überzeugen will – nicht durch Gemeinnützigkeit. Dennoch erstaunt immer wieder, dass nicht nur Mitarbeiter, sondern auch viele Bosch Geschäftspartner diese pragmatisch humanistische Unternehmensverfassung kennen und von ihr fasziniert sind. Die nach Robert Boschs Tod 1942 von Theodor Heuss verfasste Biographie des Unternehmensgründers wird auch heute noch mit viel Interesse gelesen.

Man weiß bei Bosch um seine Wurzeln, aber auch um die Gefahren rückwärts gewandter Nabelschau. Daher gab die Geschäftsführung 2001 erneut den Anstoß, die Unternehmenswerte auf den Prüfstein der Gegenwart zu stellen. Als Ergebnis entstand ein aktueller Wertekatalog für alle Mitarbeiter des Hauses. Wer Bosch kennt, den wird der Inhalt kaum überraschen. Aber es geht nicht darum, zu überraschen, sondern eher Überraschungen zu vermeiden – für Mitarbeiter wie für Kunden in aller

Welt. 2005 wurde als Krönung der Wertediskussion die Bosch Vision erarbeitet. Sie definiert letztlich die Ansprüche, die an alle Bosch Mitarbeiter gestellt werden, um der großen Tradition des Hauses gerecht zu werden.

Bosch – Mission einer Marke

Bosch steht für verschiedene Produktgebiete – im Gebrauchsgüter-, Investitionsgüter- und Automobil-Zulieferbereich. Kraftfahrzeugtechnik ist zwar ein Kernbereich des Unternehmens, steht aber neben weiteren. Als Gesamtmarke wird Bosch daher nie an ein bestimmtes Produktbild gebunden sein. Was aber alle Produkte von Bosch gemeinsam haben, sind Werte: Qualität, Innovation, Zuverlässigkeit, Kundennutzen und Serviceorientierung. Dieses Wertebündel bildet den Kern der Markenbotschaft „Technik fürs Leben". Es stellt zugleich die Mission dar, der sich alle Mitarbeiter bei Bosch weltweit verpflichtet fühlen.

Wolfgang Chur

Geschäftsführer Robert Bosch GmbH

Wolfgang Chur ist seit 1.7.1999 Geschäftsführer der Robert Bosch GmbH. Zu seinem Verantwortungsbereich gehört der Unternehmensbereich Gebrauchsgüter und Gebäudetechnik mit den Geschäftsbereichen Power Tools, Thermotechnology und das Gemeinschaftunternehmen Bosch Siemens Hausgeräte GmbH. Weitere zentrale Zuständigkeiten sind Marketingkommunikation und Markenmanagement. Darüber hinaus ist er für die Regionalgesellschaften in Mittelosteuropa sowie Großbritannien, Frankreich, Spanien und Österreich verantwortlich.

Wolfgang Chur wurde am 4. Januar 1947 in Stuttgart geboren. Er ist verheiratet und hat zwei Kinder. Nach dem Abitur (1966) und zwei Jahren bei der Bundeswehr studierte er Betriebswirtschaftslehre an der Universität Nürnberg. 1973 legte er das Examen zum Diplom-Kaufmann ab. Seine berufliche Karriere begann bei der Braun AG, Kronberg/Taunus, bei der er bis 1977 als Produktmanager beschäftigt war.

Stationen in der Bosch-Gruppe

1977 Referent der Geschäftsleitung Verkauf, Geschäftsbereich Elektrowerkzeuge

1978 Leiter Produktabteilung Industriewerkzeuge, Geschäftsbereich Elektrowerkzeuge

1980 Leiter Verkauf Europa, Geschäftsbereich Elektrowerkzeuge

1983 Geschäftsleiter Tochtergesellschaft in Frankreich, Geschäftsbereich Elektrowerkzeuge

1987 Verkaufsleiter weltweit, Geschäftsbereich Elektrowerkzeuge

1990 Geschäftsleiter Verkauf/Marketing, Geschäftsbereich Elektrowerkzeuge

1997 Sprecher der Geschäftsleitung und Geschäftsleiter Verkauf, Geschäftsbereich Mobile Kommunikation (Blaupunkt GmbH)

1999 Geschäftsführer der Robert Bosch GmbH

Kapitel 3

Continental – German Engineering als internationaler Markenwert

Vom niedersächsischen Reifenproduzenten zum weltweit erfolgreichen Systemzulieferer der Automobilindustrie

Heinz-Jürgen Schmidt
Leiter Marketing und Vertrieb, Continental AG

Vertriebswegemanagement ist eine der großen Herausforderungen in komplexen und sich verändernden Märkten.

Langweilige Gummibude – Anfang der 90er Jahre stand es nicht gut um die Marke Continental. Zu jener Zeit war das deutsche Traditionsunternehmen mehr denn je vom Reifengeschäft geprägt. Und damit Teil einer Branche, die durch heftige Konkurrenzkämpfe, Konzentrationsprozesse und kurze Innovationszyklen charakterisiert wurde. Obgleich der Continental Konzern etliche Kombinationen ausprobierte, tat er sich schwer, im Markt die richtige Aufstellung zu finden, als die Reifenindustrie 1990 weltweit in eine ihrer schwersten Rezessionsphasen schlitterte. Folglich geriet Continental auch stark unter Druck.

Zugleich sah sich das Unternehmen des Versuchs einer feindlichen Übernahme durch Pirelli ausgesetzt. In einer langen Abwehrschlacht wurde die Eigenständigkeit verteidigt, dabei ging allerdings nochmals Substanz verloren. Kein Wunder, dass die Marke Continental in dieser Phase auch an der Börse fast alle Strahlkraft einbüßte. Die Aktie dümpelte vor sich hin und wurde 1996 schließlich aus dem DAX genommen.

Die Marke Continental 2006

Zehn Jahre später steht das Unternehmen und steht die Marke Continental besser da denn je:

- Das Geschäftsjahr 2004 ist bislang das beste in der 134-jährigen Geschichte des Konzerns.
- Insgesamt mehr als 80 000 Mitarbeiter erwirtschafteten dabei an 137 Produktionsstätten in 27 Ländern einen Umsatz von 12,6 Milliarden Euro.
- Das Konzernergebnis nach Steuern schnellte im Vorjahresvergleich um 114,4 Prozent in die Höhe.

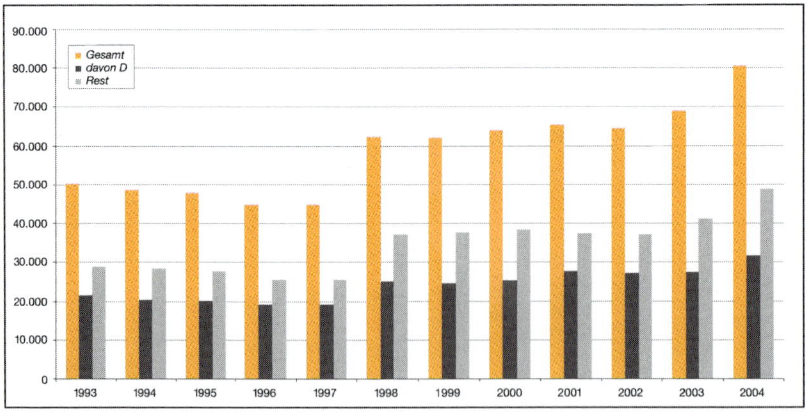

Abb. 1: Continental beschäftigt weltweit mehr als 80 000 Mitarbeiter

Diese Spitzenwerte sind das Resultat eines erfolgreichen Strategiewechsels: Der altbekannte Reifenbäcker und Kautschukverarbeiter Continental hat sich zu einem weltweit tätigen Zulieferer der Automobilindustrie entwickelt, der internationales Ansehen genießt. Innerhalb weniger Jahre gelang der Sprung in die Top Ten der zehn größten Automobil-Zulieferer der Welt: Unser *elektronisches Stabilitätsprogramm* (ESP), das Projekt *Aktiv-Passiv-Integrationsansatz* (APIA), Reifensysteme mit Notlaufeigenschaften (SSR und CSR) oder der *Integrierte Starter Alternator Dämpfer* (ISAD) sind nur einige wenige Beispiele, die diesen Weg dokumentieren.

Zugleich besitzt der Konzern als weltweit führender Anbieter technischer Kautschuk- und Kunststoffprodukte sowie als innovativer Reifenhersteller eine einmalige Marktpositionierung. Auch die Börsianer honorierten die Neuausrichtung: 2003 gelang Continental als erstem Unternehmen die Rückkehr in den DAX – und das Unternehmen wurde sogleich Primus im Premiumsegment. Diesen Titel verteidigte die Aktie dank einer Kurssteigerung um 55,4 Prozent auch 2004.

Kein Zweifel, der Wert der Marke Continental hat einen ersten Höhepunkt erreicht. Konsequent richten sich die Inhalte der Markenpositionierung dabei am Claim „**German Engineering**“ aus, dem Kernelement unseres Slogans „**Do it with German Engineering**“. Weltweit steht er für höchste Ingenieurs-Kunst, die auf ein Ziel fokussiert ist: Produkte zu entwickeln, welche die individuelle Mobilität der Menschen sicherer und komfortabler machen. Dabei spielen zukunftweisende Fahrerassistenz- und Fahrzeugregelsysteme ebenso eine Rolle wie moderne Reifenkonzepte. Zu den Komponenten der Markenpositionierung gehören

- das State of the Art-Engineering in den vier Divisionen des Konzerns: *Automotive Systems, ContiTech, Pkw-Reifen, Nfz-Reifen,*
- die Premiumqualität sämtlicher Continental-Produkte,
- ihre überragende Performance,
- die führende Technologie,
- die Innovationskraft und Zukunftsorientierung der Continental sowie
- Kosten.

Aufgrund der Entwicklung des Konzerns ist das Führen der Marke Continental in den vergangenen Jahren in ein neues Spannungsfeld geraten. Die Markenbotschaften müssen zwei Zielgruppen erreichen, wie sie unterschiedlicher nicht sein können: auf der einen Seite die große und heterogene Gruppe der Endverbraucher, auf der anderen Seite die Kunden aus verschiedenen Industriezweigen. Dabei nehmen die Hersteller von Automobilen und Nutzfahrzeugen in dieser Gruppe eine besondere Stellung ein.

Das Gros der Endverbraucher verknüpft mit dem Namen Continental den Hersteller von Premium-Reifen. Ihnen vermittelt die Marke seit vielen Jahrzehnten ein besonderes Qualitätsversprechen: Pneus mit der Aufschrift Continental besitzen herausragende Eigenschaften in den Bereichen Sicherheit und Komfort. Der Kauf eines Continental-Reifens gibt dem Konsumenten die Gewissheit, die beste Wahl getroffen zu haben. Diese Marktpositionierung spiegelt sich wider im Claim **„German Engineering“**. Dass wir für die Sicherheit von Fahrzeug und Insassen nicht nur hochwertige Reifen, sondern eine Vielzahl innovativer Produkte im Bereich der Bremstechnologie und der Elektronik entwickeln, ist dieser Zielgruppe allerdings noch nicht ausreichend bekannt.

Kunden aus der Industrie verbinden mit der Premium-Marke Continental heute einen Automobil-Zulieferer mit komplettem System-Know-how in der Fahrwerkselektronik. German Engineering steht hier für eine umfassende Steuerungs- und Vernetzungskompetenz. Zudem vermittelt die Marke Continental noch eine weitere Kernkompetenz: Als Zulieferer und Partner für komplexe Entwicklungsaufgaben zeichnet sich das Unternehmen durch eine besondere Leistungsstärke und Zuverlässigkeit aus. Dabei steht die Wertschaffung für unsere Kunden im Mittelpunkt des Handelns. Mehr Sicherheit, mehr Komfort und mehr Wirtschaftlichkeit für das Auto – das sind unsere Ziele, die wir erreichen wollen.

Zusammenfassend darf man sagen: **German Engineering** gilt als internationaler Markenwert für die umfassende technische Kompetenz des Unternehmens Continental, seine direkte und logische Verknüpfung zur Automobilindustrie, seinen Bezug zu positiven deutschen Werten und Tugenden sowie für Vertrauenswürdigkeit, Bedeutsamkeit und Einzigartigkeit.

Abb. 2: Continental Print Kampagne

Der aktuelle Auftritt der Marke zum Endverbraucher

Der Ursprung der Marke Continental

Seine Existenz verdankt die Continental AG dem Engagement des Hannoveraner Bankiers Moritz Magnus. Der investierte 1871 genau 55 500 Mark in die Konkursmasse der *Neuen Hannoverschen Gummi-Warenfabrik*, die zwei Jahre zuvor bankrott gegangen war. Nach einer eingehenden Marktanalyse entschloss sich Magnus, Weichgummiwaren zu produzieren, und gründete mit einem Konsortium am 8. Oktober 1871 in Hannover die *Continental-Caoutchouc- und Gutta-Percha Compagnie AG*. Ab 1873 wurden in der neuen Fabrik Gummibälle, Hufbuffer, Gummidichtungen, Schläuche sowie Vollgummireifen für Kutschen gefertigt. 1882 ließ der Continental-Vorstand das springende Pferd als Warenzeichen eintragen.

Frühe Erfolge durch Technik und Entwicklung

Um die technischen Aspekte der Kautschukfabrikation auf eine wissenschaftliche Basis zu bringen, entstand im Fabrikationsgebäude ein kleines Laboratorium. 1892 sicherte sich Continental das Fertigungs-Know-how für Vollgummireifen aus den USA und produzierte als erstes deutsches Unternehmen Fahrrad-Luftreifen, so genannte Pneumatics. 1898 begann die Herstellung profilloser Automobil-Luftreifen. Als erste Firma der Welt entwickelte Continental sechs Jahre später Profilreifen für Automobile. 1908 überraschte das Unternehmen die Automobilisten mit der abnehmbaren Felge für Tourenwagen.

Die frühen Erfolge des Unternehmens gingen in erster Linie auf die erfolgreichen Bemühungen zurück, junge Chemiker und Entwicklungsingenieure vom Polytechnikum der TH Hannover – damals das Mekka junger Kautschukingenieure – für Continental zu gewinnen. Dort arbeiteten 1906 bereits 15 Wissenschaftler in einem modernen Laboratorium an ihren Entwicklungen. Kein Wettbewerber hatte Vergleichbares zu bieten.

Ein weiterer Erfolgsfaktor des aufstrebenden Unternehmens war sein dichtes Netz von Niederlassungen in den wichtigsten deutschen Städten. Durch ein ausgeprägtes Qualitätsbewusstsein und eine auf die Wünsche der industriellen Kunden ausgerichtete Fertigung zeigte sich das Unternehmen auch im Marketing den Konkurrenten überlegen. Hinzu kamen zahlreiche Aktivitäten auf ausländischen Märkten. Schon 1914 verfügte Continental in 17 europäischen und 36 außereuropäischen Ländern über insgesamt 110 Niederlassungen.

Meilensteine in der Geschichte der Marke Continental

Pünktlich zum 50. Jubiläum brachte Continental 1921 als erste deutsche Firma den Cord-Reifen auf den Markt. Bei den Nutzfahrzeugen verdrängten die neuen Riesenluftreifen die Massivbereifung. Im Jahr 1928 fusionierte Continental mit Betrieben der deutschen Kautschukindustrie zur Continental Gummi-Werke AG.

1952 kreierten Entwickler der Continental den ersten M+S-Reifen für den speziellen Einsatz im Winter. Zu Beginn des Jahres 1955 startete der Konzern die Produktion von schlauchlosen Reifen und riskierte wiederum die Rolle des Vorreiters für den deutschen Markt. Ebenfalls als erstes Unternehmen entwickelte Continental Luftfederbälge zur Federung von Omnibussen und Lastwagen. Das waren gewissermaßen die zarten Anfänge des Unternehmens auf dem Weg zum Systemlieferanten der Automobilindustrie.

In den 70er Jahren trieb Continental die Internationalisierung des Reifengeschäfts voran und übernahm die Frankfurter Techno-Chemie, ein führender Schlaucharmierer, sowie die europäischen Reifenaktivitäten der amerikanischen Uniroyal, Inc.. Später kamen die österreichische Semperit sowie der nordamerikanische Reifenhersteller General Tire, Inc. hinzu. 1989 gründete Continental ein Gemeinschaftsunternehmen mit der portugiesischen Mabor, um in Lousado Reifen zu produzieren. Im Jahr 1993 erwarb der Konzern die Mehrheitsbeteiligung am tschechischen Unternehmen Barum. Einschließlich verschiedener Handelsgesellschaften wie der Vergölst verfügt Continental heute über rund 2000 Reifenfach- und Franchisebetriebe in 15 europäischen Ländern.

Seit Beginn der 90er Jahre trieb das Unternehmen seine Aktivitäten auch in anderen Geschäftsfeldern systematisch voran. So verselbstständigte sich 1991 der Konzernbereich *Technische Produkte* unter der Dachmarke ContiTech.

Um das Systemgeschäft mit der Automobilindustrie zu intensivieren, rief Continental 1995 die Division *Continental Automotive Systems* ins Leben. Drei Jahre später wurde der Bereich Automotive Brake and Chassis eines amerikanischen Unternehmens erworben, dessen Kern die Alfred Teves GmbH, Frankfurt, war. Dadurch etablierte sich der Konzern auch auf dem Feld der Bremstechnologie. Kurz darauf gründeten Continental und Nisshinbo ein Gemeinschaftsunternehmen (*Continental Teves Corporation*) auf dem Gebiet der Brems- und Fahrwerkssysteme für den japanischen und koreanischen Markt.

2001 kaufte Continental den internationalen Elektronikspezialisten Temic mit dem Ziel, das Engagement im wachsenden Markt für Fahrzeugelektronik zu intensivieren. Durch die Gründung eines Gemeinschaftsunternehmens mit dem malayischen Mischkonzern Sime Darby Berhad stärkte Continental die Position im ASEAN-Raum und Australien. Das unter Continental Sime Tyre Sdn. Bhd. firmierende Unternehmen verfügt über zwei Reifenwerke in Malaysia. Im vergangenen Jahr schließlich gelang die Übernahme der Phoenix AG.

Continental 2006 – eine Marke auf drei starken Säulen

Heute ruht die Kraft der Marke Continental auf drei starken Säulen:

- eine konsequente Internationalisierung mit Produktionsverlagerungen an Niedrigkostenstandorte,
- die Weiterentwicklung der Marke zum Lieferanten von Komponenten, Modulen *und* Systemen,
- eine erfolgreiche Multi-Brand-Strategie in den Reifen-Divisionen.

Konsequente Internationalisierung

Die Beweggründe für Continental, die Fokussierung auf den deutschen Markt aufzugeben und das Engagement auf der internationalen Bühne wieder zu intensivieren, reichen zurück bis in das Jahr 1979. Mit weltweit rund 20 großen Anbietern war die Reifenindustrie oligopolistisch strukturiert. Infolge des sich abschwächenden Wachstums der Automobilindustrie stagnierte der Markt zunehmend. Um unter diesen Bedingungen bestehen zu können, musste Continental Marktanteile gewinnen. Weil dies aus eigener Kraft nicht möglich war, suchte das Unternehmen nach geeigneten Fusionspartnern. Die Übernahme von Uniroyal markiert den Beginn der Internationalisierung des Unternehmens.

Dabei spielen der Ausbau von Produktionskapazitäten sowie der Aufbau von Forschungs- und Entwicklungsabteilungen in Ländern mit niedrigen Lohnkosten eine wichtige Rolle. Die daraus resultierenden Kostenvorteile sind ein wesentlicher Existenzfaktor. Unser Werk im tschechischen Otrokovice ist mit einem Produktionsvolumen von 16,4 Millionen Reifen heute das größte Pkw-Reifenwerk Europas. Unser modernstes Werk ist im rumänischen Timisoara angesiedelt.

Diese Strategie verfolgen wir nicht nur in den Reifen-Divisionen. So gibt es in Timisoara auch Werke von *ContiTech Fluid* und *ContiTech Power Transmission Group*. Auch die Phoenix AG, die von Continental übernommen wurde und mit *ContiTech* verschmolzen wird, produziert in Rumänien. In Sibiu produziert eine neue Fabrik von *Continental Temic* Baugruppen für die Fahrzeugelektronik. Darüber hinaus werden dort Forschungs- und Entwicklungseinrichtungen aufgebaut.

Neue Märkte ermöglichen Wachstum

In jüngster Vergangenheit richtete sich das Augenmerk der Divisionen des Konzerns auf Asien. Um eine Lücke im weltweiten Produktionsnetz zu schließen, übernahm Continental im Herbst 2003 die Mehrheit am Reifengeschäft des malaysischen Mischkonzerns Sime Darby Berhad in Kuala Lumpur. Dadurch gelang dem Unternehmen eine aussichtsreiche Positionierung in den Wachstumsmärkten des ASEAN-Raums und Australiens.

Derzeitiges Ziel von *Continental Automotive Systems* ist der Ausbau der Marktführerschaft bei Pkw-Bremssystemen im Reich der Mitte. Dort sind wir als erster lokaler Entwickler und Produzent von ABS-Bremssystemen bestens aufgestellt.

Auch *ContiTech Air Spring Systems* ist in dieser Wachstumsregion aktiv: In Korea produziert das Gemeinschaftsunternehmen *ContiTech Dae Won Airspring*-Systems seit 2003 Luftfederbälge. Parallel dazu ist *ContiTech Fluid* mit der Produktion von Servolenkungs-Leitungen, Schlauchsystemen und Antriebselementen in China vertreten.

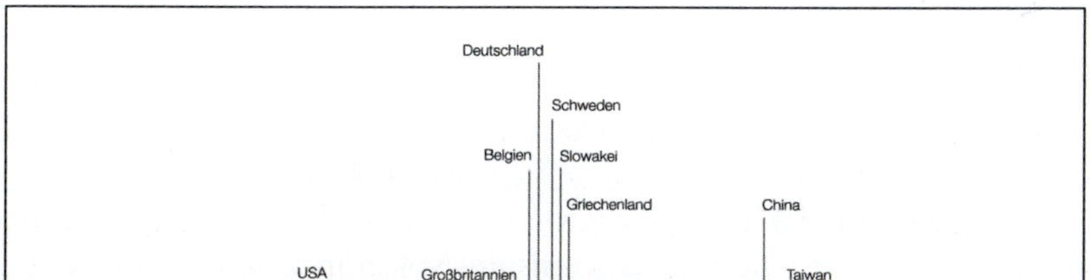

Abb. 3: Continental produziert weltweit in 27 Ländern

Die Marke heute: Ausdruck einer einzigartigen Positionierung als Systemlieferant

Ein Großteil der Innovationen rund um das Auto zielt darauf ab, die Sicherheit der Insassen zu erhöhen. Mittlerweile zählt der Sicherheitsaspekt in allen Ländern Europas zu den drei wichtigsten Kriterien beim Kauf eines Autos. In Deutschland werden bereits rund 60 Prozent aller Neuwagen mit ESP ausgestattet. Anders in den USA: Dort sind es momentan erst zehn Prozent. Allerdings haben die dortigen Automobilhersteller den Entschluss gefasst, künftig fast sämtliche Geländewagen sowie weitere Fahrzeugtypen mit dem Stabilitätsprogramm auszurüsten. Beeinflusst wurde diese Entscheidung unter anderem durch die Statusberichte des *Insurance Institute for Highway Safety*. So heißt es in der aktuellen Ausgabe vom Januar 2005, dass sich das Risiko tödlicher Unfälle mit ESP um 30 Prozent in Pkw und um 63 Prozent in Geländewagen senken ließe.

Doch auch in Europa ist das Potenzial für ESP noch längst nicht ausgereizt. So arbeiten die Behörden der Europäischen Union intensiv an der Verbesserung der Sicherheit im Straßenverkehr. Ziel der EU-Kommission ist es, bis 2010 die Zahl der tödlichen Unfälle von derzeit etwa 40 000 pro Jahr zu halbieren.

Künftig werden also immer mehr Fahrzeuge mit elektronisch geregelten Sicherheitskomponenten ausgerüstet. Unabhängige Studien prognostizieren ein weltweites Wachstum bei elektronischen Bremssystemen von jährlich bis zu 15 Prozent. Continental ist bei dieser Entwicklung ganz vorn dabei. Im Bereich der Fahrzeugelektronik rechnen die Institute mit einem Wachstumsplus von mindestens 20 Prozent im Jahr. Auch davon profitiert Continental. Denn mit den Divisionen *Automotive Systems* und *ContiTech* haben wir das Produktangebot weit über den Reifen hinaus ausgedehnt und uns zum vernetzten Systemanbieter für die Automobilindustrie entwickelt.

Automotive Systems

Die Division *Automotive Systems* umfasst die Unternehmen *Continental Teves* und *Continental Temic* mit 44 Werken, Forschungszentren und Teststrecken in 15 Ländern. Pro Tag werden dort unter anderem 45 000 elektronische Bremssysteme, 136 000 Bremssättel, 163 000 Raddrehzahlsensoren und 27 000 Airbag-Systeme hergestellt. Die Arbeitsschwerpunkte der Division liegen in den Bereichen

- elektronische Brems- und Sicherheitssysteme,
- Bremsbetätigung,
- Radbremse,
- Fahrwerk und Antrieb,

- Elektroantriebe,
- Komfortelektronik und
- Aftermarket.

ContiTech

Die Division *ContiTech* ist Spezialist für Kautschuk- und Kunststofftechnologie und wird durch die Fusion mit Phoenix zum größten Non-Tire-Rubber-Produzenten der Welt. Mit High-Tech-Produkten und Systemen für den Automobilbau und weiteren bedeutenden Industrien ist *ContiTech* erfolgreicher Entwicklungspartner und Erstausrüster für Unternehmen in aller Welt. Unter dem Motto *Go for excellence* ist die Division aktiv in den Bereichen

- Folien, Kunstlederprodukte, Formhäute,
- Transportbandsysteme,
- Elastomer-Beschichtungen,
- Schläuche und Schlauchleitungen,
- Luftfedersysteme,
- Antriebssysteme,
- Profile/Dichtungssysteme,
- Schwingungs- und Dichtungstechnik sowie
- Automotive Systems.

Dank der Entwicklungsarbeit in den beiden Divisionen gilt die Marke Continental heute als Spezialist für das gesamte Fahrwerk und strebt auf dem Sektor der Sicherheitssysteme die technologische Führerschaft an. Die Botschaft der Marke lautet: Continental macht individuelle Mobilität sicherer und komfortabler. Das ist unsere Vision, an deren Realisation wir permanent arbeiten. Mit Erfolg, wie nachfolgende Beispiele belegen.

So ist bei *Continental Automotive Systems* die nächste Generation des elektronischen Stabilitätsprogramms (ESP) serienreif. ESP II ist der erste Schritt auf dem Weg zum vollständig vernetzten, ganzheitlich geregelten Fahrwerk. Im Vergleich zu seinem Vorgänger greift ESP II aktiv in die Lenkung ein, macht das Fahrzeug in Extremsituationen leichter beherrschbar und reduziert den Bremsweg.

Ein weiteres Sicherheitssystem, das *Lane Departure Warning* (LDW), warnt den Fahrer vor einem unbeabsichtigten Wechsel der Fahrspur.

Auffahrunfälle soll der *Pre-Crash-Sensor* verhindern. Dazu misst er ständig den Abstand zu vorausfahrenden und entgegenkommenden Objekten. Kann ein Unfall nicht mehr vermieden werden, aktiviert er Gurtstraffer und Airbags. Gleichzeitig wird die Bremse vorgefüllt.

Der *Aktiv-Passiv-Integrations-Ansatz* (*APIA*) verknüpft erstmals die aktiven Sicherheitselemente zur Unfallprävention mit den passiven Komponenten zur Minderung von Unfallfolgen zu einem integrierten System. APIA II befasst sich mit der Bildbearbeitung sowie der Zusammenfassung verschiedener Sensordaten zu einer umfassenden Überwachung des Verkehrsraumes rund um das Fahrzeug.

Der *Hybridantrieb* (*ISAD*) ist ein Elektroaggregat, das Anlasser und Lichtmaschine im Fahrzeug ersetzt. Dieses Hybridsystem ermöglicht Einsparungen beim Verbrauch und vermindert dadurch den CO_2-Ausstoß bis zu 15 Prozent.

Der *Hill Start Assist* ermöglicht das unkomplizierte Anfahren an Steigungen und Gefällen ohne Feststellbremse. Das System wird beispielsweise im Opel Astra eingesetzt, der im März 2004 auf den Markt kam.

Seit 2005 bietet General Motors den neuen Cadillac STS mit der zweiten Generation des Abstandsregelsystems *Adaptive Cruise Control* an. Dieses System hält nicht nur die gewünschte Geschwindigkeit auf freier Strecke ein, sondern auch den Wunschabstand zum vorausfahrenden Fahrzeug.

Active Distance Support (ACDIS) heißt ein neues Fahrerassistenzsystem zur abstandsabhängigen Geschwindigkeitsregelung. Vorgegebene oder frei gewählte Tempolimits lassen sich damit einhalten. Über die Vibration des Gaspedals wird der Fahrer auf zu geringe Sicherheitsabstände hingewiesen. ACDIS kann den Anhalteweg aktiv verkürzen und gibt auf Witterungsbedingungen abgestellte Empfehlungen zur Fahrgeschwindigkeit. Der Serieneinsatz soll ab 2006 erfolgen.

Der *Trailer Stability Assist* (TSA) erkennt durch die Analyse der Signale verschiedener ESP-Sensoren einen schlingernden Anhänger oder Wohnwagen. Noch bevor die Fahrstabilität einen kritischen Wert erreicht, bremst das System gezielt ab und stabilisiert dadurch Fahrzeug und Anhänger. Serienmäßig wird das System im Porsche Cayenne, im VW Touareg und im neuen Opel Astra eingesetzt.

Der *Closing Velocity Sensor* erfasst Abstand, Geschwindigkeit und Richtung eines Objekts in Relation zum Fahrzeug. Rechtzeitig vor einem Aufprall können so die Elemente der passiven Sicherheit optimal eingestellt und ausgelöst werden.

In Europa ist Continental außerdem mit elektronisch regelbaren Luftfedersystemen sehr erfolgreich. Sie werden unter anderen im Audi A8, im Maybach von DaimlerChrysler, im Porsche Cayenne sowie in den Volkswagen Modellen Touareg und Phaeton verbaut.

Auch *ContiTech* ist hoch innovativ: Mit ihren Zahnriemen für den Nockenwellenantrieb in Automobilen ist die *Power Transmission Group* in Leistungsklassen vorgestoßen, die vor wenigen Jahren noch unerreichbar schienen. Heute ist es möglich, Zahnriemen zu liefern, die genau so lange halten wie die Motoren. Dadurch sind sie eine ernst zu nehmende Alternative zu Kettenantrieben.

Eine weitere technologische Pionierleistung ist der Rollgurtförderer der *ContiTech Conveyor Belt Group*: Das Transportband formt sich beim Transport zu einer Art Schlauch und schützt dadurch Transportgut und Umwelt.

ContiTech Fluid schließlich entwickelte einen heizbaren Schlauch, der den Einsatz von Harnstoff in Katalysatoren ermöglicht. Dadurch wird die Stickstoff-Emission von Dieselmotoren in Nutzfahrzeugen deutlich gesenkt.

Eine verbesserte Fahrdynamik und -sicherheit in Kombination mit ESP ermöglicht das gemeinsame Entwicklungsprojekt von *ContiTech* und *Continental Teves* für eine Hinterachslenkung. Aktive Spurstangenlager ermöglichen einen Lenkwinkel bis zu 3,0 Grad. Durch einen hydraulischen Aktuator lässt sich das Rad direkt aus dem Lager heraus lenken. Zugleich lassen sich einzelne Räder separat anlenken. Dies ermöglicht Spurkorrekturen beim Bremsen oder beim Übersteuern in Kurven.

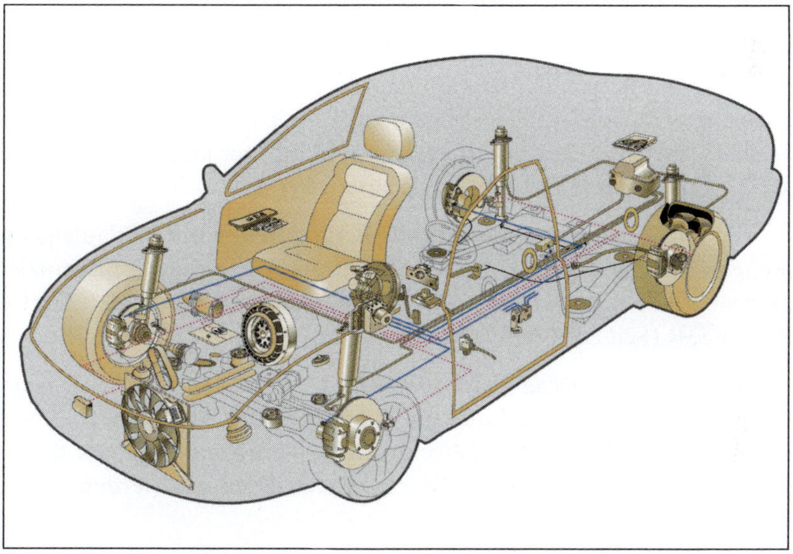

Abb. 4: Continental ist heute ein vernetzter Systemzulieferer

Mehrmarkenstrategie im Reifengeschäft

Die Division Pkw-Reifen der Continental enthält die strategischen Marken Continental, Uniroyal und Barum sowie die taktisch eingesetzten Marken Semperit, General Tire, Euzkadi, Viking, Gislaved und Mabor.

Mit den international vertriebenen strategischen Reifenmarken Continental, Uniroyal und Barum deckt das Unternehmen die drei Marktsegmente Premium, Qualität und Budget ab. Die Marke Continental hat zudem in der Erstausrüstung eine führende Stellung inne. Die Premium-Reifen stehen für Fahreigenschaften auf höchstem Niveau und zeichnen sich durch eine überragende Sicherheits-Performance aus. Die besondere Kompetenz auf diesem Gebiet unterstreicht Continental durch seine Verkehrsstudien zum Thema Sicherheit und sein Engagement in der *Initiative Pro-Winterreifen.*

Seit 2003 ist Continental in Europa die Nummer eins im Erstausrüstergeschäft mit Pkw-Reifen. Jeder vierte Neuwagen, der in Europa produziert wird, rollt mittlerweile auf Continental-Reifen. Derzeit halten wir weltweit über 750 Freigaben für mehr als 400 Fahrzeugtypen.

Im Ersatzgeschäft Winterreifen liegt Continental europaweit an der Spitze. Auf dem europäischen Gesamtmarkt ist Continental die Nummer zwei und belegt weltweit den vierten Rang. In Deutschland sind wir Marktführer im gesamten Pkw-Reifengeschäft.

Wir tun alles dafür, diese Positionen weiter auszubauen. Mit der 2004 eingeführten breiten Produktpalette tragen wir der steigenden Nachfrage nach Hochgeschwindigkeitsreifen Rechnung. Der *ContiSportContact 2 Vmax* ist weltweit der erste straßenzugelassene Reifen mit einer allgemeinen Freigabe bis zu 360 km/h. Der neue Sommerreifen *ContiPremiumContact 2* überrascht im Profil mit einer neuartigen 3D-Rille und setzt Standards in sicherheitsrelevanten Bereichen.

Darüber hinaus gewinnen in der Erstausrüstung Reifen mit Notlaufeigenschaften immer mehr an Bedeutung. Auch diesem Markttrend entspricht Continental: Nahezu sämtliche neuen Reifen der Premium-Marke werden in ausgewählten Dimensionen mit moderner SSR (Self Supporting Run Fat Tyre)-Notlauf-Technologie produziert.

Die *Multi Component Tread Technologie (MCT)* verbessert die Fahreigenschaften von Pkw-Reifen und erhöht dadurch die Fahrsicherheit. Anders als bei herkömmlichen Reifen werden bei MCT unterschiedliche Gummimischungen für die Kontaktflächen des Reifens mit der Straße eingesetzt. Dadurch werden Zielkonflikte entschärft.

Die Division Nfz-Reifen schließlich vereint Lkw- und Industrie-Reifen. In diesen Geschäftsfeldern hält Continental ein breites Angebot für unterschiedlichste Nutzungsbedingungen bereit. Continental-Nutzfahrzeugreifen werden an neun Standorten in sechs Ländern gefertigt. Dabei gelang es durch die Integration von Reifen- und Elektronikkompetenz, ein neues System zur Reifendruckerfassung bei Nutzfahrzeugen zu entwickeln. Kernstück des Moduls ist ein batterieloses Sensor-Modul im Reifen. Es misst Druck und Temperatur und unterstützt darüber hinaus die Identifikation des Reifens. Daraus resultiert neben den Sicherheitsvorteilen auch ein Plus in der Wirtschaftlichkeit. Denn durch optimierte Instandhaltungsmöglichkeiten kann der Verbrauch und der Verschleiß des Reifens gesenkt werden. In Kooperation mit Bridgestone entwickelt Continental einen weltweiten Standard für Nfz-Reifendruck-Messsysteme.

Ausblick: Künftige Herausforderungen der Markenführung

Eine der wichtigsten Aufgaben der Zukunft wird es sein, die Bekanntheit der Marke Continental weiter zu steigern: Weltweit sollen Menschen mit dem Namen Continental den Hersteller von hochwertigen Reifen und Automotive-Produkten verbinden. Dazu ist ein intensiverer Dialog mit dem Endverbraucher nötiger als bisher. Ein geeigneter Anlass dazu war die FIFA Fußball Weltmeisterschaft 2006™. Die Continental AG war einer der drei deutschen globalen Partner dieses Mega-Events. Das Sponsoring dieses herausragenden Sportereignisses nutzte der Konzern als Kommunikations-Plattform, um seine Premium-Reifenmarke Continental in den internationalen Märkten strategisch zu positionieren.

Gelingen sollte dies durch eine Emotionalisierung der Marke Continental, indem eine kreative Kommunikation sie mit der Leidenschaft der Welt des Fußballs verknüpft. Da die Eigenschaften der Unternehmens-Produkte primär den Verstand der Endverbraucher ansprechen, sollte die Plattform Fußball dazu genutzt werden, das Image der Marke Continental sportlicher zu gestalten und emotional aufzuladen. Der Claim *Alles eine Frage der Technik!* schlägt dabei die Brücke zwischen Spitzentechnologie und Spitzensport.

Ein Zielsystem gibt in gewichteter Abfolge die generellen Kommunikationsziele vor, die in allen Märkten erreicht werden sollen. Dazu gehören,

- den Bekanntheitsgrad und die Awareness der Premium-Reifenmarke Continental weltweit deutlich zu steigern; das Image der Marke zu schärfen und ihm sportlichere und emotionalere Züge zu verleihen,
- die Medienvertreter und die Öffentlichkeit über das WM-Engagement des Konzerns zu informieren und in diesem Kontext durch Werbung, PR und produktnahe Events die Vorzüge der Continental-Reifen zu transportieren,
- Geschäftspartnern eine erlebnisreiche Teilnahme an WM-Spielen zu ermöglichen,
- Endverbraucher durch Gewinnspiele für die Marke Continental zu begeistern und
- den Absatz für Continental-Reifen zu steigern.

Eine weitere Herausforderung der Markenführung liegt in der angemessenen Reaktion auf die globalwirtschaftlichen Rahmenbedingungen. Daher planen wir eine Erhöhung der Investitionen in neue Technologien für Sicherheits- und Komfortsysteme von Fahrzeugen und den Ausbau unserer Produktionsstätten in Niedrigkostenländern. Nur so können wir konjunkturelle Schwankungen der Automobilindustrie kompensieren und uns im Wettbewerb behaupten.

Dabei sind wir auf einem guten Weg. Viele wichtige Produkte des Continental-Konzerns standen im Frühsommer 2005 am Anfang ihres Lebenszyklus. Zugleich erkennen wir steigende Ausstattungszahlen, insbesondere in Europa und den USA. Das bedeutet für Continental: Selbst wenn die Automobilproduktion stagnieren sollte, kann das Unternehmen seinen Wachstumskurs fortsetzen. Zu den weiteren Aufgaben der Zukunft gehört es, die Internationalisierung weiter voranzutreiben und die neuen Wachstumsmärkte in China, Brasilien, Russland und im asiatischen Raum weiter zu erschließen. Dazu ist es notwendig, die erreichten Positionen als Partner der Automobilindustrie zu behaupten und die Kunden durch neue Produkte und neue Service-Leistungen an die Marke zu binden. Die Marke, von der es seit 1871 zu Recht heißt: Continental – immer für eine Idee gut.

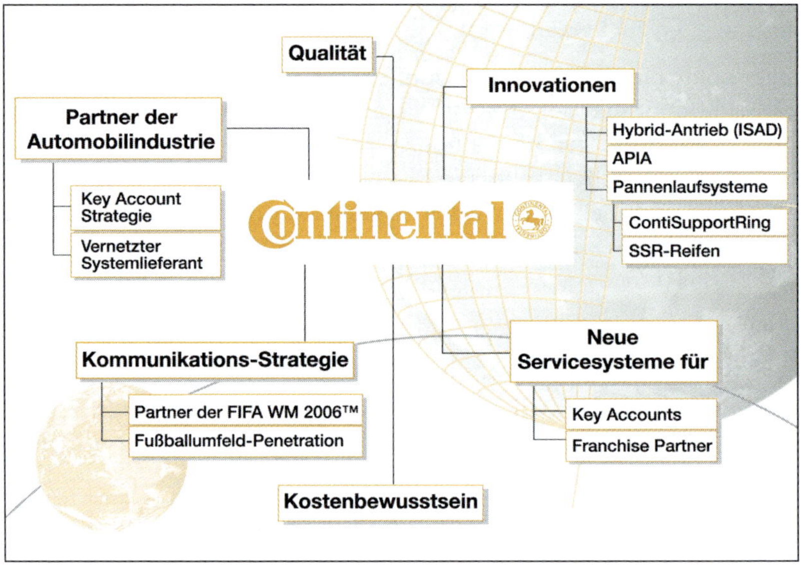

Abb. 5: Erfolgs- und Kernelemente der Marke Continental

Heinz-Jürgen Schmidt

Leiter Marketing und Vertrieb, Continental AG, Hannover

Heinz-Jürgen Schmidt, Jahrgang 1942, ist seit 1996 Leiter Marketing und Vertrieb der Continental AG. Schon die Ausbildung zum Industriekaufmann absolvierte der gebürtige Hannoveraner, der dem Konzern seit mehr als 40 Jahren angehört, im Unternehmen. Anschließend wechselte Heinz-Jürgen Schmidt von Hannover in die Niederlassung nach Köln. Bereits 1967 übertrug ihm Continental die Aufgabe, im französischen Markt eine Vertriebsstruktur aufzubauen. Schnell folgten Beförderungen zum Financial Manager und Market Manager.

Aufgrund seiner Leistungen übertrug ihm die Konzernleitung 1981 die Verantwortung für alle europäischen Auslandsmärkte der Marke Continental. Von 1983 bis 1985 zeichnete Schmidt als Regional Manager der Marken Continental und Uniroyal für Italien, Schweiz, Frankreich und Österreich verantwortlich. Als der Konzern 1991 das Projekt *Divisionalisierung* realisierte, rückte er zunächst auf die Position des Leiters Marketing & Vertrieb Nutzfahrzeug-Reifen Europa vor, kurze Zeit später kam die Pkw-Sparte hinzu.

Seit 1996 verantwortet Heinz-Jürgen Schmidt die Abteilung Marketing und Vertrieb der Continental AG.

Kapitel 4

Branding bei Johnson Controls: Mehrwert durch Markenwerte

Nicole Keller
Group Director Global Strategic Planning
Johnson Controls Automotive Group

TECHNOLOGY THAT *touches* PEOPLE

Die Anforderungen der Autofahrer im Hinblick auf Komfort, Sicherheit und Wohlbefinden zu erfüllen ist unser Ziel – die Markenphilosophie unserer Kunden steht dabei im Vordergrund.

1. Die Kraft der Marke: Zulieferer vs. Automobilhersteller

Im globalen Wettbewerb hat die Bedeutung von Marken in den letzten Jahren dramatisch zugenommen. Unternehmenswerte werden durch Markenwerte beeinflusst, internationale „Brands“ bestimmen das Geschehen an den Aktien- und Verbrauchermärkten. Ein Trend, der in besonderem Maße die Automobilindustrie prägt: Automobilhersteller sind im immer stärker werdenden Wettbewerb zunehmend an emotionalen Differenzierungsmerkmalen interessiert. Neben Motor, Getriebe, Fahrwerk und Technik rückt ein zusätzlicher Faktor in den Focus der Aufmerksamkeit: der Mehrwert, der durch den Markennamen erzeugt wird. Gestiegene Qualitätsanforderungen der Konsumenten an alle Hersteller und in allen Segmenten führen dazu, dass in der Vergangenheit existierende Differenzierungsmerkmale immer mehr an Bedeutung verlieren. Der Erfolg eines neuen Modells hängt ab von der richtigen Platzierung in der richtigen Zielgruppe; Kaufentscheidungen und Markenbindung werden emotional gesteuert.

Dieser Paradigmenwechsel ist eng mit den stetig wachsenden Anforderungen der Endverbraucher verknüpft. Ein leicht zu erklärender Mechanismus: Anfängliche Begeisterungsmerkmale mutieren immer schneller zu Leistungsmerkmalen und schließlich zu Grundvoraussetzungen. Wurden in den letzten Dekaden kontinuierlich die Anforderungen an die Transportqualität in Sachen Zuverlässigkeit, Leistung, Komfort erfüllt, so führt heute die Verkehrssicherheit die Liste der Kundenwünsche an.

Dem zunehmend emotionalen Kaufverhalten der Konsumenten begegnen die Automobilhersteller mit einer kontinuierlichen Steigerung der wahrnehmbaren, erlebbaren Wertigkeit ihrer Produkte. Dieser emotionale Marken-Mehrwert steigert das Verkaufsvolumen – und damit die Gewinnchancen.

Wie ein internationaler Zulieferer den Fahrzeugherstellern bei der Ausschöpfung dieser Potenziale behilflich sein kann – und wie Zulieferer gegenüber ihren Kunden diese Differenzierungsmerkmale nutzen – soll Gegenstand dieser Betrachtung sein.

2. Der Weg zur Marke – die Geschichte von Johnson Controls

Die Geschichte von Johnson Controls geht zurück auf das Jahr 1883, als Prof. Warren Johnson das Patent für das erste elektrische Raumthermostat erhielt und danach die Johnson Electric Service Company in Milwaukee/Wisconsin, USA, gründete.

Abb. 1: Professor Warren Johnson, der Gründer von Johnson Controls

Abb. 2: Drei Logos

Bis Mitte der 80er Jahre, auch noch nach Umbenennung des Unternehmens in Johnson Controls Inc. 1974, stand der Name Johnson für Komponenten und Systeme zur Gebäudeautomation und dem Gebäudemanagement.

Ein erster Schritt in Richtung Automobilindustrie erfolgte 1978 mit dem Einstieg in das Autobatteriegeschäft durch die Übernahme der Globe-Union Inc.; 1985 übernahm Johnson Controls die britische Hoover Universal. Diese Akquisition markierte den Einstieg in das Geschäft mit Sitzkomponenten – und damit in den Unternehmensbereich Innenausstattung. Bereits ein Jahr später wurde mit der Ikeda Hoover, Sunderland, einem Joint Venture mit der japanischen Ikeda Bussan, das erste Just-in-time-Werk gegründet. Es belieferte das Nissan-Werk im britischen Sunderland mit Sitzkomponenten.

Akquisitionen im Branchenumbruch

Die ersten Jahre der Johnson Controls Automotive Group wurden von zwei Rahmenbedingungen geprägt: der weltweiten Konzentrationsbewegung in der Zulieferindustrie und die ebenfalls in diesen Zeitraum fallende Entwicklung der hierarchischen Zuliefererpyramide. Um im international immer intensiver werdenden Wettbewerb eine kritische Größe zu erlangen, wurde großer Wert auf die Nähe zum Kunden gelegt: Johnson Controls etablierte sich als Tier 1 und konnte so bis Anfang der 90er Jahre im Bereich der Sitzsysteme an Marktanteil gewinnen.

Der Einstieg in die übrigen Produktbereiche des Innenraums startete 1995 mit der Übernahme von Roth Frères, Frankreich (Dachhimmelsysteme). Die Ausweitung der Kompetenz auf den gesamten Fahrzeuginnenraum wurde in den folgenden Jahren durch Übernahmen im Bereich von Cockpits, Türverkleidungen und Konsolen (u. a. Prince, Becker) realisiert.

Ausbau der Integrationskompetenz

Die kontinuierlichen Verlagerungen von Produktions- und Entwicklungsleistungen von den Automobilherstellern auf ihre Zulieferer, die zunehmende Elektronifizierung und die Notwendigkeit zur Reduzierung der Komplexität entlang der Wertschöpfungsketten schufen seit Ende der 90er Jahre ein neues Anforderungsprofil an Tier 1-Lieferanten, welches in Kombination mit dem kontinuierlichen Streben nach Differenzierung für Johnson Controls einen neuen Fokus eröffnete: Integrationskompetenz für Innenraumsysteme inklusive der Steuerung der gesamten Vorlieferantenkette. Der konsequente Aufbau der Integrationskompetenz manifestierte sich in der Expansion in den Elektronikbereich durch die Übernahmen der Firmen Sagem Automotive und Borg Instruments, sowie der Erweiterung des Technologie-Know-hows im Bereich Akustik, Sicherheit, Design, Craftsmanship, Komfort und Audio.

Der simultane Aufbau von Know-how und der Fähigkeit, dem Hersteller umfassende integrierte Systemlösungen samt Elektronik-Integration für den Innenraum maßgeschneidert anzubieten, versetzt Johnson Controls heute in die Lage, gemeinsam mit seinen Kunden Lösungen zu erarbeiten, die dem Endverbraucher einen Mehrwert bieten. Eine Strategie, die aufgegangen ist: So trug die Automotive Group zuletzt mit weltweit 19,2 Milliarden Dollar zum Gesamtumsatz der Johnson Controls Inc. in Höhe von 27,9 Milliarden Dollar bei. Weltweit entwickeln und fertigen rund 77 000 Mitarbeiter Komponenten, Systeme und Module für alle Aspekte des automobilen Innenraums. Dazu vertreibt Johnson Controls jährlich über 69 Millionen Fahrzeug-Batterien in aller Welt. Mit Entwicklungszentren in Nordamerika, Europa und Asien sowie mehr als 250 Standorten rund um den Globus ist Johnson Controls nahezu überall präsent, wo Autos gebaut werden. Jährlich werden über 35 Millionen Fahrzeuge mit Produkten von Johnson Controls ausgestattet.

3. Die Notwendigkeit des Markenimages für Zulieferer

Die Marke hat in den vergangenen Jahren auch in der Automobilindustrie zunehmend an Bedeutung gewonnen, aufgrund immer geringer werdender Qualitätsunterschiede zwischen den Fahrzeugen, immer ähnlicher werdender Austattungsmerkmale, der reduzierten Wertschöpfungstiefe der Hersteller (wobei Branding stets als eine der zentralen Aufgaben des Herstellers gesehen wird) und immer emotionaler werdender Kundenanforderungen.

Die Darstellung des Mehrwerts, das so genannte Branding, ermöglicht dem Hersteller, durch starke, etablierte Marken höhere Absatzzahlen zu realisieren. Kostensenkungspotenziale werden mithilfe von Plattform- und Gleichteilestrategien ausgeschöpft. Das Markenimage ermöglicht gleichzeitig die Verwirklichung höherer Preisspielräume und die Positionierung in verschiedensten Marktsegmenten.

Die Wahrnehmung der Marke findet dabei in den Köpfen der Kunden statt: welche Vision das Unternehmen verkörpert, für welche Werte es steht und was es dem Kunden an Zusatznutzen bietet.

Die Automobilhersteller verfolgen unterschiedliche Strategien, wenn es um das Thema Zulieferer-Branding im Fahrzeug geht. Diese variieren dabei sowohl nach Lieferant als auch nach Produkt. Sichtbare Marken von Zulieferern bergen jedoch im Allgemeinen die Gefahr, die eigene Herstellermarke zu verwässern. Das Innenraumdesign sollte dabei den Markenwert der Herstellermarke unterstützen und nicht als eigenständige Komponente mit eigener Wertigkeit in Erscheinung treten. Johnson Controls sieht daher den Auftrag des Corporate Branding nicht darin, direkt den Endkonsumenten anzusprechen, sondern im Bereich des Business-to-Business für den Fahrzeughersteller eine solide Außendarstellung und gleich bleibende Qualität zu gewährleisten.

4. Basis der Marken-Kraft: Corporate Branding

Die Marke Johnson Controls definiert sich über drei wesentliche Elemente:

1. Definition der Unternehmenswerte: Wofür steht die Marke?
2. Formale Darstellung dieser Werte nach außen: Corporate Identity
3. Wahrnehmung der Kunden in Bezug auf die Marke Johnson Controls

Die Unternehmenswerte

Seit der Gründung 1885 haben sich die Produkt- und Serviceangebote kontinuierlich weiterentwickelt. Der Aufbau der Marke und die Verankerung in den Köpfen der Kunden sind jedoch ein langfristiger Prozess. In der fast 120-jährigen Unternehmensgeschichte entwickelte Johnson Controls Unternehmenswerte, die als Leitlinie für das Tagesgeschäft gelten. Bereits vor mehreren Jahrzehnten festgeschrieben: die übergeordnete Mission, kontinuierlich die stetig steigenden Kundenanforderungen zu übertreffen. Die Leitlinien der Nachhaltigkeit bilden somit auch heute noch die Basis für das tägliche Handeln und die Unternehmenskultur. Diese manifestieren sich in den fünf Elementen Integrität, Kundenzufriedenheit, Mitarbeiter, Sicherheit und Umwelt sowie kontinuierliche Verbesserung und Innovation:

Integrität

Aufrichtigkeit und Fairness sind das wesentliche Fundament für den Geschäftsalltag bei Johnson Controls und im Umgang mit Menschen. Johnson Controls ist ein Unternehmen, das seine Versprechen einhält. Eine festgeschriebene „Johnson Controls Ethics Policy" stellt höchste ethische Ansprüche an alle Mitarbeiter und besonders an das obere Management für das tägliche Handeln. Aufrichtiges und ethisch korrektes Verhalten wird durch regelmäßige Trainings unterstützt.

Kundenzufriedenheit

Kundenzufriedenheit wird bei Johnson Controls als Quelle aller Vorteile für Mitarbeiter, Anteilseigner, Zulieferer und die Gesellschaft verstanden. Johnson Controls hat es sich zum Ziel gesetzt, Kundenerwartungen hinsichtlich Qualität, Service, Produktivität und engen Zeitfenstern jederzeit zu übertreffen. Kontinuierliche Verbesserungen zählen dabei für jeden Mitarbeiter bei jedem Aspekt seiner Tätigkeiten zum Alltag. Die Ausrichtung an einer möglichst hohen Kundenzufriedenheit zeigt sich in einer breiten Anzahl von Aktivitäten. Diese umfassen neben Orientierungsveranstaltungen für neue Mitarbeiter auch zahlreiche Weiterbildungsangebote, Zielvereinbarungen und nicht zuletzt die Anerkennung und Auszeichnung herausragender Leistungen durch den „Chairman's Award for Exceeding Customer Expectations". Darüber hinaus führt Johnson Controls regelmäßige Erhebungen durch, um die Kundenzufriedenheit hinsichtlich Produkten und Serviceangebot zu messen.

Mitarbeiter

Das Engagement und die Verschiedenartigkeit der Mitarbeiter gelten als Fundament der Stärke von Johnson Controls. Dies zeigt sich in der Selbstverpflichtung des Unternehmens für eine faire und effektive Auswahl, Entwicklung, Motivation und Anerkennung. So initiierte Johnson Controls das so genannte „Blue Sky"-Programm, das auf den Unternehmenswerten von Johnson Controls basiert: eine weltweite Initiative, die zahlreiche Programme, Förderungen und Veranstaltungen umfasst, die sich auf die persönliche Entwicklung von Mitarbeitern auswirken und das Engagement des Unternehmens für die Umwelt reflektieren.

Abb. 3: Blue sky Initiative

Johnson Controls ist davon überzeugt, dass Respekt vor der Würde, den Rechten und persönlichen Zielen aller Mitarbeiter ein Eckpfeiler für Business Excellence darstellt.

Sicherheit und Umwelt

Die Produkte, Dienstleistungen und Arbeitsplätze von Johnson Controls spiegeln die Überzeugung wider, dass alles, was für die Umwelt sowie die Sicherheit und Gesundheit der Mitarbeiter gut ist, auch dem Unternehmen nützt. Auch dieser Ansatz ist fest in den Unternehmenswerten verankert und in Unternehmensrichtlinien zum Umwelt- und Arbeitsschutz konkretisiert. Die Standards gelten übrigens an allen Johnson Controls-Standorten und ausdrücklich auch in Emerging Markets, selbst wenn dort die lokalen Rahmenbedingungen weniger streng sind.

Kontinuierliche Verbesserungen und Innovation

Technologie, Qualität, pünktliche Lieferung und Kostenführerschaft bleiben auch in Zukunft die Schlüssel für ein kontinuierliches Wachstum. Johnson Controls sieht es als unumgänglich an, kontinuierliche Qualitätsverbesserungen und Kostensenkungen anzustreben. Mitarbeiter an allen Standorten rund um den Globus und in jeder Hierarchieebene sind aufgerufen, Möglichkeiten für kontinuierliche Verbesserungen zu identifizieren. Zahlreiche Programme wie Six Sigma, Lean Manufacturing, Best Business Practice oder Teamwork in Action geben dafür einen institutionellen Rahmen. Ein Business Operating System (BOS) dokumentiert alle optimalen Geschäftspraktiken und umfasst mittlerweile über 2 000 standardisierte Abläufe.

Die formale Darstellung der Unternehmenswerte nach außen: Corporate Identity

Produkte zu entwickeln, zu produzieren und zu liefern, mit denen die Automobilhersteller wiederum ihre Produkte im Wettbewerb der Marken erfolgreich profilieren können: Dieses Selbstverständnis ist zentrales Markenversprechen von Johnson Controls und zugleich die Grundlage der Kommunikationsstrategie im Business-to-Business-Marketing. Dabei steht der Kunde des Johnson Controls-Kunden – der Konsument, der Käufer eines Autos – im Mittelpunkt aller Maßnahmen. Denn für ihn werden die Lösungen entwickelt, die den automobilen Innenraum immer komfortabler, flexibler und sicherer machen. Für ihn entstehen Produkte, die ein Fahrzeug in seinen Augen wertvoller und emotional ansprechender erlebbar machen, die für noch mehr Fahrspaß sorgen. Eine Positionierung, die Johnson Controls im Marken-Claim zum Ausdruck bringt: „Technology that touches people".

TECHNOLOGY THAT *touches* PEOPLE

Abb. 4: Claim von Johnson Controls

Die Bildsprache der Kommunikationsmittel und -maßnahmen stellt dementsprechend konsequent den Menschen in den Mittelpunkt – und zwar so, wie er den Innenraum eines Autos erlebt. Umgesetzt in großformatige Bilder, in lebendigem, natürlichem Stil fotografiert. Flankiert von einem sachlichen, sympathischen Erscheinungsbild aus gut lesbarer, klarer Typografie und einer ruhigen, informativen Gestaltung mit viel souveränem, technischen Blau. Im Gesamteindruck ein Bild hochwertiger Dynamik und angenehmer Menschlichkeit.

Abb. 5: Flaggen und Außenbeschilderung

Abb. 6: Pressemappen in drei Sprachen

Abb. 7: Unternehmensanzeige

Auch im Rückblick zeigt der Vergleich mit anderen Automobil-Zulieferunternehmen: Johnson Controls hat sich schon früh von einer eher nüchternen, technik-orientierten Kommunikation entfernt. Und den emotionalen Nutzen für den Konsumenten in den Mittelpunkt gestellt – in der Überzeugung, auf diese Weise das individuelle Nutzenversprechen des Unternehmens auch in Abgrenzung zum Wettbewerb klar zu transportieren.

Emotionalität in der Beziehung zwischen Marken und Kunden spielen dabei eine wichtige Rolle für die Kundenbindung, ebenso wie Kontinuität. Erfolgreiche Marken sind klar positioniert, bekannt und emotional. Das Corporate Design, das Erscheinungsbild, ermöglicht einen emotionalen Zugang – eindrücklicher und einprägsamer als Worte allein.

Abb. 8: Elemente des Corporate Designs

Die Wahrnehmung der Kunden in Bezug auf die Marke Johnson Controls

Die meisten Endverbraucher kennen Johnson Controls nicht als Marke. Dennoch hat das Unternehmen in den letzten Jahren eine eigene Marken-Identität entwickelt: im Business-to-Business-Geschäft mit der Automobilindustrie. Denn die direkten Johnson Controls-Kunden – und damit die Zielgruppe für den Marken-Aufbau via Corporate Branding – sind nicht die Endverbraucher, sondern die Automobilhersteller.

Der Name Johnson Controls steht heute für ein weltweit agierendes Unternehmen und wird von den Fahrzeugherstellern für soliden Just-in-time-Lieferservice und Logistikerfahrung, Erfahrung im Management der Lieferantenkette, sowie für internationale Produktionsstätten geschätzt. Kosteneffiziente Produktentwicklung und gleich bleibende Qualität sind dabei Grundvoraussetzungen, die kontinuierlich durch ein flexibles und agiles Team verbessert werden. Innovative Produkte sowie ein umfassendes Fahrzeughersteller- und Konsumentenverständnis und weit reichende Fähigkeiten im Bereich des Industrial Design zählen ebenfalls zu den Differenzierungsmerkmalen, aufgrund derer der Hersteller Johnson Controls den Wettbewerbern bevorzugt.

Dabei basiert der Kern der Marke Johnson Controls auf der Fähigkeit, die Markenwerte der einzelnen Automobilhersteller erlebbar zu machen – und sie für zukünftige Produkt-Generationen fortzuentwickeln. Erst das fundierte Verständnis für die Wünsche der Endverbraucher macht Johnson Controls zum starken Partner der Automobilhersteller. Sie profitieren von Produkten mit Mehrwert, die ihre Fahrzeugmarken weiter entwickeln und erfolgreich machen.

Um diesen Anforderungen an die Marke gerecht zu werden, kommen bei Johnson Controls verschiedene Instrumente zur Unterstützung der Markenwerte zum Einsatz, von denen zwei im Folgenden erläutert werden sollen.

5. Instrumente zur Unterstützung der Markenwerte: Konsumentenforschung und Hersteller-Markenverständnis bei Johnson Controls

Die Differenzierung der Automobilmärkte in Europa resultiert zu einem bedeutenden Teil aus dem unterschiedlichen Käuferverhalten in den einzelnen Teilmärkten. Deshalb ist es wichtig, Präferenzen zu erkennen und diese in die Produktentwicklung mit einfließen zu lassen.

Die Johnson Controls Konsumentenforschung hat sich zum Ziel gesetzt, das Konsumentenverhalten ganzheitlich zu verstehen. Dazu zählen gesellschaftliche Werte, Einstellungen und Trends ebenso wie Verhaltensweisen, Wünsche und Bedürfnisse sowie Präferenzen und Abneigungen. Mit diesem Wissen werden die internen Forschungs- und Entwicklungsteams bei der Ideenfindung und Produktkonzeption unterstützt. Johnson Controls hat es sich zur Aufgabe gemacht, die emotionalen Vorlieben als Grundlage für die Kaufentscheidungen zu erkennen und Vorschläge zur Umsetzung an die Hersteller zu geben. Zahlreiche Instrumentarien geben Aufschluss darüber, was Fahrer bestimmter Fahrzeugmarken oder -segmente im Innenraum schätzen – oder welche Features aus welchen Gründen bevorzugt werden.

Um allen Kriterien gerecht zu werden, die die Kaufentscheidung beeinflussen, hat Johnson Controls den Ansatz einer integrativen Konsumentenforschung gewählt. Dabei werden die fünf wichtigsten sowohl quantitativen wie auch qualitativen Marktforschungsmethoden zu einem ganzheitlichen Ansatz verbunden.

Abb. 9: Trendforschung als Instrumentarium

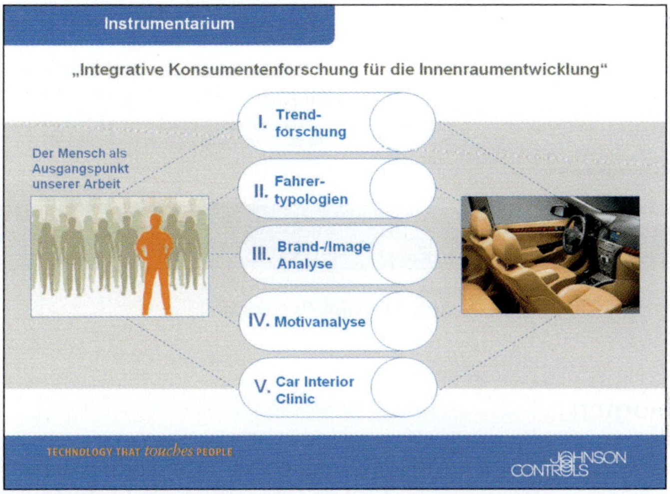

Abb. 10: Instrumentarium Integrative Konsumentenforschung

1. Die Trendforschung dient als Ideenquelle für die Erschließung von neuen Visionen und Produkten. Untersucht werden gesellschaftliche Veränderungen und Konsumententrends, die Einfluss auf automobile Innenraumkonzepte der Zukunft haben.
2. Die Unterscheidung bestimmter Fahrertypologien mit dem Ziel, ein umfassendes Verständnis über den Fahrer zu generieren, dient der Ideenfindung für spezifische Segmente und Modelle.

3. Marken- und Imageanalysen verfolgen das Ziel, Richtlinien für die Innenraumkonzeption abzuleiten.
4. Motivanalysen dienen der Identifizierung psychologischer Motive für Kauf und Nutzung bestimmter Fahrzeugkonzepte.
5. So genannte „Fahrzeug-Innenraum-Kliniken“ helfen beim Erforschen von Konsumentenmeinungen zu aktuell existierenden Innenräumen mit dem Ziel einer Stärken-Schwächen-Identifizierung.

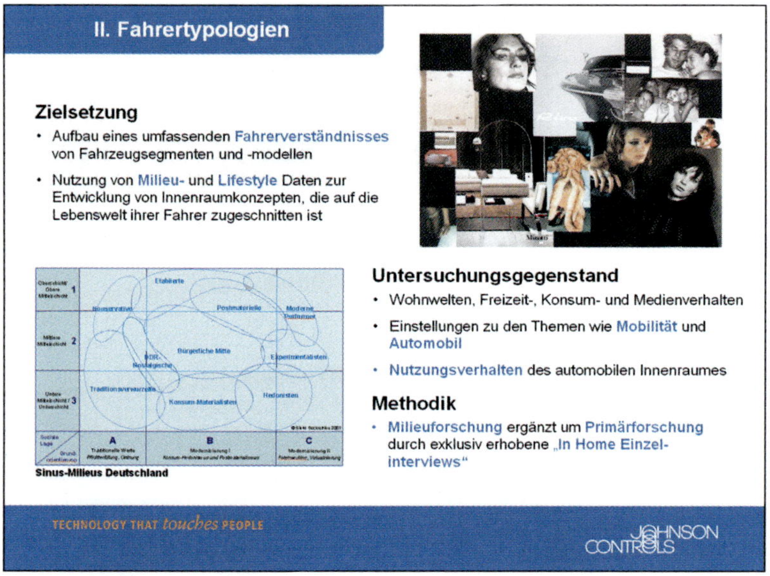

Abb. 11: Fahrertypologien

Fahrertypologien

Nicht nur das Verständnis der Anforderungen der Fahrzeughersteller birgt für den Zulieferer eine enorme Wichtigkeit. Auch das Verständnis der Bedürfnisse des Endkonsumenten trägt zu einem Vorteil in der gemeinsamen Produktentwicklung mit dem Fahrzeughersteller bei, da Johnson Controls letztendlich Produkte für den Fahrer, den Endkonsumenten fertigt. Dieses Verständnis hat sich Johnson Controls schon vor Jahren als Kernaufgabe gesetzt; es ist im Bereich der Tier 1-Automobil-Zulieferer bis heute weitgehend einzigartig geblieben.

Die Betrachtung von Lebensstilen verhilft Johnson Controls zu einem umfassenden Verständnis der Fahrer. Hierzu verwendet Johnson Controls zum Beispiel Sinus- und Sigma-Milieus, die die Fahrer hinsichtlich ihrer sozialen Lage (Ausbildung und Einkommen) und ihrer Wertvorstellungen (traditionell bis postmodern) unterscheidet.

Die Marke, die die Marken versteht

Die Marken- und Imageanalyse der Automobilmarken ist wesentlicher Bestandteil der Forschung bei Johnson Controls. Dabei werden Fahrzeuge oder einzelne Produkte im Innenraum in einer so genannten Ist-Analyse verglichen, um sie zu bestehenden Wettbewerbern abzugrenzen und Positionierungen deutlich zu machen. Das ist wichtig, wenn innerhalb der Plattformstrategie der Automobilhersteller einzelne Differenzierungsmerkmale herausgearbeitet werden sollen. Aber auch eine Abgrenzung gegenüber den Wettbewerbern durch die Werthaltigkeit des Produkts ist in diesem Zusammenhang ein bedeutender Faktor.

Das umfassende Verstehen der Kundenwünsche hilft Johnson Controls, Produkte zu entwickeln, mit denen die Automobilhersteller erfolgreich sind und die deren Markenimage unterstützen. Dies wird am Beispiel eines Großserienfahrzeugs der unteren Mittelklasse deutlich, für das Johnson Controls als Systemintegrator neben dem kompletten Sitzsystem, der Instrumententafel und dem Dachhimmel die Tür- und Säulenverkleidungen sowie die Sonnenblenden entwickelte. Johnson Controls hat dabei während der gesamten Vorentwicklung das Verständnis zu Konsument und Hersteller in die Produktentwicklung mit eingebracht.

Bereits während der Stylingphase unterstützten Spezialisten von Johnson Controls den Kunden bei der Suche nach Werkstoffen, um optimale Passungen, scharfe und prägnante Radien, kleine Fugen und eine vorbildliche Haptik zu erreichen. Erst auf Basis dieser Ergebnisse wurde ein darauf abgestimmtes Designkonzept für den Innenraum entworfen. Lohn der Mühe: Der Innenraum des Fahrzeugs ist optimal auf die Bedürfnisse des Konsumenten ausgerichtet und unterstreicht die Herstellermarke durch solide Abstimmung der Innenraumsysteme. Farben, Materialien und Stoffe passen perfekt zueinander. Haptische Qualität, hochwertige Materialien und ein großzügiges Raumgefühl bilden eine harmonische Einheit.

6. Marke integriert: Product-Branding

Einige Automobilhersteller lassen die „Sichtbarkeit“ von Zulieferermarken zu, allerdings nur in wenigen Bereichen, wie bespielsweise bei Radios oder ABS- oder ESP-Systemen. Grundsätzliche Voraussetzung für einen sichtbaren Markenauftritt von Zulieferern ist in solchen Fällen stets, dass die Komponenten oder Systeme der Zulieferer den emotionalen Wert der Automobilmarke unterstützen und außerhalb der eigenen Kernkompetenzen des Herstellers liegen. Diese restriktive Politik hat ihren guten Grund: Eine Vielzahl von „Sub-Marken“ innerhalb des eigenen Markenprodukts verwässert den Wert der eigenen Marke. Die Zuordnung emotionaler Mehrwerte, die den Preis eines Markenprodukts bestimmen, wird unscharf, der Konsument verliert die Orientierung, die Kraft der Automobilmarke verblasst. Dies kann weder im Sinne des Automobilherstellers noch des Zulieferers sein.

Vor diesem Hintergrund hat sich Johnson Controls bereits frühzeitig auf das Business-to-Business-Geschäft konzentriert. Der Bereich Automotive Interiors ist im Aftermarket-Geschäft nicht aktiv. Deshalb zielen bei Johnson Controls weder spezifische Verkaufskanäle noch Werbemaßnahmen in Richtung Endverbraucher.

7. Die Ausnahme von der Regel: Eigenmarken, die den Wert der Marke steigern

Trotz der grundsätzlichen Zurückhaltung bei der direkten Ansprache von Endverbrauchern sind für Johnson Controls auch im Bereich des Automobilgeschäfts Handelsnamen geschützt: Zum Beispiel „AutoVision", ein Unterhaltungssystem für den Fahrzeugfond und „HomeLink", ein im Fahrzeug integrierter Garagentoröffner. Auch für diese Produkte gilt, dass Johnson Controls über keinerlei Vertriebskanäle in Richtung Endkunden verfügt. Der Konsument findet diese Produkte bei der Bestellung eines Neufahrzeugs in den Ausstattungslisten der Hersteller. Und genau hier liegt der Unterschied für Johnson Controls: Bei den „Branded Products" handelt es sich um die einzigen Produkte, die in der Regel nicht zur Standardausstattung von Automobilen zählen. Als Sonderausstattung sollen sie Zusatzimpulse für den Autovertrieb generieren und somit dem Fahrzeug einen erkennbaren zusätzlichen Nutzen zurechnen.

Die vom Automobilhersteller losgelösten Kommunikationsaktivitäten für diese Produkte richtet Johnson Controls spezifisch aus. Dazu zählen neben der klassischen Produktkommunikation auch gezielte PR- und Sponsoringaktionen. Ebenso setzt das Unternehmen (beim Beispiel HomeLink) auf enge Kooperation mit den Partnern aus der Garagentorantriebs-Industrie, mit denen gemeinsame Marketingmaßnahmen lanciert werden.

Entscheidend ist, die Produkte als exklusive Marken zu positionieren, die für Komfort und Luxus stehen – und als Produkte eines Zulieferers über die Vertriebskanäle der Automobilhersteller aktiv als Sonderausstattung geordert werden können. Diese laufen zwar unter dem Namen Johnson Controls, dienen jedoch dem Zweck, den Markenmehrwert des Herstellers zu unterstreichen.

TECHNOLOGY THAT *touches* PEOPLE

Abb. 12: HomeLink-Anzeige

8. Die Zukunft der Zuliefermarken

Immer mehr Aufgabenstellungen werden von den Automobilherstellern zu ihren Systempartnern in der Zulieferindustrie verlagert – trotzdem scheint es für die Zukunft unwahrscheinlich, dass Automobile als „Baukästen aus Zuliefermarken" vermarktet werden. Auch das oft vorausgesagte Szenario, nach dem Automobilhersteller nur noch Systemumfänge von Zulieferern zu Automobilen zusammenfügen und ihre eigene Teilefertigung weitgehend aufgeben, ist so futuristisch, dass es selbst auf mittlere Sicht eher Theorie bleiben dürfte. Auch wenn sich die Automobilhersteller verstärkt auf die eigenen Kernkompetenzen konzentrieren und Zulieferer in enge Partnerschaften einbinden, wird dies nach Überzeugung von Johnson Controls mit höchster Wertschöpfung nur unter dem starken Dach der etablierten Automobilmarken stattfinden.

Vor diesem Hintergrund hat Johnson Controls das Ziel, auch in Zukunft die Markenwerte seiner Kunden durch Produkte, Dienstleistungen und Kooperationsmodelle zu stärken, selbstverständlich inklusive aller Möglichkeiten, die Automobilhersteller bei der Pflege und Entwicklung ihrer Marken noch stärker als heute zu unterstützen.

Nicole Keller

Group Director Global Strategic Planning, Johnson Controls Automotive Group

Nicole Keller, geboren 1972 in Düsseldorf, studierte zwischen 1991 und 1998 in Duisburg Wirtschaftswissenschaften mit dem Abschluss Diplomökonomin. Im Rahmen des Studiums absolvierte sie ein Auslandsstudienjahr an der École Supérieure de Commerce in Troyes, Frankreich, mit den Schwerpunkten Unternehmensführung, Marketing und Internationale Wirtschaft.

Zwischen 1995 und 1998 war sie studienbegleitend bei der Marketing Systems in Essen tätig. Seit 1998 ist sie bei Johnson Controls in der Abteilung für Strategische Planung und Marktforschung beschäftigt. Nicole Keller verfügt über zehn Jahre Erfahrung in der Managementberatung mit dem Schwerpunkt Automobilindustrie. Ihre Beratungsfelder umfassen die Entwicklung des strategischen Unternehmensplans für Europa sowie die Koordination und Durchführung der „Merger & Acquisition"-Aktivitäten von Johnson Controls in Europa. Neben der Entwicklung von Produkt-, Kunden- und funktionalen Strategien gehören auch Wettbewerbsbeobachtung, Marktforschung sowie Produkt- und Technologietrendmonitoring zu ihren Tätigkeitsfeldern.

Kapitel 5

INA, FAG und LuK – die Automotive-Marken der Schaeffler Gruppe: Premium als Leistungsversprechen

Dr. Jürgen M. Geißinger
Vorsitzender der Geschäftsleitung, Schaeffler Gruppe

Unser Premium-Anspruch ist das Ergebnis von Innovationskraft, globaler Kundennähe und höchster Qualität in allen Produkten und Prozessen.

Vorbemerkung

Die Schaeffler Gruppe ist ein international tätiger Hersteller und Entwicklungspartner für die Automobil- und Zulieferindustrie sowie einer der weltweit führenden Wälzlagerhersteller. Starke Innovationsfähigkeit und ausgeprägtes Qualitätsbewusstsein bestimmen unser tägliches Handeln.

Der Schwerpunkt der Sparte Automotive, die rund 55 Prozent des Umsatzes von knapp 8 Mrd. Euro (Gj. 2005) erwirtschaftet, umfasst Präzisionsprodukte für den gesamten Antriebstrang, Nebenaggregate, Fahrwerk und Lenkung. Als Entwicklungs- und Systempartner erarbeiten wir zusammen mit unseren Kunden Entwicklungsvorsprünge und tragen so zur Sicherung derer und unserer Marktpositionen bei.

Durch die Kombination eines tiefen Anwendungs- und Systemverständnisses mit leistungsfähigen Entwickungs- und Fertigungstechnologien können wir anspruchsvolle Ideen schnell in neue Präzisionsprodukte für die Großserie umsetzen.

Markenverständnis für OEM und Aftermarket

Eine Marke verkörpert das Wissen und die Erfahrungen über die spezifischen Produkte sowie die Leistungen und die Art der Geschäftsbeziehung eines Unternehmens. Die meist über lange Zeit reproduzierbar erlebten Erfahrungen schaffen Vertrauen und stehen für ein bestimmtes Leistungsversprechen.

Entscheidend ist die Qualität der Beziehungen zwischen den Geschäftspartnern und das daraus resultierende Produkt. Deshalb sind Unternehmensmarken und Produktmarken oft identisch. Die mit einer Marke quasi automatisch verknüpften Vorstellungen reduzieren die Komplexität der gesamten Kunden-Lieferanten-Beziehung, schaffen Orientierung und bieten Verlässlichkeit.

Im Zulieferbereich entstehen Produkte nach Spezifikationen oder werden gemeinsam zwischen Lieferanten und Kunden entwickelt. Mit wenigen, aber intensiven Beziehungen meist zwischen Spezialisten auf der Sachebene spielt ein klassisches Markenmanagement mit Direktansprache von Endkunden und einem integrierten Marketing-Mix eine eher untergeordnete Rolle.

Die spezielle Funktion der meisten Produkte der Schaeffler Gruppe ist für den Endverbraucher nicht direkt erfahrbar. Deshalb eignen sich die meisten OEM-Produkte der Schaeffler Gruppe nicht für „ingredient branding“. Ausnahmen bilden eigenständige Systeme oder Komponenten mit Alleinstellungskriterien für die Getriebeautomatisierung, wie stufenlose Automatikgetriebe und Parallelschaltgetriebe oder „UniAir“, das vollvariable Ventilsteuerungs-System.

Im Bereich Aftermarket bietet eine Original-OEM-Marke mit eindeutigen und positiven Attributen Orientierung im Wettbewerb und unterstützt den Verkaufsprozess. OEM-Ersatzteile schaffen Sicherheit bei Werkstätten und Endverbrauchern.

Eine wachsende Bedeutung hat die Unternehmensmarke „Schaeffler Guppe“. Sie kombiniert wesentliche Attribute der einzelnen Produktmarken. Vor allem im Wettbewerb um qualifizierten Nachwuchs hat eine starke, klar positionierte Unternehmensmarke viele Vorteile.

Status quo – Differenzierungsmerkmale der Schaeffler Marken im Wettbewerb

Mit INA, FAG und LuK verfügt die Schaeffler Gruppe über drei seit Jahrzehnten erfolgreiche Marken für Anwendungen in Motor, Getriebe, Antriebsstrang und Fahrwerk. Die wesentlichen Bestandteile der Markenkerne sind geprägt durch ihr Einsatzspektrum im Fahrzeug.

Abb. 1: Drei starke Marken: INA ist Entwicklungspartner für hochpräzise Komponenten und Module für Motor-, Getriebe- und Fahrwerkanwendungen und zeichnet sich durch enorme Schnelligkeit bei der Umsetzung kundenspezifischer Lösungen in die Großserie aus. FAG ist bekannt als der Radlager-Pionier mit klarer Kompetenz im Fahrwerk. LuK gilt als der innovative Spezialist für Getriebe, Kupplungen und Hydraulik mit schlanken und schnellen Entscheidungswegen.

Über den LuK Aftermarket werden ausgewählte Produkte der Schaeffler Gruppe für das Ersatzteilgeschäft mit Werkstätten und Handel vertrieben. Darüber hinaus bietet der Aftermarket maßgeschneiderte Dienstleistungen für Werkstätten.

INA – Vom Nadellager zu High-Tech-Motorenelementen

Der erfolgreiche Weg des 1946 in Herzogenaurach gegründeten Unternehmens begann 1949 mit der Erfindung des Nadelkranzes durch Georg Schaeffler. Diese geniale Idee steigerte die Zuverlässigkeit des bis dato vollrolligen Nadellagers – und das bei gleichzeitig kleinerem Bauraum. Vorteile, die dem Nadellager zum industriellen Durchbruch verhalfen.

Ab 1952 ersetzten INA-Nadellager die zuvor verwendeten Gleitlager im VW-Käfer-Getriebe. Nach der Entwicklung des käfiggeführten Nadellagers entstanden schnell zahlreiche Varianten und Typen. Heute liegt die Automotive-Kernkompetenz von INA in der Entwicklung und Herstellung hochpräziser Komponenten und Module für Motor-, Getriebe- und Fahrwerkanwendungen.

Abb. 2: INA-Raute, Auto und Nadelkranz: Die grüne INA-Raute – INA steht übrigens für „Industrie-Nadellager" – hat sich bei ihren Kunden einen guten Namen gemacht. Der Nadelkranz: Start für eine „automobile Karriere" und ein sehr breites Produktprogramm. Kaum ein moderner Pkw verlässt heute die Bänder ohne INA Lager sowie INA Motoren- und Getriebeelemente.

Globale Kundennähe und maximale Kundenorientierung

Mit dem Erfolgsprodukt Nadellager folgte INA seinen Kunden in deren Märkte und erweiterte sein Portfolio als Wälzlagerhersteller. Bereits 1956 entstand in Frankreich das erste Auslandswerk. Zahlreiche Werke in Südamerika (1958 Brasilien), Nordamerika (1969 USA) und Asien (1992 Korea) folgten. Heute kann INA seinen Kunden in jedem wichtigen Markt, in jeder wichtigen Region durch lokale Fertigung, Vertriebsbüros und Engineering-Kompetenz eine leistungsstarke Versorgung bieten.

Innovative Lösungen: Technik kreativ

Auch nach der Erfindung des Nadelkranzes hatten INA Ingenieure laufend neue Ideen. Mit Ventilspielausgleichselementen gelang INA 1978 der Einstieg in die Entwicklung von Motorenelementen. Innerhalb weniger Jahre erfuhr dieses spanlos hergestellte Produkt zahlreiche Verbesserungen. Mit jeder Evolutionsstufe konnten nicht nur Gewicht und Maße reduziert, sondern auch zusätzliche Funktionen, zum Beispiel die Schaltfähigkeit, integriert werden.

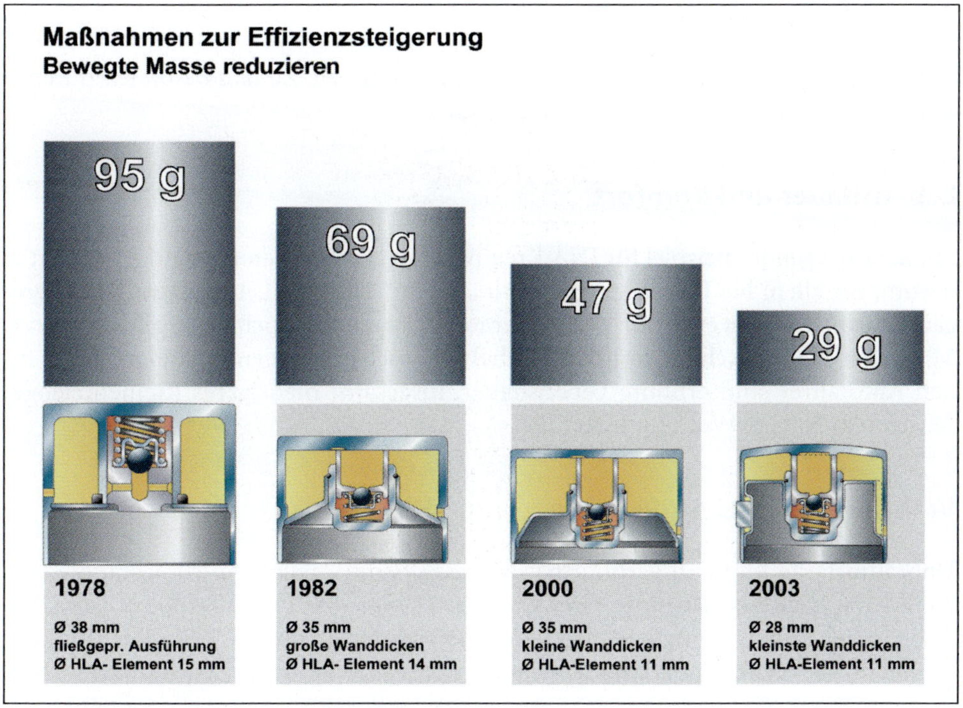

Abb. 3: „Generationen des hydraulischen Tassenstößels". INA verfügt über einzigartiges Know-how und langjährige Erfahrung in der spanlosen Fertigung von Präzisionsteilen. Dieses hochwirtschaftliche Fertigungsverfahren ermöglicht dem Kunden ein günstiges Preis-Leistungsverhältnis.

2001 wurden mit einem neuen Technologiezentrum am Standort Herzogenaurach die Entwicklungskapazitäten weiter ausgebaut. Weitere regionale Entwicklungszentren entstanden bzw. entstehen derzeit in Amerika (2003), Korea (2004) und China (2007). Sie tragen wesentlich dazu bei, individuelle Kundenentwicklungen schneller zur Marktreife zu entwickeln.

Künftige Herausforderungen sind der Einsatz der variablen Ventiltriebtechnik in Dieselmotoren sowie weitere Komponenten für die Zylinderabschaltung leistungsstarker Pkw in Nordamerika. Schwerpunkte liegen auch auf Lösungen für Getriebe, Nebenaggregate (Spannrollen, Freiläufe, Riementrieb) sowie Aktuatoren für Lenkung, Hydraulik und Fahrwerk. Damit lassen sich zusätzliche deutliche Treibstoff- und Emissionsreduzierungen erzielen bzw. die Reibung der Komponenten und damit Antriebsverluste der Aggregate minimieren.

Entwicklungspartner für Qualität

INA ist anerkannter Entwicklungspartner seiner Kunden. Zu den besonderen Kennzeichen der Marke INA gehört die Kreativität.

Lebensdauer und Komfort

Ein herausragendes Beispiel für INA Kreativität ist der Generatorfreilauf. Hier geht es darum, vor allem bei Diesel-Motoren mit „rauem" Lauf die Lebensdauer des Aggregateriementriebes zu erhöhen. Der Generatorfreilauf entkoppelt die große rotierende Masse der Lichtmaschine von den Kurbelwellenschwingungen. Weitere Effekte für den Autofahrer sind erhöhte Lebensdauer, insgesamt niedrigeres Riementriebgeräusch und längere Wartungsintervalle.

Verbrauchsreduzierung

Hubraumstarke Motoren verbrauchen viel Kraftstoff – nicht jedoch, wenn Sie eine Zylinderabschaltung haben, wie der Chrysler „Hemi" 5,7 Liter V8 Motor. Der INA-Rollenschaltstößel ermöglicht den Motorbetrieb als 4- oder 8-Zylinder-Motor, je nachdem, wie viel Leistung gerade benötigt wird.

Ein weiteres Beispiel für intelligente Lösungen zur Verbrauchsreduzierung ist ein reibungsoptimiertes Lagerkonzept für Automatikgetriebe. Automatikgetriebe haben zumeist Planetengetriebe. Bis zu 1,7 KW Reibleistungsreduzierung können erreicht werden, wenn vollrollige Lager durch käfiggeführte Lager ersetzt werden.

INA verfügt über alle dazu benötigten Methoden und Verfahren: CAE-Simulationstools in der Produktentwicklung, Rapid Prototyping für die Herstellung von Mustern, Versuchseinrichtungen zum Nachweis der Gebrauchsfähigkeit und der Lebensdauer sowie modernste Fertigungsverfahren – um auch künftig die strengen Qualitätskriterien und Anforderungen seiner Kunden zu erfüllen. Zahlreiche Kundenauszeichnungen und Quality Awards von Automobilherstellern und Zulieferern belegen, dass INA und die Schaeffler Gruppe allen hohen Qualitätsstandards gerecht werden.

Abb. 4: Laufende Qualitätsauszeichnungen von Automobilherstellern und -Zulieferern belegen den hohen INA Qualitätsanspruch.

Wirtschaftliche Fertigung von Präzisionsprodukten in der Großserie

Eine wesentliche Dimension der Marke INA ist die Fertigungskompetenz. Bei Präzisionsprodukten geht INA mit spanlosen Fertigungsverfahren wie der Kalt-Umformtechnik bis an die Grenze des technisch Machbaren. In zahlreichen Fällen substituiert diese Technik erfolgreich andere, aufwändigere Verfahren. Der Effekt ist eine deutlich höhere Produktivität und Wirtschaftlichkeit bei gleicher Funktionalität.

Zu den Stärken von INA gehört es, während der Serienfertigung (siehe Abb. 3 hydraulische Tassenstößel) Optimierungen vorzunehmen und damit die Leistungsfähigkeit und Wirtschaftlichkeit des Produkts weiter zu erhöhen. Ein Beispiel ist ein vollvariabler Ventiltrieb mit INA Komponenten. Bisher hubraumstärkeren Motoren vorbehalten, ermöglichen kostengünstigere Varianten zunehmend den Einsatz in der Klein- und Kompaktwagenpalette.

Abb. 5: Schiebemuffe. Ein weiteres Beispiel für richtungweisende Fertigungstechnologie ist die spanlos gefertigte Schiebemuffe, die INA für Synchronisationssysteme in Pkw-Schaltgetrieben entwickelt hat. Die Spanlostechnologie ermöglicht einen hohen Freiheitsgrad beim Design, der Fertigungsprozess ist robust und unterstützt die gute Schaltfähigkeit des Getriebes über die gesamte Lebensdauer. Durch die Kombination der spanlosen Umformtechnik mit Laserschweißen lassen sich Schiebemuffen leichter und wirtschaftlicher fertigen.

FAG: Vom Kugellager-Pionier zur integrierten Sensorik

FAG ist der Pionier der Wälzlagerindustrie und bis heute einer der weltweit führenden Wälzlagerhersteller. 1883 konstruierte Friedrich Fischer in Schweinfurt eine Kugelmühle (im Volksmund später deshalb der „Kugelfischer"). Damit gelang es erstmals, Stahlkugeln in hoher Präzision und großer Stückzahl maschinell zu schleifen. Diese Idee gilt als der historische Start der internationalen Wälzlagerindustrie.

Weltweit verbreitete Qualitätsmarke

Wälzlager der Marke FAG – seit 1905 eingetragenes Warenzeichen – erschlossen sich schnell ein extrem breites Einsatzspektrum. Nicht nur in Fahrzeugen aller Art wie Fahrräder, Eisenbahnen, Schiffe sowie Flugzeuge und Raketen, sondern auch in Anwendungen in nahezu allen Industrie-Branchen von der Werkzeugmaschine bis zur Windkraft.

Durch die langjährige Marktpräsenz und Konzentration auf hochwertige Standardprodukte hat die Marke FAG einen hohen Bekanntheitsgrad und ist Synonym für erstklassige Wälzlager. Bereits in den 30er Jahren gründete FAG das erste Auslandswerk in England. In den 50ern ging die weltweite Expansion weiter. FAG Bearings

Korea ist der größte koreanische Wälzlagerhersteller. In China ist FAG nicht nur mit zwei Werken präsent, sondern zum Beispiel die am meisten kopierte Wälzlagermarke.

*Abb. 6: Historische Abbildung FAG Automobil. „Bezüglich der Verwendung von Fischer-Kugellagern F*AG, …, bestätige ich, dass während der ganzen anstrengenden, beschwerlichen Tour … die Lager uns nicht einmal Schwierigkeiten bereiteten, und wenn wir dieselben nicht gelegentlich mit Schmiermaterial versehen hätten, würden wir überhaupt nicht gewusst haben, dass wir Kugellager hatten“, schrieb 1908 der englische Herrenfahrer Dr. Charles C. Parcival nach einer abenteuerlichen Fahrt über 50 000 Meilen durch die USA in einem Brief an FAG.*

Zum Qualitätsruf der Marke FAG tragen auch Lösungen für andere Anwendungsgebiete bei. FAG ist der weltweit führende Entwickler und Hersteller von Hochpräzisionslagern für Triebwerke in Luft- und Raumfahrt. Know-how, welches aus der Fluglagerentwicklung erwachsen ist, fließt auch in Präzisionslager ein, die in Werkzeugmaschinen und Computertomographen eingesetzt werden.

Abb. 7: Airbus A 380. FAG liefert Triebwerklager für den neuen Airbus A 380 wie für das SpaceShuttle. FAG ist der einzige Wälzlagerhersteller, der die Flugtauglichkeit seiner Lager gemäß den Bestimmungen des Luftfahrtbundesamtes selbst zertifizieren kann.

Spezialist für Radlager

Im Bereich Automotive entwickelt und produziert FAG weltweit Wälzlager in Großserien für Fahrwerk, Motoren und Antriebstrang – sowohl für Pkw als auch für Nutzfahrzeuge. Die Schwerpunkte der FAG-Kompetenzen liegen neben Getriebe-, Kupplungs-Ausrück- und Wasserpumpenlagern eindeutig bei Radlagern. In sehr vielen erfolgreichen Offroad- oder SUV-Fahrzeugen sind robuste, abgedichtete FAG-Radlager in unterschiedlichsten Ausführungen im Einsatz.

Abb. 8: FAG Radlager unterschiedlichster Bauart für Pkw und Nutzfahrzeuge. Radlager der 3. Generation mit integriertem Sensor für Erfassung von Daten z. B. für ABS, ESP oder ASR.

Neben dem Pkw-Bereich bietet FAG auch für Nfz- und Achsenhersteller montagefreundliche Lösungen an. FAG gilt bei Hub-Units und Insert-Lagerungen als Technologie- und Marktführer. Besondere Produktmerkmale sind höchste Sicherheit, Laufleistung und Belastung.

Abb. 9: In Radnaben werden die Insert-Lager eingepresst – zigtausendfach in höchster Qualität.

Fahrdynamiksysteme werden ständig weiterentwickelt und zu einem Fahrwerkmanagementsystem vernetzt: Das bietet ein schnelleres Ansprechen der Fahrdynamiksysteme, mehr Sicherheit, Leistung und Fahrkomfort. In die Radlager integrierte Sensoren erfassen Daten für ABS, ESP und ASR. Weitere Aspekte der Engineering-Arbeit der FAG Entwickler sind die Themen Leichtbauweise, Bauraumoptimierung, Lebensdauer und Treibstoffreduzierung.

Energie sparende Lösungen

Das gemeinsam mit INA entwickelte „Doppelschrägkugellager-Konzept" für Pkw-Hinterachsgetriebe ist weltweit einzigartig. Es bietet durch eine deutlich verbesserte innere Reibung nicht nur eine höhere Betriebssicherheit und Lebensdauer, sondern auch einen geringeren Kraftstoffverbrauch.

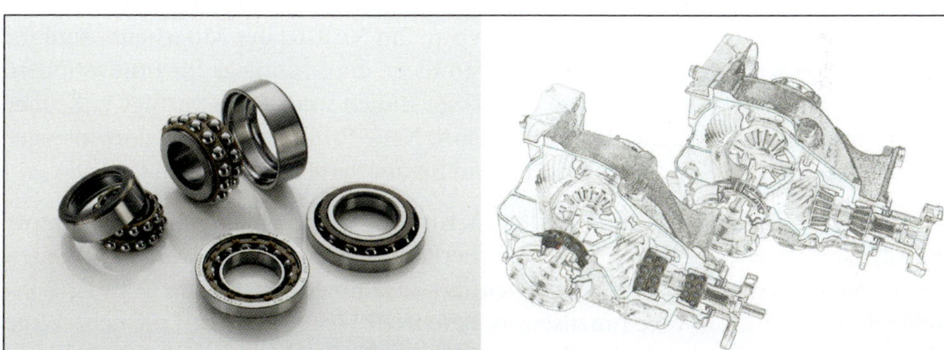

Abb. 10: Doppel-Schrägkugellager-Konzept für deutlich reduzierten Kraftstoffverbrauch

LuK OEM: System- und Engineering-Partner für den Antriebstrang

Die Gründung von LuK erfolgte im Jahr 1965 als Gemeinschaftsunternehmen von Georg Schaeffler und einem Partner mit dem Ziel, als einer der ersten europäischen Hersteller Tellerfederkupplungen für den Nachfolger des VW-Käfer zu liefern. Mit weiteren Innovationen baute LuK sein Portfolio weiter aus.

Abb. 11: Historische Aufnahme, Tellerfederkupplung. Erfolgsmodell: Nach der Erstlieferung für den VW-Käfer-Nachfolger fährt heute weltweit jedes vierte Auto mit einer Kupplung von LuK.

Innovationskraft und Kundenorientierung

Technologieführerschaft und Kundenorientierung sind wesentliche Dimensionen der Marke. LuK versteht sich als schnelle und leistungsstarke Technologieschmiede mit schlanken und effizienten Entscheidungswegen. Ein Sechstel der Mitarbeiter sind im Bereich F&E beschäftigt und liefern mit ihren Ideen die Grundlage für Innovationen. Neben Werken in Deutschland, England, USA, Indien und Korea verfügt LuK über „TechCenter" in Deutschland, Korea und USA. Neue Produkte werden dort in enger Kooperation mit den Kunden entwickelt und bis zur Serienreife begleitet.

Vorrangige Ziele sind Verbrauchsreduzierungen, Steigerungen von Fahrkomfort und -dynamik sowie die Erhöhung der Sicherheit. Zur Umsetzung werden für jeden LuK Kunden Projektteams aufgabenorientiert zusammengestellt, um Wünsche individuell und ohne Umwege umzusetzen. Bei vielen Lösungen geht LuK neue Wege oder ist mit seinen Produkten Wegbereiter für neue Technologien.

Systemwissen rund um den Antriebstrang

Mit seinem Know-how und seinem breiten Produktprogramm verfügt LuK über ein besonderes Know-how und Systemwissen um den gesamten Antriebsstrang. Beispiel hierfür sind interne Dämpfer der Nockenwelle oder CVT-Getriebe, die mit Komponenten wie optimal geformten Scheibensätzen und einer Laschenkette als „Umschlingungsmittel" ausgestattet sind. Zusammen mit der Steuereinheit und einer entsprechend ausgelegten Getriebepumpe ergibt sich eine leistungsstarke, zuverlässige und komfortable Lösung.

Abb. 12: Das LuK-Kolloquium. Alle vier Jahre lädt LuK seine Kunden zum hochkarätigen Meinungsaustausch über Technologietrends rund um den Antriebstrang.

Leistungsfähiges Produktprogramm

LuK hat sein Produktportfolio in mehrere Produktlinien gegliedert, um so optimale Kundennähe zu erzielen und Markttrends umzusetzen:

Kupplungen und Komponenten für den Antriebstrang

Nach der Idee der Tellerfederkupplung für Pkw (1965) und Traktoren (1996 Weltneuheit), folgten Produkte wie Bremsbänder für Automatikgetriebe oder Lock-up-Kupplungen. Als erster Kupplungshersteller führte LuK (1985) die Verschleißkompensation (SAC: self adjustable clutch) am Markt ein. Die selbstnachstellende Kupplungsdruckplatte sorgt für erhöhte Präzision und mehr Komfort beim Gangwechsel – und das über die gesamte Lebensdauer der Kupplung.

Mit dem **Zweimassenschwungrad (ZMS)**, 1985 eingeführt, ist LuK heute weltweiter Marktführer. Das ZMS dämpft effektiv die Drehschwingungen des Motors. Das

Getriebe wird bei deutlich höherem Fahrkomfort entlastet, der Kraftstoffverbrauch reduziert.

Komponenten für Automatikgetriebe

Die LuK-Ideen zu Verbrauch sparenden automatisierten Schaltgetrieben oder stufenlosen Getrieben (CVT-Komponenten) wurden von der LuK als Engineeringpartner in enger Abstimmung mit den Kfz- bzw. Getriebeherstellern zur Serienreife gebracht. Module und Software für Kette, Scheibensätze und hydraulische Steuerungen für automatisierte Schaltgetriebe, Wandler und Wandlerüberbrückungskupplungen sowie stufenlose Getriebe haben ihre Dauerbelastbarkeit bis in den Hochdrehmomentbereich sowie in Lkw-Anwendungen unter Beweis gestellt.

Mit Komponenten für das **Parallelschaltgetriebe (PSG)** geht LuK im Sinne des Fahrkomforts einen Schritt weiter: Durch Integration einer Doppelkupplung, die je nach Anwendung nass oder trocken ausgelegt sein kann, entfällt die Zugkraftunterbrechung beim Gangwechsel. Beim Fahrer bleibt der Eindruck eines Schaltvorgangs mit höchstmöglichem Fahrkomfort.

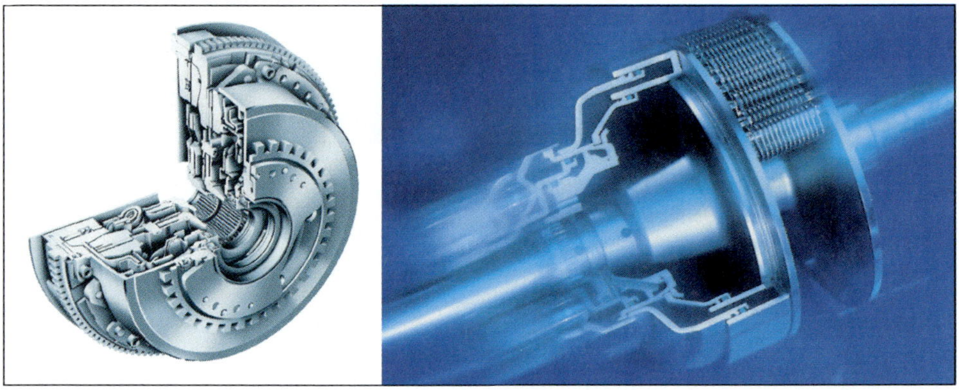

Abb. 13: Doppelkupplung und CVT Komponenten. Mit den Argumenten Verbrauchsreduzierung und Fahrkomfort bieten sich für LuK auch Erfolg versprechende Ansätze, über „ingredient branding" Endverbraucher anzusprechen. So kann auf Wunsch gemeinsam mit dem Automobilhersteller die Nachfrage nach Fahrzeugen mit dieser Ausstattungsvariante gesteigert werden.

Energie sparende Zukunftsprojekte: Doppelkupplungsgetriebe und Hybridantriebe

Durch die stark gestiegenen Kraftstoffpreise wächst die Nachfrage nach Energie sparenden Komponenten. Doppelkupplungsgetriebe vereinen die Verbrauchsvorteile eines sparsamen Handschalters mit dem Komfort einer modernen Automatik. Hierfür entwickelt und liefert LuK Doppelkupplungen in nasser und trockener Ausführung für ein sehr breites Motoren- und Drehmomentspektrum. Im Vergleich zu einer konventionellen Automatik sind Kraftstoffeinsparungen von mehr als 10 Prozent möglich.

Weitere Verbrauchsreduzierungen erzielen Hybridantriebe, bei denen Verbrennungs- und Elektromotoren kombiniert werden. Als „milden Hybrid“ optimiert LuK den Elektroantrieb dabei auf die effizienteste Größe. Eine weitere Komponente ist ein „elektrisches Schaltgetriebe“, das auf einem effizienten Doppelkupplungsgetriebe basiert. Durch Anbindung der Elektromaschine an der Getriebeeingangswelle der geraden Gangstufe werden ohne zusätzliche Komponenten alle hybriden Funktionen wie Start/Stopp, Rückgewinnung von Bremsenergie und das „Downsizing“ des Verbrennungsmotors durch eine Boosterfunktion ermöglicht.

Mechatronik-Engineering

Immer mehr traditionelle Komponenten wie die SAC-Kupplung, ZMS oder Ausrücksysteme werden durch elektromechanische Aktoren erweitert. Mit der AFT Atlas Fahrzeugtechnik, seit 2004 eine hundertprozentige LuK-Tochter, bedient die Unternehmensgruppe die steigende Nachfrage nach Mechatronik-Engineering. AFT ist ein Spezialist für Schwingungsanalysen sowie für die Entwicklung elektromechanischer Systeme im Antriebstrang, zum Beispiel innovativer Motor- und Getriebesteuerungen wie die elektrische Nockenwellenverstellung zur Leistungsverbesserung und Schadstoffreduzierung von Motoren. Das Know-how von AFT wird für alle drei Marken der Schaeffler Gruppe nutzbar gemacht.

LuK Aftermarket: Service-Power-Partnership

Zur systematischen Bearbeitung des Ersatzteilmarktes wurde 1976 die LuK Aftermarket (LuK AS) gegründet. Zielgruppen sind Werkstätten und Handel und damit indirekt auch die Endverbraucher. LuK AS steht für das integrierte Aftermarket-Geschäft der Schaeffler Gruppe und trägt wesentlich zum Bekanntheitsgrad von LuK sowie den weiteren Marken der Schaeffler Gruppe bei.

Abb. 14: Messestand Automechanika. Seit 2002 liegt die Verantwortung für den Vertrieb aller Marken der Schaeffler Gruppe, also LuK, INA und FAG, in der Verantwortung der LuK Aftermarket Service. LuK AS steht weltweit für die Entwicklung und Logistik innovativer und zuverlässiger Bauteile für den Automotive-Aftermarket.

Produkte in OEM Qualität

LuK AS vertreibt die Premium-OEM-Marken der Schaeffler Gruppe sowie ausgewählte Handelsmarken. Ein besonderer Kundennutzen liegt im lückenlosen „Komplett-Angebot“ an Ersatzteilen für Antrieb, Motor, Lenkung und Fahrwerk. Das Leistungsprogramm umfasst auch Dienstleistungen und Service-Konzepte in Premium-Qualität.

Abb. 15: Portal einer Automeister-Werkstatt. „Markentapete“ weiterer LuK AS Marken. Zur Abrundung und Erschließung neuer Vertriebskanäle wurde das Produktportfolio um weitere Handelsmarken, die Aufbereitung von Ersatzteilen und zur Ersatzteilversorgung mit einem Franchise-System ergänzt.

Strategie der Sortimentsmarkenpolitik

Mit dem Attribut „Erstausrüster“ assoziiert der Aftermarket-Kunde höchste Qualität in der Großserie. Für den Aftermarket werden die OEM-Marken auf ihren Kern bzw. ihr Kern-Know-how reduziert.

Zielsetzung des Aftermarket-Systems ist,

a) die jeweilige Marke zu transportieren,

b) die jeweilige Produktgruppe aufzuzeigen,

c) die Unverkennbarkeit/Einzigartigkeit zu demonstrieren und schließlich

d) die Internationalität zu wahren und zu leben.

Die Positionierungen für die einzelnen Marken sind:

- FAG (= Rot) ist der Wälzlager-Pionier mit dem Produktschwerpunkt Radlager und dem Produkt „FAG Radlager KIT“
- INA (= Grün) ist der Spezialist für Motorenelemente mit dem Produktschwerpunkt Spannrollen/Freiläufe und dem Produkt „INA Spannrollen KIT“
- LuK (= Gelb) steht für innovative Lösungen rund um den Antrieb mit den Produktschwerpunkten Kupplung, Zweimassenschwungräder, Lenkhelfpumpen etc.

Die gemeinsame Kernaussage lautet: „Immer erste Wahl. Immer öfter Erstausrüster.“

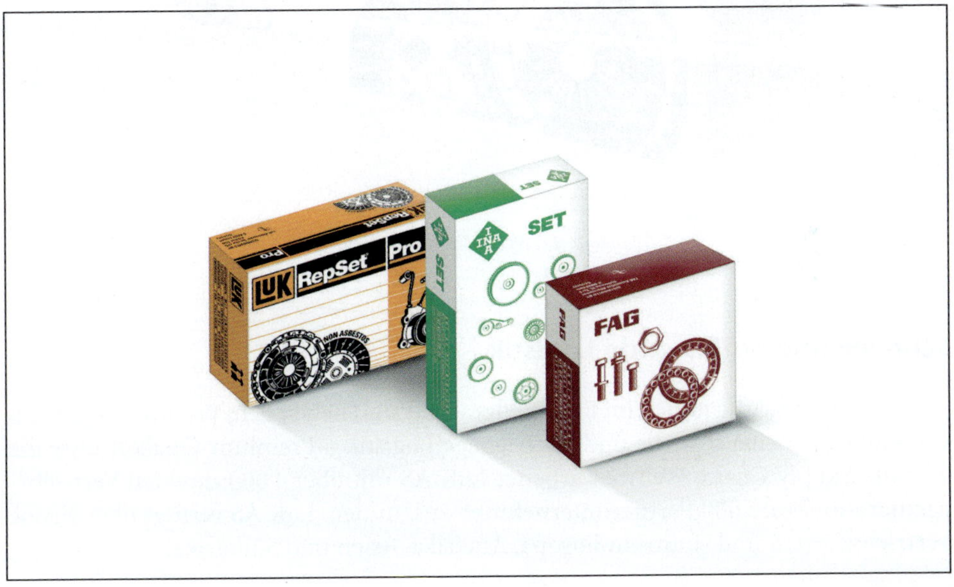

Abb. 16: Verpackungen – von der Monomarke zur Markenfamilie. INA, FAG und LuK verfügen über klare Eigenschaften und Merkmale in der Fachwelt. Wir nutzen die jeweiligen Vorteile und transferieren diese auf die Markenfamilie.

Vom Einzelprodukt zum lösungsorientierten Set

Unter dem Aspekt des Steigerung des Nutzwertes für Handel, Werkstatt und Autofahrer entwickelte LuK AS laufend neue Ideen. Die Einführung des LuK RepSets 1980 ist ein Meilenstein in der Erfolgsgeschichte der LuK AS. Diese kundenfreundliche Komplettlösung (inklusive Scheibe, Druckplatte und Ausrücklager) vereinfachte das Servicegeschäft ungemein und hat sich bis heute mit den übrigen Produkten der RepSet-Familie zu einem der Standards im Aftermarket entwickelt.

Abb. 17: Verpackung RepSet

Schnelle und umfassende Logistik

Wesentliche Erfolgskriterien im Ersatzteilgeschäft sind neben dem Produktprogramm vor allem auch eine schnelle und zuverlässige Logistik – Premium-Qualität über die gesamte Supply Chain. Weltweit arbeitet LuK AS mit über 1 000 direkten Vertriebspartnern und ca. 5 000 Partnerunternehmen zusammen. LuK AS verfügt über eigene Vertriebszentren und -büros in Europa, Amerika, Asien und Südafrika.

Integrierte Dienstleistungen runden das Programm ab

Da Werkstätten und Handel neben einem attraktiven Produktprogramm weitere umfassende Serviceleistungen erwarten, entwickelte LuK AS hierfür ein umfassendes Programm, das qualifizierte und professionelle Unterstützung für alle Belange rund um Autohandel und Werkstatt bietet.

- **TecDoc und TecCom: Informieren und bestellen**
  TecDoc enthält die neuesten Teiledaten von 140 Teileherstellern und Anbietern, die insgesamt mehr als 170 Marken vertreten. Über 300 000 Bilder und Grafiken sowie Referenznummern sind abrufbar.

  TecCom ist ein Internet-Netzwerk über das Verfügbarkeitsanfragen zu Ersatzteilen gestartet und bestellt werden können.

- **Partslife** ist die Selbsthilfeorganisation des freien Kfz-Teilemarkts zur Entsorgung von Altteilen nach umwelt- und abfallgesetzlichen Auflagen.

- **RepXpert** ist ein Internetportal, das tagesaktuelles Wissen für Werkstatt- und Autohausprofis vermittelt. Die Homepage ist übersichtlich in die Kompetenzcenter Antriebstechnik, Motorentechnik und Werkstattmanagement gegliedert. Mit RepXpert werden die Kommunikation mit der Werkstatt weltweit optimiert sowie Produkte und Dienstleistungen „vorverkauft". Ziel ist ferner, das Qualitätsniveau der technischen und kaufmännischen Dienstleistung in der Werkstatt langfristig zu sichern und auch anzuheben.

- **Franchise-Konzept „Automeister"** ist ein markenunabhängiges Autohaus-System in Deutschland, Österreich und Slowenien und bietet Unterstützung in Technik, EDV, Marketing, Werbung, Weiterbildung, Umwelt, Planung, Organisation und betriebswirtschaftlicher Analyse.

- Der **LuK Meisterservice als Kompetenzzentrum Kupplung** und seit 1994 auch das **Franchise-Konzept „Automeister"** sind von der Erkenntnis geprägt, dass nicht nur Preis und Produktqualität zählen, sondern vor allem hohe Service-Qualität und Beratung. Mehr als 1 000 Meisterservice-Werkstätten und 100 Automeister-Franchise-Partner sprechen eine eindeutige Sprache – die des Erfolgs.

Abb. 18: Drei Broschüren für Pkw, Nfz und zum kompletten Service-Angebot zeigen das Leistungsspektrum der LuK Aftermarket Services. Den OEM-Marken INA, LuK und FAG werden in den einzelnen Kapiteln wieder die oben genannten Kompetenzen und Produkte zugeordnet. Parallel dazu wurden und werden Anzeigen gleicher Anmutung geschaltet, die das neue Komplett-Angebot der LuK AS bzw. die Stärken und Markenkerne von INA, LuK und FAG herausstellen.

Wettbewerbsfaktor Bekanntheitsgrad

Ein wesentliches Kaufkriterium bei den Zielgruppen Werkstätten, Handel und Endverbraucher ist der Bekanntheitsgrad. Neben der allgemeinen Werbung ist Sport-Sponsoring ein besonders geeignetes Instrument. Maßnahmen waren bzw. sind das LuK-Logo zur Fußball-WM 1986, in der VW-Arena in Wolfsburg, beim Radsport (LuK Challenge) oder beim Motorsport (Truck Racing oder VW Polo Cup). Mit gezielten Aktionen ist die Marke LuK zu einem bekannten Markenartikel im Kfz-Reparaturgeschäft geworden. Diesen Erfolg gilt es auch für die anderen Marken nutzbar zu machen.

Abb. 19: Aktionen wie der Einsatz des als „LuK-Teufel“ bekannten Didi Senft bei der Tour de France oder das Sponsoring „VW Polo Cup“ steigerten den LuK-Bekanntheitsgrad auch in der breiten Öffentlichkeit.

Herausforderungen an die zukünftige Markenführung

OEM-Geschäft

Die Automobil- und Zulieferindustrie befindet sich in einem anhaltend dynamischen Strukturwandel. Wesentliche Stichworte hierzu sind weitere Verbrauchs- und Emissionsreduzierungen, gleiche Funktionen bei geringeren Kosten, steigender Komfortanspruch bei kleineren Bauräumen, der wachsende Anteil mechatronischer und elektronischer Funktionen bis zur Verlagerung von Kompetenzen und Verantwortung für Qualitätsmängel hin zum Zulieferer.

Die sehr anspruchsvollen Ziele können nur erreicht werden, wenn wir motorseitige Potenziale, wie beispielsweise variable Ventiltriebe, mit getriebeseitigen Potenzialen, wie beispielsweise dem Parallelschaltgetriebe und reibungsarmen Lagern, kombinieren. Besondere Chancen sehen wir in Produkten mit hohem Innovationsgrad, die wir „fit to use“ liefern. Um Synergien besser zu nutzen, wurde eine markenübergreifende Vorentwicklung geschaffen.

Aftermarket-Geschäft

Hier bietet die Reform der Gruppenfreistellungsverordnung in der EU, die mehr Wettbewerb in den Markt bringt, Chancen für weiteres Wachstum. Herausforderung und Perspektive für den Luk Aftermarket sind die Erschließung und der Aufbau funktionierender Distributions- und Servicestrukturen in den Wachstumsmärkten Asien und Osteuropa.

Corporate Branding der Schaeffler Gruppe

Im globalen Bewerbermanagement wächst die Bedeutung einer starken, eindeutig profilierten „Arbeitgebermarke". Da sich potenzielle Mitarbeiter bevorzugt für Unternehmen mit einem guten Ruf entscheiden, helfen starke Marken bei der Rekrutierung qualifizierten Fachpersonals. Auf Hochschulmessen oder Symposien nutzt die Schaeffler Gruppe ihre 3-Marken-Kombination mit dem Slogan „Gemeinsam bewegen wir die Welt". Die gelernten Markenkerne werden adaptiert und mit einer Schnittmenge die gemeinsame Dachmarke „Schaeffler Gruppe" aufgeladen. Große Bedeutung hat dabei ein stimmiges Unternehmensbild: Die Werte des Unternehmens müssen gelebt und glaubwürdig nach innen und außen transportiert werden.

Wesentliche Dimensionen der Marke „Schaeffler Gruppe" sind:

- **Innovationskraft:** Mit jährlich rund 400 Patenten und 1 000 neuen Produkten gehört die Schaeffler Gruppe in die Spitzengruppe deutscher Unternehmen. Weltweit 4 000 F&E-Mitarbeiter erarbeiten in enger Abstimmung mit dem Kunden neue zukunftsgerichtete Lösungen. Die Schaeffler Gruppe hält die Rechte an mehr als 12 000 Patenten.

- **Mitarbeiterorientierung:** Ebenso innovativ wie seine Produkte sind Prozesse, Organisationsstrukturen und die Personalpolitik des Unternehmens. Eine moderne, leistungsorientierte Personalpolitik sorgt für vielfältige Entwicklungschancen und eine hohe Identifikation der Mitarbeiter mit ihrem Unternehmen. Wesentliche Elemente der Führungskultur lauten „Vorleben" sowie „Fordern und fördern".

- **Globale Kundennähe:** Kundennähe heißt nicht nur regionale Präsenz, sondern auch die Nähe zu den Entwicklungsabteilungen unserer Kunden und das Kennen ihrer Wünsche. Die Schaeffler Gruppe ist heute mit weltweit rund 60 000 Mitarbeitern in ca. 50 Ländern an über 180 Standorten präsent. 2005 wurde ein Umsatz von knapp 8 Mrd. Euro erwirtschaftet.

- **Unternehmensform:** Als eines der größten im Privatbesitz befindlichen Industrie-Unternehmen Deutschlands prägen soziale Verantwortung und langfristiges Denken und Handeln das Unternehmen. Ein schlankes und effizientes Management sorgt überdies für weltweit schnelle Entscheidungen. Nahezu alle Gewinne werden reinvestiert.

Alle Dimensionen sind Bestandteil der speziellen Schaeffler Unternehmenskultur, die darüber hinaus geprägt ist von Tatkraft, Optimismus und dem Willen zum Erfolg.

Abb. 20: Broschüren der Schaeffler Gruppe. In Broschüren und Anzeigen vermitteln wir die Botschaft „Drei starke Marken für Ihren Erfolg". Mit den Führungsleitlinien, dem Code of Conduct und den Umweltleitlinien bekennt sich Schaeffler zu einer nachhaltigen, verantwortlichen Unternehmensführung.

Fazit

Die Schaeffler Gruppe verfügt über drei starke Marken für den Automotive-Bereich. Der Premium-Anspruch ist das Ergebnis von Innovationskraft, globaler Kundennähe und höchster Qualität in allen Produkten und Prozessen.

Der Strukturwandel in den Märkten erfordert die Kombination von Dimensionen einzelner Marken und die Nutzung von Synergien, um den Herausforderungen und wachsenden Ansprüchen der Kunden gerecht zu werden. Diese Synergien wollen wir auch zum Ausbau des Aftermarkets nutzen: drei leistungsstarke Marken für optimale Produkte. Mit dieser Botschaft eröffnen sich diesem Geschäftszweig auch durch das erweiterte Angebot zusätzliche Wachstumsperspektiven.

Mit dem Aufbau einer starken Unternehmensmarke Schaeffler Gruppe wollen wir insbesondere die Attraktivität für potenzielle Bewerber, unsere gesellschaftliche Verantwortung sowie Kundennähe dokumentieren: Gemeinsam bewegen wir die Welt – damit Sie die Welt bewegen.

Dr. Jürgen M. Geißinger

Vorsitzender der Geschäftsleitung, Schaeffler Gruppe

Dr. Jürgen M. Geißinger, geboren 1959, studierte Maschinenbauwesen an der Universität Stuttgart, wo er 1989 zum Dr.-Ing. promovierte. Seit 1985 war er wissenschaftlicher Mitarbeiter des Fraunhofer Instituts.

1991 begann er seine Industrielaufbahn bei der Heidelberger Druckmaschinen AG. 1992 wurde er Direktor Produktionstechnik bei der ITT Automotive, wo er 1994 die Leitung des Bereiches Elektronische Bremssysteme übernahm, bevor er 1996 zum Geschäftsführer für den Geschäftsbereich Bremssysteme bestellt wurde. Vor seinem Einstieg bei INA war er seit 1997 Vorsitzender der Geschäftsführung von ITT Industries Europe und Senior Vice President von ITT Automotive, Auburn Hills, mit weltweiter Verantwortung für den Geschäftsbereich Bremsen und Fahrwerktechnik.

Dr. Jürgen M. Geißinger wurde 1998 zum Vorsitzenden der Geschäftsleitung der Schaeffler Gruppe bestellt.

Kapitel 6

MAHLE – eine Marke im Wandel

Vom Komponentenhersteller zum weltweit führenden Systemlieferanten und Entwicklungspartner der internationalen Automobilindustrie

Prof. Dr.-Ing. Heinz K. Junker
Vorsitzender der Konzern-Geschäftsführung der MAHLE GmbH

Wer glaubt, etwas zu sein, hat aufgehört, etwas zu werden.

MAHLE – ein weltweit führendes Unternehmen der Automobil-Zulieferindustrie

MAHLE zählt zu den 50 größten unabhängigen Industrieunternehmen Deutschlands und ist als global aufgestellter Systemlieferant der Automobilindustrie einer deren weltweit 30 größten Zulieferer.

Im Kerngeschäftsfeld Verbrennungsmotor und dessen Peripherie produziert MAHLE heute eine größere Vielzahl an Komponenten und Systemen als jeder namhafte Motorenhersteller. Dies gilt sowohl für Pkw-Otto- und -Dieselmotoren, also auch für Nfz-Motoren und Großmotoren für stationäre oder maritime Anwendungen.

Diese Erkenntnis setzte sich sowohl unternehmensintern als auch extern nur langsam durch, da sich das frühere Umfeld stark gewandelt hat: Die Kommunikation war in der Vergangenheit durch Understatement geprägt, weil MAHLE kleiner war, die Märkte überschaubarer und der Kosten- und Wettbewerbsdruck geringer.

Wie in der gesamten Automobilindustrie vollzog sich auch bei MAHLE innerhalb von nur zehn Jahren ein rasanter Wandel. Der Umsatz hat sich mehr als verdreifacht und soll in Kürze die Fünf-Milliarden-Grenze überschreiten. Die Mitarbeiterzahl hat sich mehr als verdoppelt. Waren es Mitte der 90er Jahre noch ca. 25 Produktionsstandorte und ein Forschungs- und Entwicklungszentrum, engagieren sich heute weltweit rund 37 500 Mitarbeiter an 80 Produktionsstandorten und in sieben Forschungs- und Entwicklungszentren. Das Produktportfolio wurde durch strategische Akquisitionen ständig erweitert. Heute bedient MAHLE als Global Player alle namhaften Automobil- und Motorenhersteller der Welt und ist als kompetenter Systemlieferant bekannt und geschätzt.

Abb. 1: Die MAHLE Konzernzentrale in Stuttgart

Die Geschichte des Unternehmens, die Ursprünge der Marke

1920. Ingenieur Hellmuth Hirth, der erfolgreichste deutsche Pilot vor dem ersten Weltkrieg, möchte an seine Vorkriegserfolge anknüpfen. Doch in Deutschland ist der Bau von Flugzeugen verboten. Also nutzt Hirth seine Erfahrungen im Motorenbau und gründet eine kleine Werkstatt, in der er Zweitaktmotoren entwickelt und baut. An Ideen mangelt es ihm nicht – aber an betriebswirtschaftlichem Verständnis. Die mageren Ersparnisse schmelzen dahin. Deshalb holt sich Hirth zum 1. Dezember 1920 den Kaufmann Hermann Mahle in seinen Betrieb. Und: Die Werkstatt wird zum Unternehmen und heißt nun „Versuchsbau Hellmuth Hirth". Dieses Datum gilt als Geburtstag des heutigen MAHLE Konzerns.

Schnell ist klar, dass es gilt, einen Gewinn bringenden Produktionszweig aufzubauen. Und so beschließt man, Kolben aus Leichtmetall zu produzieren. Ende 1922 beschäftigt das Unternehmen – es firmiert jetzt unter „Leichtmetall-Werke G.m.b.H." – bereits mehr als 100 Mitarbeiter. Doch es gibt immer wieder technische Probleme. Deshalb bittet Hermann Mahle seinen Bruder Ernst als Ingenieur im Betrieb mitzuarbeiten. Neben Kolben sollen nun auch andere Produkte aus dem Werkstoff Elektron hergestellt werden. Daher wird der Betrieb 1924 in „Elektronmetall G.m.b.H." umbenannt.

In den Verbrennungsmotoren der Automobile werden damals Kolben aus schwerem Grauguss eingesetzt. Trotz technischer Schwierigkeiten wie Kolbenklappern und -fressen und einer übermächtigen amerikanischen Konkurrenz, die Graugusskolben bevorzugt, geben die Brüder Mahle nicht auf. Um Schmutz und Staub fernzuhalten, entwickeln sie schließlich Luft- und Ölfilter und legen damit den Grundstein zum Systemlieferanten. Und ihre Beharrlichkeit zahlt sich aus: Der Siegeszug der Leichtmetallkolben beginnt. 1927 präsentiert das Unternehmen den ersten Regelkolben in Deutschland, 1931 den ersten Aluminium-Ringträgerkolben für Dieselmotoren der Welt.

Abb. 2: Der erste Aluminium-Ringträgerkolben für Dieselmotoren

Die Geburtsstunde der Marke MAHLE

1933 werden die Brüder Mahle alleinige Gesellschafter des Unternehmens mit inzwischen 220 Mitarbeitern und vier Geschäftsfeldern: Druckguss, Flugzeugräder, Filter und Kolben. 1938 schließlich wird das Unternehmen in die MAHLE KG umgewandelt und das bis heute in nahezu unveränderter Form erhaltene Logo eingeführt: Die Marke MAHLE ist geboren.

Abb. 3: MAHLE Anzeige aus den 30er Jahren

Der Nationalsozialismus und der Zweite Weltkrieg wirken sich auch auf MAHLE aus. Flugzeuge, Autos und Nutzfahrzeuge werden jetzt in erster Linie zur militärischen Verwendung gebaut. Und so wird das Unternehmen aufgrund seiner Produktpalette zum Zulieferer für die Rüstungsindustrie. Innerhalb von zehn Jahren steigt die Zahl der Mitarbeiter auf über 6 000.

Nach dem Zweiten Weltkrieg sind 60 Prozent der Unternehmenssubstanz verloren. MAHLE muss auf die Fabrikation anderer Produkte und die Herstellung von Kolben für Motorenreparaturen ausweichen. Doch schon bald schmieden die Brüder Mahle neue unternehmerische Pläne. Anfang der 50er Jahre zieht Ernst Mahle mit seiner Familie nach Brasilien und gründet dort eine Kolbenfabrikation, die sich rasch zum größten Kolbenhersteller in Südamerika entwickelt.

In Deutschland bringt der Wirtschaftsaufschwung neue Herausforderungen. Kleine Motoren mit höherer Motorleistung sind gefragt. MAHLE zeigt sich den Anforderungen der Automobilindustrie gewachsen und entwickelt neue Produkte wie zum Beispiel den AUTOTHERMIK®-Vollschaftkolben oder den CROMAL®-Leichtmetallzylinder, der die Motorleistung deutlich steigert und sich deshalb schnell durchsetzen kann. Das Unternehmen geht auf Expansionskurs.

Vom schwäbischen Unternehmen zum Global Player – vom Komponentenhersteller zum Systemlieferanten und Entwicklungspartner der Automobilindustrie

Nach der Gründung neuer Standorte in Deutschland, Frankreich und Österreich stehen die 70er und 80er Jahre ganz im Zeichen des internationalen Wachstums – lange bevor „Globalisierung“ zum Schlagwort wird. Auf Kooperationen und Beteiligungen in Europa und den USA folgen Neugründungen und Übernahmen in Südamerika. Das Produktportfolio wird erweitert; die Mitarbeiterzahl mehr als verdoppelt. Ab der Jahrtausendwende wird durch Akquisitionen auch die Präsenz im asiatischen Raum gestärkt. So entwickelt sich MAHLE von einer kleinen Werkstatt zu einem weltweit aktiven Unternehmen mit stabilem Fundament.

Dieser Erfolg ist nur möglich, da MAHLE dem Motto seiner Firmengründer stets treu bleibt – „Gutes immer noch besser zu machen“. Seit der Firmengründung entwickeln MAHLE Ingenieure im Laufe der Jahrzehnte zahlreiche Produktinnovationen, die den modernen Verbrennungsmotor von heute erst Wirklichkeit haben werden lassen.

So präsentiert das Unternehmen immer wieder zahlreiche Produktneu- und -weiterentwicklungen, wie zum Beispiel 1976 die ersten europäischen Aluminium-Motorblöcke aus übereutektischer Legierung oder die ersten Kolben aus Gusseisen mit Kugelgrafit für Lkw-Dieselmotoren. 1988 wird die gebaute Nockenwelle zur Serienreife entwickelt und 2000 ein revolutionäres Kühlkonzept für Kolben hochdrehender Pkw-Dieselmotoren präsentiert. 2002 folgen als weitere Meilensteine die Vorstellung des weltweit ersten Vollkunststoff-Ölfilters und das mit dem Stahl-Innovationspreis ausgezeichnete Leichtbauventil.

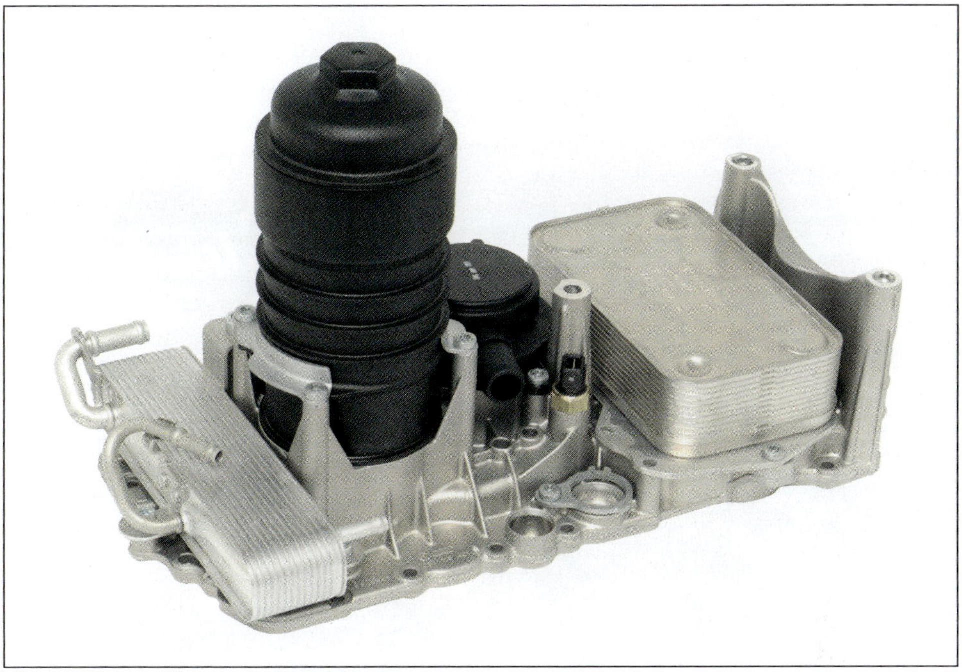

Abb. 4: MAHLE Vollkunststoff-Ölfilter

Schon seit den 90er Jahren begegnet MAHLE der Globalisierung und fortschreitenden Konzentration der Fahrzeugindustrie mit dem großen Schritt vom Komponentenhersteller zum Entwicklungspartner für Systeme und Module. Und um das Systemverständnis und Know-how für den Gesamtmotor zu demonstrieren, entwickelt MAHLE 2003 den ersten eigenen Komplettmotor. Der in seiner Gesamtarchitektur völlig neue, hochdrehende Dreizylinder-Viertakt-Reihenmotor in Aluminiumbauweise wird speziell für die Formula SAE (Society of Automotive Engineers), eine Rennformel für angehende Ingenieure des Fahrzeug- und Motorenbaus, entwickelt. 2004 erwirbt MAHLE Cosworth Technology – heute MAHLE Powertrain –, um langfristig einen weiteren Baustein für die Unternehmensentwicklung hin zum Systemlieferanten für Motortechnologie und -systeme zu legen.

Abb. 5: Der erste MAHLE Komplettmotor

MAHLE war und ist immer Vorreiter, wenn es um technologische Innovationen rund um den Verbrennungsmotor geht. Von den ersten verschleißfesten Leichtmetallkolben für Otto- und später auch für Dieselmotoren über Schleuderguss-Zylinderlaufbuchsen, gebaute Nockenwellen, Öko-Filtersysteme bis zu den heutigen komplexen Systemen für die gesamte Medienversorgung, Power Cell Units, komplett montierten Zylinderköpfen – und neuerdings sogar bis zur Komplettmotor-Montage.

Heute arbeiten ca. 2 000 Ingenieure in den sieben Forschungs- und Entwicklungszentren des Konzerns: in Stuttgart, Northampton, Detroit (Farmington Hills und Novi), São Paulo, Tokio und Shanghai. Diese Entwicklungsstandorte agieren als Kompetenzzentren und arbeiten eng vernetzt an neuen, globalen Aufgabenstellungen, um Kunden weltweit immer wieder neue Lösungsansätze für zunehmend schwierigere Problemstellungen im Hinblick auf Verbrauchs- und Abgasreduzierung und verlängerte Lebensdauer anbieten zu können.

Beispiele für die Innovationskraft sind neu entwickelte Kolbengenerationen, um die Leistung und den Kraftstoffverbrauch zu optimieren. Durch neuartige Aluminiumlegierungen, Verbundmaterialien und den gezielten Einsatz von Stahl bei gleichzeitig optimiertem Kolbengewicht können konstruktive Vorteile erzielt werden, die einen insgesamt optimierten Verbrennungsprozess ermöglichen.

Zur variablen Steuerung des Ladungswechsels hat MAHLE ein neues Lufttaktsystem entwickelt. Die variable Steuerung senkt zum einen den Kraftstoffverbrauch und ermöglicht zum anderen eine wesentliche Drehmomentanhebung vor allem im niedrigen Drehzahlbereich.

Ein neu entwickeltes, mechanisch vollvariables Ventiltriebsystem zur drosselfreien Laststeuerung von Ottomotoren senkt den Kraftstoffverbrauch, reduziert die Schadstoffemission und verbessert das Drehmoment signifikant.

Themen wie variable Ventilsteuerzeiten, Entdrosselung, Emissionsminderung, Downsizing und Reibleistungsminderung sind zukunftsweisende Entwicklungsschwerpunkte bei MAHLE.

Unternehmer mit Weitblick und Vision – die Geburtsstunde der MAHLE-STIFTUNG

Als es in den 60er Jahren für Hermann und Ernst Mahle Zeit wird, ihre Nachfolge zu regeln, halten sie sich an die Prämisse ihres Lebens: „Das Wichtigste ist die Firma." Auch nach ihrem Ausscheiden soll eine Zersplitterung vermieden und Kontinuität sichergestellt werden. Und weil sie sich zudem einer sozialen Verantwortung bewusst sind, beschließen sie, Gemeinwohl vor Eigennutz zu stellen, auf ihr Privateigentum am Unternehmen zu verzichten und dieses in eine gemeinnützige Stiftung einzubringen. Zu den herausragenden Leistungen der MAHLE-STIFTUNG gehört die Errichtung eines anthroposophisch ausgerichteten Krankenhauses: 1975 wird die Filderklinik in Filderstadt-Bonlanden bei Stuttgart eröffnet, deren Betrieb, Ausbau und Modernisierung bis heute durch die MAHLE-STIFTUNG gefördert werden. Aber auch die Waldorfpädagogik, der ökologische Landbau – zum Beispiel in der Saatgutforschung – oder Forschungsvorhaben der privaten Universitätsklinik Witten/Herdecke werden unter anderem durch die MAHLE-STIFTUNG unterstützt.

Diese Entscheidung der Brüder Mahle trägt wesentlich dazu bei, dass die Firma MAHLE heute mit ihrer Gesellschaftsform als GmbH für die Muttergesellschaft und einer Eigenkapitalquote von über 40 Prozent im Konzern ihre Zukunft freier planen kann als börsenorientierte Unternehmen und MAHLE vom Auf und Ab der Aktienmärkte nur indirekt beeinflusst wird.

Abb. 6: Die aus Mitteln der MAHLE-STIFTUNG errichtete Filderklinik in Filderstadt-Bonlanden bei Stuttgart

MAHLE von den Anfängen bis heute

1920 bis 1922	Versuchsbau Hellmuth Hirth
1922 bis 1924	Leichtmetall-Werke G.m.b.H.
1924 bis 1938	Elektronmetall G.m.b.H.
1938 bis 1964	MAHLE KG
1964 bis heute	MAHLE GmbH

Die Bedeutung der Marke für Industrieunternehmen steigt

In B2B-Märkten sind Unternehmen und Marke kaum zu trennen. Die Unternehmensleistungen prägen dabei die Marke genauso wie der direkte Kontakt mit externen Partnern. Doch gerade die Unternehmensleistungen sind im Umbruch: Spätestens seit Anfang der 90er Jahre geht es nicht mehr darum, wer welches Produkt an die Automobilhersteller liefern kann. Zukunftsfähige Zulieferunternehmen wandeln sich vielmehr vom Komponentenhersteller zum Systemlieferanten und Entwicklungspartner der Automobilhersteller. Entsprechend steigt ihre Bedeutung bei der Fahrzeugentwicklung und -produktion.

Die Anforderungen der Automobilindustrie an die Zulieferer steigen weiter. Auf der Tagesordnung sind zum Beispiel der Einsatz neuer Werkstoffe und fertigungstechnologische Innovationen sowie neue Konzepte – vor allem Leichtbaukonzepte und kostengünstigere Verfahren. Dem Einsatz von Aluminium und Kunststoffen stehen große Fortschritte im Stahlleichtbau gegenüber. Und um Komplexität und Kosten zu reduzieren, werden die Grenzen von Modulen und Systemen neu definiert. All dies verändert die Unternehmen der Automobil-Zulieferindustrie nachhaltig und beschleunigt den Globalisierungs- und Konzentrationsprozess weiter.

Dieser Wandel findet seinen Niederschlag auch im Bereich der Markenführung. Werte wie Vertrauen und Zuverlässigkeit rücken immer mehr in den Vordergrund. So genannte weiche Faktoren wie Innovationskraft, Dynamik und Engagement werden noch wichtiger. Das Markenimage und eine klare Markenpositionierung gewinnen auch in der Automobil-Zulieferindustrie immer mehr an Gewicht. Bei MAHLE hat man dies rechtzeitig erkannt: Vor knapp zehn Jahren wird das erste weltweite Corporate Design eingeführt. Damals agieren die drei Unternehmensbereiche (Kolben und Motorkomponenten, Filtersysteme und Ventiltriebsysteme) weitgehend selbstständig und unabhängig voneinander; zum Teil auch mit eigenen Marken. Ziel der Einführung des Corporate Designs 1999 ist es, die drei Unternehmensbereiche unter dem Dach der Marke MAHLE zusammenzuführen, ihnen aber dennoch ein hohes Maß an Eigenständigkeit zu belassen. Dies geschieht über eine farbliche und symbolische Kennung der einzelnen Unternehmensbereiche. Im Zuge der Einführung des Corporate Designs und dessen Weiterentwicklung wird MAHLE ein fester Bestandteil in der Firmierung aller weltweiten Tochterunternehmen, die mehrheitlich von MAHLE geführt werden.

MAHLE

Abb. 7: Jeder Unternehmensbereich erhält ein eigenes Piktogramm in einer unterschiedlichen Farbe, immer in Verbindung mit dem MAHLE Logo.

2003 wird das Corporate Design modernisiert. Von da an steht die Kommunikation der Gesamtlösungskompetenz im Fokus. Alle Unternehmensbereiche werden einheitlich unter der Marke MAHLE kommuniziert. Die farbliche und symbolische Trennung der Unternehmensbereiche wird aufgehoben.

MAHLE

KOLBEN UND MOTORKOMPONENTEN
FILTERSYSTEME VENTILTRIEBSYSTEME

Abb. 8: Jeder Unternehmensbereich kommuniziert jetzt mit der Marke MAHLE, und zur Kommunikation der Gesamtlösungskompetenz wird das Produktspektrum unter dem Logo kommuniziert.

2005 erfolgt dann die Umsetzung des heutigen Corporate Designs. Mehr hierzu unter „Driven by performance" – neues Corporate Design mit Slogan und neuem Markenauftritt.

Die Welt im Umbruch – Markenkommunikation setzt Zeichen

Was sich vor zehn Jahren bereits abzeichnet, wird in den vergangenen Jahren noch relevanter: Markenkommunikation gewinnt für Industrieunternehmen weiter an Bedeutung. Immer komplexere und größere Zusammenhänge in den Unternehmen und Märkten erfordern mehr und mehr den Einsatz von Markenkonzepten, die nach außen differenzierend und nach innen integrierend wirken.

Diese Entwicklung ist kein Zufall, liegen ihr doch grundsätzliche Umwälzungen zu Grunde. Über lange Jahre hinweg eingeübte Spielregeln gelten teilweise nicht mehr, wandeln sich – und der Ausgang ist auch heute oft noch offen. Gestern noch routiniert zum Einsatz gebrachte Prinzipien der Unternehmensführung müssen zum Teil auf den Prüfstand gestellt werden, und lange verlässlich eingesetzte Strategien werden den Herausforderungen der Märkte oft nicht mehr gerecht.

Die weiter ansteigende Globalisierung und die Deregulierung von Industrien und wirtschaftlichen Zusammenhängen führen in einzelnen Märkten zu tief greifenden Veränderungen. Diese erschweren die Orientierung nach bisherigen Erfahrungsmustern. Sowohl im Markt bei der Beurteilung von Angebot und Leistung als auch in den Unternehmen.

Genau darin liegen die Gründe für die weiter gestiegene Bedeutung von Marken für Industrieunternehmen. Denn so kann die Orientierung erleichtert und damit neues Vertrauen geschaffen werden.

Die Herausforderung liegt darin, ein übergreifendes und umfassendes Markenbild zu zeichnen. Ein Markenbild, das das Wesen des Unternehmens abbildet und eine glaubwürdige und verlässliche Zukunftsperspektive des Unternehmens liefert. In Zeiten des Wandels bietet die Marke so Stabilität, Vertrauen und Orientierung. Und als Vorwegnahme des künftigen Wegs macht sie Unternehmensstrategien konkret sichtbar.

Aus diesen Gründen bewegt sich der Schwerpunkt der Markenpositionierung immer weiter von der Produktebene weg hin zur Unternehmensebene. Ist früher im Bereich Marke und Marketing oft eine einseitige Konzentration auf Absatzstrategien und -ziele zu beobachten, greift heute – vor dem Hintergrund der beschriebenen drastischen Veränderungen – verstärkt die Einsicht, dass eine bei allen Kommunikationsmaßnahmen weltweit gültige Positionierung auf Basis eines verbindlichen Markenkerns für den künftigen Unternehmenserfolg unerlässlich ist.

Dies trifft auch auf MAHLE zu. Mit der fortschreitenden Globalisierung ändern sich die Anforderungen an den Konzern noch weiter. Die Welt und ihre Märkte rücken noch enger zusammen, auch unsere Kunden stellen sich kontinentübergreifend auf und arbeiten an Weltplattformen und -motoren. Und: Aus einem schwäbischen Unternehmen ist ein international führender Konzern entstanden. MAHLE ist zu einem Global Player, einem weltweit agierenden Systemlieferanten mit marktsegmentführenden Kompetenzen gewachsen. Durch die Erweiterung des Kolben- und Motorenteile-Segments, durch die Ventiltriebfertigung und Filtersystemfertigung produziert MAHLE nunmehr die wesentlichen Kernfunktionen eines Verbrennungsmotors und dessen Peripherie aus einer Hand. Aus einem spezialisierten Komponentenhersteller ist ein Unternehmen mit übergreifender Systemlösungskompetenz entstanden, das heute in der Lage wäre, Komplettmotoren zu entwickeln und auch zu produzieren.

Um dem rasanten Wandel zu begegnen, müssen die Strukturen des MAHLE Konzerns und sein Erscheinungsbild in der Öffentlichkeit angepasst und eine weltweit gültige Positionierung entwickelt werden. Dies geschieht in mehreren Stufen, die teilweise parallel umgesetzt werden:

- Der Konzern wird neu strukturiert.
- Die Konzern-Geschäftsführung initiiert das Projekt „Branding und Family Spirit“.
- Ein neues Corporate Design und ein neuer Markenauftritt mit Slogan werden entwickelt.

Mit neuer Konzernstruktur in die Zukunft

Anfang 2004 wird eine grundlegende Umstrukturierung der Konzernorganisation durchgeführt, die folgende Anforderungen erfüllen muss:

- globale statt regionale Gliederung der Unternehmensbereiche,
- kundenbezogene, weltweite Bündelung der Vertriebsaktivitäten,
- Orientierung der Abläufe an Produktlinien und Vertriebsstrukturen und nicht an rechtlichen Grenzen der Konzerngesellschaften.

Die drei bisher dezentral geführten Unternehmensbereiche mit getrennten regionalen Marktverantwortlichkeiten werden abgelöst durch fünf global aufgestellte OE-Produktlinien (Kolbensysteme, Zylinderkomponenten, Ventiltriebsysteme, Luftmanagement-Systeme und Flüssigkeitsmanagement-Systeme). Alle Produkte und Leistungen werden über den Vertrieb mittels einer kundenorientierten Key-Account-Struktur vertrieben. Daneben angeordnete Profit Center bedienen den Kfz-Ersatzteilmarkt sowie den Markt für Kleinmotoren- und Großmotoren-Komponenten, Motorsport und Industriefiltration.

Diese neue Struktur bildet die Grundlage für eine verbesserte Kundenorientierung, für mehr Effizienz im Unternehmen und festigt so unsere Position im Markt auch für künftige Herausforderungen.

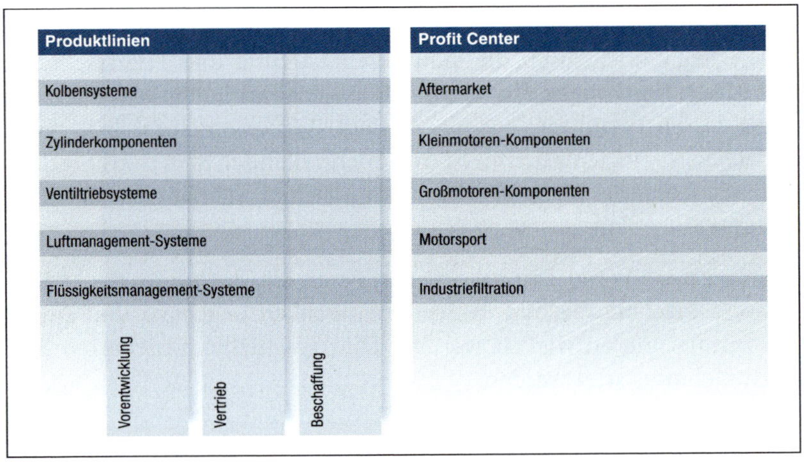

Abb. 9: Die neue MAHLE Konzernstruktur

Das Projekt „Branding und Family Spirit"

Durch zahlreiche weltweite Akquisitionen wächst die MAHLE Familie zunehmend, und das Produktportfolio erweitert sich stetig. Deshalb initiiert die Konzern-Geschäftsführung das Projekt „Branding und Family Spirit". Es werden Einzelinterviews mit einer repräsentativen Anzahl von Mitarbeitern geführt, Kundenbefragungen analysiert, der Wettbewerb unter die Lupe genommen und Workshops durchgeführt. Der Prozess zeigt konkrete Handlungsfelder auf:

- MAHLE ist in vielen Produktbereichen Marktführer. Allerdings hat sich das Unternehmen in den letzten fünf Jahren stärker gewandelt als in den 50 Jahren zuvor. Das neue MAHLE Markenprofil in den Köpfen der Kunden weiter zu verankern stellt sich als eine der Hauptaufgaben für die Zukunft heraus.
- Angesichts des rasanten Wachstums ist auch Handlungsbedarf bei den Mitarbeitern entstanden: Bedingt durch die zahlreichen Akquisitionen müssen alle Unternehmenskulturen unter einem Dach zusammengeführt werden. Das internationale Verständnis und die internationale Zusammenarbeit müssen weiter wachsen.

Es müssen also nicht nur das Branding – die Marke – definiert werden, sondern auch Maßnahmen für die Entwicklung eines Family Spirits – eines Zusammengehörigkeitsgefühls.

Beide Begriffe plakativ und allgemein verständlich zu erklären, erleichtert die zu bewältigende Aufgabe:

- Branding ist das, was Menschen denken und fühlen, wenn sie eine Marke sehen, lesen oder hören.
- Familiy Spirit entsteht durch Mitarbeiter, die stolz sind, bei MAHLE zu arbeiten und in Teams Projekte voranzutreiben.

Branding und Family Spirit werden also voneinander gespeist. Nur ein gut entwickelter Family Spirit macht ein starkes Branding – eine starke Marke – möglich. Nur was innen gelebt wird, wirkt glaubwürdig nach außen. Und: Ist es früher wichtig, die Identität der einzelnen Unternehmensbereiche zu wahren, muss heute – alleine schon aufgrund der veränderten Anforderungen des Marktes – ein neuer, gemeinsamer Family Spirit etabliert werden. Es geht also um Corporate Branding. Am Ende des Projekts steht – auf Basis der gewonnenen Erkenntnisse – die Formulierung der weltweit gültigen Markenwerte von MAHLE.

Die MAHLE Markenwerte

MAHLE steht weltweit für Leistung, Präzision und Leidenschaft. Stets sind es Menschen, die MAHLE als Marke lebendig machen und ihr Kraft verleihen: Verlässlich, intelligent und engagiert treiben sie Innovationen voran. Auf diesen Kernwerten basiert der weltweit wachsende Family Spirit, den jeder spürt, wenn er mit den Menschen bei MAHLE in Kontakt kommt, wenn er die Produkte, Systeme und Leistungen in Anspruch nimmt und gemeinsam mit MAHLE neue Entwicklungsprojekte erfolgreich vorantreibt. Durch den persönlichen Einsatz eines jeden Mitarbeiters auf Grundlage dieser Werte gewinnt die Marke MAHLE insgesamt an Identität, Profil und Wert.

„Driven by performance" – neues Corporate Design mit Slogan und neuem Markenauftritt

Um die Gesamtlösungskompetenz von MAHLE im Markt klar und deutlich zu kommunizieren, wird ein geschlossener, eindeutiger und einheitlicher Markenauftritt mit Slogan und einem einheitlichen Corporate Design realisiert. Erstes Ziel ist, die Kompetenz und die Ausstrahlung der Marke weltweit zu stärken und MAHLE noch deutlicher als Technologieführer und Leistungsträger zu positionieren.

„Driven by performance" – mit diesem Slogan sendet MAHLE eine markante Botschaft, die in den unterschiedlichsten Märkten allgemein verständlich ist. „Driven by performance" macht klar, dass Leistung für MAHLE Mitarbeiter die treibende Kraft, Motivation und der innere Antrieb ist, um für Kunden weltweit mehr zu bewegen und ihnen Mehrwerte zu bieten. Zugleich schwingen im Begriff „driven" die Bedeutungen „Fahren" wie auch „Antrieb" mit. Schlüsselworte für die Bereiche, in denen MAHLE führend ist und mehr „performance" rund um den Motor bietet. Der Slogan steckt damit unsere Kernkompetenzen ab und bildet die Speerspitze der Kommunikation, mit der MAHLE erfolgreich am Markt agiert. Gemeinsam mit dem MAHLE Schriftzug, der seit Gründung der MAHLE KG im Jahr 1938 in nahezu unveränderter Form das Erscheinungsbild des Unternehmens prägt, bildet der Slogan eine kraftvolle, dynamische Wortmarke. Mit dem sich daraus ergebenden neuen Gestaltungsauftritt setzt MAHLE Zeichen für den Erfolg am Markt.

Im neuen Markenauftritt werden unter anderem Produktlinienbroschüren, Image- und Fachanzeigen, der Internetauftritt sowie die Umwerbung der wichtigen weltweiten Automobilmessen realisiert. Die Umsetzung des neuen Corporate Designs wird im Unternehmen aktiv vorangetrieben und mit hohem persönlichem Engagement – „Driven by performance" – wird der Wert der Marke MAHLE weiter ausgebaut.

MAHLE

Driven by performance

Abb. 10: Das MAHLE Logo mit Slogan

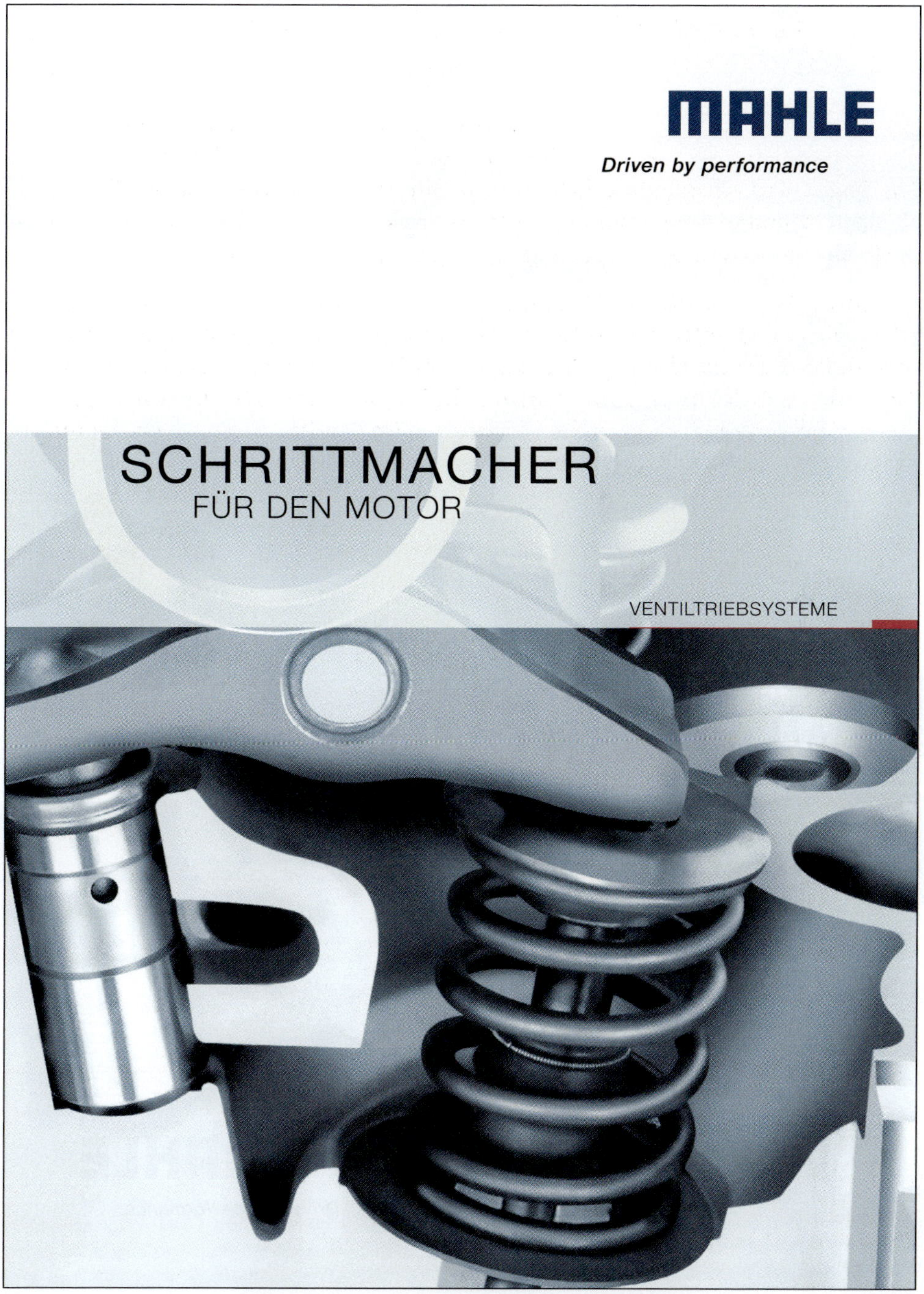

Abb. 11: Titelseite einer Produktlinienbroschüre

Abb. 12: Beispiel einer Imageanzeige

Zusammenarbeit – global, menschlich, kommunikativ

Seinen Erfolg verdankt MAHLE insbesondere dem Engagement seiner Mitarbeiter auf der ganzen Welt. Für alle sind die weltumspannende Zusammenarbeit, die gelebte Internationalisierung nach innen, gegenüber Kunden und Lieferanten jeden Tag aufs Neue eine spannende Herausforderung. Die Führungskräfte und Mitarbeiter leisten für die Umsetzung der Unternehmensstrategie und die Bewältigung der notwendigen Entwicklungs- und Anpassungsmaßnahmen einen wichtigen Beitrag. Engagierte Fachleute aus allen Funktionsbereichen tragen dazu bei, unsere herausragende Marktstellung und Technologieführerschaft auch für die Zukunft weiter zu festigen.

Für die Bewältigung der Zukunftsaufgaben ist unsere Konzernorganisation in fachübergreifenden Prozessen vernetzt und mit modernen Steuerungsinstrumenten ausgestattet.

Die technischen Grundlagen für eine Konzernorganisation mit ausgeprägten globalen Aktivitäten sind in den vergangenen Jahren geschaffen worden. Aber nicht nur auf diesem Gebiet, auch in der Orientierung unserer Mitarbeiter haben wir große Anstrengungen unternommen, um dadurch die Leistungsbereitschaft der Mitarbeiter und die Dynamik der gesamten Organisation zu fördern. Dies geht einher mit einem mitarbeiter- und zielorientierten Führungsstil, leistungsfördernden Vergütungs- und flexiblen Arbeitszeitsystemen, Teamarbeit sowie großen Entscheidungsfreiräumen, die die Motivation unserer Mitarbeiter steigern, ihr Bestes zu geben: positives Denken, Eigeninitiative und das Plus an Engagement, das Kunden von uns erwarten. Denn letztlich sind es immer die Menschen, die den internationalen Geist von MAHLE wachsen lassen. In gut ausgebildeten Mitarbeitern steckt unser größtes Potenzial. Ihre überdurchschnittliche Leistungsbereitschaft, ihr fachliches Können und ihre kommunikative Kompetenz für die engagierte Zusammenarbeit in länderübergreifenden Projekten und Kooperationen sind die treibenden Kräfte für unsere weltweiten Erfolge. Deshalb fördern wir die Qualifikation unserer Mitarbeiter für die Zusammenarbeit auf allen Ebenen. Zum Beispiel durch verstärkte Trainings, die interkulturelles Verständnis vermitteln. Eine zielgerichtete Steuerung der Weiterbildung in Fach- und Führungsthemen stellen wir durch Mitarbeiterjahresgespräche und durch systematische Erhebung des Qualifizierungsbedarfs sicher.

Kommunikation und Kooperation weltweit

Unsere globalen Strukturen benötigen globale Informationsnetze. Von der Steuerung des Vertriebs über die weltweite Zusammenarbeit im Produktentstehungsprozess bis hin zu einer aktiven Kommunikationspolitik durch unsere Mitarbeiterzeitung „MAHLE global". Sie lässt Menschen, die für MAHLE über den ganzen Erdball verstreut arbeiten, näher zusammenrücken. In den Redaktionen der Regionalausgaben für Nord- und Südamerika und der Landesausgaben in Frankreich, Spanien, Polen, aber auch bereits in Japan und China, arbeiten Mitarbeiterinnen und Mitarbeiter begeistert mit. Heute sind unsere Mitarbeiter durch den weltweiten Austausch von Informationen besser über das Konzerngeschehen informiert als jemals zuvor. Wissen und Wissensmanagement werden immer mehr zum Schlüsselfaktor des Erfolgs. Alle unsere Mitarbeiter sind deshalb durch ein weltweit zugängliches Intranet vernetzt, das als Instrument für die internationale Projektarbeit genutzt wird. Dort ist u. a. auch unsere Informations- und Arbeitsplattform „Expert“ eingerichtet, die es ermöglicht, auf Expertenwissen innerhalb des Konzerns zuzugreifen und sich untereinander zu vernetzen. Für unsere internationale Wettbewerbsfähigkeit sind der länderübergreifende Kontakt und die intensive Zusammenarbeit unserer Mitarbeiter von immer größerem Stellenwert. Deshalb haben wir 2005 in enger Zusammenarbeit mit den Personalverantwortlichen der Weltregionen eine konzernweite Richtlinie für die Ausgestaltung des internationalen Personalaustauschs verabschiedet. Der erfolgreiche Ausbau unserer Aktivitäten im asiatischen Raum hat gezeigt, wie wichtig die Präsenz, die persönlichen Beziehungen und der Austausch von Erfahrungen innerhalb der besonderen wirtschaftlichen und kulturellen Rahmenbedingungen dieser Länder sind.

global.

ZEITUNG FÜR DIE MITARBEITER DES MAHLE KONZERNS

MAHLE

Driven by performance

INVESTITIONEN IN DIE ZUKUNFT

Insgesamt 31,5 Millionen Euro investiert die MAHLE GmbH 2006 in Innovationen, Rationalisierungen und Industrialisierungen neuer Produkte und leistet damit einen wichtigen Beitrag für die Zukunftssicherung am Standort Deutschland. Mehr dazu lesen Sie auf Seite 5.

TECHNIKTAG IN WOLFSBURG

Mehr als hundert VW-Mitarbeiter der Entwicklung nutzten den Techniktag, um sich über MAHLE und unsere System- und Entwicklungskompetenz im Umgang mit Common-Rail-Neuentwicklungen zu informieren. Mehr zu der Veranstaltung schildern wir Ihnen auf Seite 8.

INNENRAUMLUFTFILTER – DER GESUNDHEIT ZULIEBE

Innenraumluftfilter schützen vor allergischen Reaktionen sowie Abgasbelastung. Außerdem verbessern sie den Wirkungsgrad von Klimaanlagen. Über die Unterschiede zwischen einfachen Partikelfiltern und MAHLE Kombifiltern mit Aktivkohleschicht informieren wir Sie auf Seite 12.

ZWEITE MONOTHERM-BEARBEITUNGSREIHE

Das Werk Rottweil verfügt seit Februar über zwei vollautomatisierte Fertigungslinien zur Herstellung von MONOTHERM®-Kolben. Bereits im zweiten Monat nach Inbetriebnahme wurde ein Nutzungsgrad von 80 Prozent erreicht. Mehr über den Projektverlauf auf Seite 15.

JOB-MARKET JETZT IM INTRANET

Der neue MAHLE Online-Job-Market bietet allen Mitarbeitern die Möglichkeit, sich im Intranet über freie Stellen anderer Standorte des MAHLE Konzerns in Europa oder Amerika zu informieren. Mehr dazu auf Seite 17.

ERA TRANSPARENT – VERGLEICH DER TARIFGEBIETE

Mit dem Entgeltrahmentarifvertrag ERA werden für die Metall- und Elektroindustrie – und damit auch für die deutschen MAHLE Standorte – neue tarifliche Regelungen zum Entgelt eingeführt. Über die wesentlichen Gemeinsamkeiten und Unterschiede informieren wir Sie auf Seite 20.

SPITZEN-PERFORMANCE MIT MAHLE KOLBEN

Nach den Formel-1-Auftaktrennen in Bahrain und Malaysia berichteten die diversen Medien ausführlich über Motor- und speziell Kolbenprobleme bei Ferrari. In diesem Zusammenhang wurde auch häufig der Name MAHLE erwähnt – und leider vieles falsch dargestellt.

STUTTGART – In der Tat gab es vereinzelt Probleme an unseren Kolben. Diese wurden jedoch nicht durch Material- oder Qualitätsmängel verursacht, sondern durch diverse, von Ferrari kurz vor dem Saisonstart veränderte Prozeduren, auf die aus Gründen der Vertraulichkeit nicht näher eingegangen werden kann.

Die Ursachenfindung nahm bei Ferrari einige Zeit in Anspruch, und so wurde beispielsweise der Motor von Michael Schumacher in Malaysia nach dem Qualifying sicherheitshalber gewechselt – unnötigerweise, wie sich später herausstellte, als man das gebrauchte Triebwerk bei nachfolgenden Tests problemlos auf die gewünschte Laufzeit von 1.400 km gebracht hatte. Auch beim Grand Prix in Australien ging Ferrari sehr vorsichtig mit reduzierten Drehzahlen an den Start – und hatte sich dazu noch mit der Reifenwahl verkalkuliert, so dass auch hier kein gutes Ergebnis herausgefahren werden konnte.

Im Hintergrund entwickelten Ferrari und MAHLE Motorsport gemeinsam die ohnehin für Imola geplante Motorausbaustufe weiter und erprobten sie. Denn auch bei Ferrari war intern klar, dass die Kolbenschäden auf die veränderte Nutzung des Motors zurückzuführen waren und nicht auf Probleme am Bauteil selbst.

Mit den Siegen von Michael Schumacher in Imola und am Nürburgring – nicht zuletzt dank dieser Ausbaustufe des Motors – wurde eindrucksvoll der Beweis erbracht, dass MAHLE Produkte, bei enger Abstimmung und gemeinsamen Entwicklungszielen, für Top-Performance und exzellente Dauerhaltbarkeit stehen.

Fred Türk – Fellbach

Hier die Übersetzung der Grußkarte von Jean Todt: Lieber Fred, vielen Dank für Ihre freundliche Nachricht nach unserem Erfolg beim letzten Rennen in San Marino. Wir können Ihnen fest versichern, in dieser Richtung weiterzumachen. Mit freundlichen Grüßen Jean Todt P.S. Unterstützen Sie weiterhin Ferrari!

LIEBE MITARBEITERINNEN UND MITARBEITER,

In der MAHLE Global vom September 2005 haben wir über den neuen Slogan „Driven by Performance“ und die dahinter stehende Philosophie berichtet. Die MAHLE Mission knüpft an diese Aufforderung an und soll zum Einsatz aller verfügbaren Kräfte und Energien für das Unternehmen motivieren. Als Zusammenfassung unserer gemeinsamen Ziele, Überzeugungen und Werte ist sie darauf ausgelegt, einen übergeordneten Rahmen für die Entwicklung unserer Organisation und die tägliche Zusammenarbeit mit unseren Kunden, Lieferanten und Kooperationspartnern sowie den Mitarbeiterinnen und Mitarbeitern untereinander zu bilden.

Warum brauchen wir einen solchen Orientierungsrahmen? MAHLE ist mit seinen Forschungs- und Entwicklungseinrichtungen, Produktionsstätten und Produkten auf allen fünf Kontinenten vertreten. Der MAHLE Konzern ist in den letzten Jahren stetig und beachtlich gewachsen. Ein wichtiger Teil dieses Wachstums wurde durch den Erwerb anderer Unternehmen erzielt und ergänzte so den Ausbau unserer Aktivitäten in angestammten Geschäftsfeldern. Auch in Zukunft werden wir entsprechend unserer strategischen Positionierung weiter wachsen – sowohl organisch als auch durch Zukäufe.

Die MAHLE Mission soll für die zukünftige Unternehmensentwicklung und die notwendigen Integrationsprozesse eine gemeinsame Plattform von Grundwerten zur Verfügung stellen, mit der sich alle Mitarbeiterinnen und Mitarbeiter des Unternehmens identifizieren können, und die uns den Weg zum wirtschaftlichen Erfolg auch in Zukunft weist. Denn eines ist klar: Integration darf nicht nur in der Zusammenfassung zu Unternehmenseinheiten, der Schaffung einheitlicher Systeme und der Standardisierung von Prozessen bestehen. Die MAHLE Mission will allen Mitarbeiterinnen

Abb. 13: Mitarbeiterzeitung MAHLE global – für eine weltweite Mitarbeiterinformation

Investitionen in die externe Kommunikation

Zum weiteren Markenaufbau wird MAHLE künftig verstärkt in externe Kommunikation investieren und dabei auch über die originären, direkten Zielgruppen hinausgehen. Dies ist teilweise auch schon in der Vergangenheit der Fall gewesen. Neben zahlreichen Messeaktivitäten und Anzeigen in Fachzeitschriften nutzt MAHLE in der Kommunikation sein starkes Engagement im Motorsport. Eine Maßnahme mit sehr hohem Integrationswert über die Produktlinien hinweg. Eine Tatsache, die auch in das Unternehmen hineinwirkt und die Identifikation der Mitarbeiter steigert – viele von ihnen fiebern den Formel-1-Rennen regelrecht entgegen, weil sie wissen, dass in sechs von elf Teams MAHLE Produkte eingesetzt werden und die letzten 15 Weltmeistertitel mit MAHLE Kolben und Motorkomponenten gewonnen wurden. Und in den vergangenen 20 Jahren fuhren 18 Mal die Siegerwagen des 24-Stunden-Rennens von Le Mans mit MAHLE Produkten über die Ziellinien.

Ein weiterer Schwerpunkt liegt in der Ansprache potenzieller Mitarbeiter, zum einen auf Bonding-Messen, an Fachhochschulen und Universitäten, zum anderen aber auch durch gezielte, anlassbezogene Aktivitäten. So besuchen viele Studenten auf der IAA Fachvorträge, die von MAHLE Spezialisten aus der Forschung und Entwicklung gehalten werden. Die Studenten werden zu diesen über Anzeigen in Zielgruppentiteln und Kommunikationsmaßnahmen direkt an den Hochschulen eingeladen. Diese Maßnahmen werden künftig weiter ausgebaut. Ziel dabei ist es, MAHLE bei angehenden Ingenieuren noch bekannter zu machen.

Abb. 14: Das MAHLE Engagement im Motorsport wirkt sich auch im Unternehmen positiv aus

Prof. Dr.-Ing. Heinz K. Junker

Vorsitzender der Konzern-Geschäftsführung der MAHLE GmbH

„Ziel unserer Anstrengungen ist es, MAHLE als starke Automobil-Zulieferermarke in einer breiteren Öffentlichkeit zu etablieren. Vor dem Hintergrund des sich weiter verschärfenden Wettbewerbs ist dies eine Notwendigkeit für die erfolgreiche Weiterentwicklung des Konzerns. Dies gilt vor allem dann, wenn man – wie MAHLE – seinen Wettbewerbsvorsprung vor allem auf Innovation und damit auch auf Technologieführerschaft gründet. Denn es genügt nicht, wenn diese wettbewerbsdifferenzierenden Eigenschaften nur bei den unmittelbaren Gesprächspartnern wahrgenommen werden. Sie müssen fest in der gesamten Zielgruppe verankert werden, auch bei jenen Entscheidern und Meinungsbildnern, Ingenieuren und Entwicklern, die nicht direkt mit MAHLE in Kontakt stehen, und bei potenziellen künftigen Mitarbeitern, sei es an Hochschulen oder in anderen Unternehmen. Und: Die Etablierung von MAHLE als starke Automobil-Zulieferermarke in der breiten Öffentlichkeit steht nicht in Konkurrenz zu den Marken der Automobilhersteller. Im Gegenteil. Zeigt sich doch bereits in der jüngeren Vergangenheit, dass auch Automobilhersteller von einer starken Zulieferermarke profitieren können, indem sie sich auf deren Innovationskraft und Technologie stützen."

Prof. Dr. Heinz K. Junker wurde am 16. Dezember 1949 in Rath, jetzt Wegberg, bei Mönchengladbach geboren. Nach dem Abitur nahm er 1969 das Studium des Maschinenbaus an der RWTH Aachen auf und schloss 1975 als Diplom-Ingenieur der Fachrichtung Kraftfahrwesen ab.

Im selben Jahr begann Junker seine wissenschaftlichen Tätigkeiten am Institut für Kraftfahrwesen an der RWTH Aachen. Bis 1984 bekleidete er dort verschiedene Positionen und wechselte nach erfolgreich abgeschlossenem Promotionsverfahren zum Dr.-Ing. als stellvertretender Geschäftsführer zur Forschungsgesellschaft Kraftfahrwesen Aachen mbH.

1986 begann Dr.-Ing. Junker seine industrielle Laufbahn als Hauptabteilungsleiter der Entwicklung von TRW Ehrenreich in Düsseldorf. 1988 wurde er in die Geschäftsleitung berufen, zuständig für die Aufgabengebiete Produktentwicklung, Konstruktion und Qualitätswesen. 1993 wurde er zum Geschäftsführer TRW Fahrwerksysteme ernannt, mit der operativen Verantwortung für die deutschen Standorte.

1994 wurde Dr.-Ing. Junker die Honorarprofessur durch die Ruhr-Universität Bochum verliehen, wo er seit 1989 als Lehrbeauftragter für „Fahrzeugdynamik" tätig ist.

1996 trat Prof. Dr.-Ing. Junker in die Geschäftsführung der MAHLE GmbH ein, deren Vorsitzender er seit dem 01.10.1996 ist.

Kapitel 7

ZF Friedrichshafen AG – Technologieführerschaft als Markenwert

Die Identität des Automobil-Zulieferers im Kontext dominierender Markenstrategien der Automobilhersteller

Dr. Siegfried Goll
Vorsitzender des Vorstands, ZF Friedrichshafen AG

Die Profilierung einer Zuliefermarke muss keineswegs zu Lasten der Herstellermarken gehen oder gar zu einer Rivalität führen. Im Gegenteil können langfristig auch die Herstellermarken profitieren, wenn sie sich in der Summe ihrer Fahrzeugkomponenten und -systeme auf das positive Image starker Zuliefermarken stützen.

Marken sind Indikatoren der Unternehmenskompetenz

Einem breiten Publikum ohne besonderen Bezug zur Automobilindustrie ist der Markenname ZF kaum ein Begriff. Dabei ist ZF einer der weltweit führenden Automobil-Zulieferkonzerne in der Antriebs- und Fahrwerktechnik. Mit nahezu 10,8 Milliarden Euro Umsatz und 54 000 Beschäftigten in 2005 an 122 Produktionsstandorten in 26 Ländern nimmt das Unternehmen heute Rang 15 unter den Automobil-Zulieferern weltweit ein. Als gewachsenes Unternehmen kann die ZF Friedrichshafen AG auf eine beinahe neunzigjährige Firmengeschichte zurückblicken.

Von ihren Anfängen als Hersteller von Zahnrädern und Getrieben für die Zeppelin-Luftschiffe hat sich ZF zu einem der großen Automobil-Zulieferer entwickelt. Das Unternehmen spielte dabei stets eine prägende Rolle auf allen Gebieten der Antriebs- und Fahrwerktechnik, den Schlüsseltechnologien moderner Mobilität. Die Kurzformel, auf die sich die Unternehmensgeschichte bringen lässt, lautet: Vom Zahnradhersteller zum Systemlieferanten. Der Grund für die Asymmetrie von Bekanntheit und wirtschaftlicher Bedeutung liegt wohl darin, dass die Produkte, die ZF entwickelt und herstellt, vielen Menschen kaum ins Bewusstsein dringen, obwohl sie täglich damit umgehen. Die meisten ZF-Produkte bekommt der Endkunde niemals zu Gesicht, was durchaus auch als Qualitätsmerkmal zu verstehen ist.

Abb. 1: Die Eigenschaften der Marke bilden das Wertegerüst von ZF und vermitteln die Identität in der Kommunikation und im Erscheinungsbild des Unternehmens.

Die Festlegung auf höchste Verarbeitungsqualität, Technologieführerschaft und Innovationsstärke garantiert ein reibungsloses Funktionieren sämtlicher von ZF entwickelten und gelieferten Bauteile. Industriekunden wissen diese verlässliche Qualität zu schätzen, deshalb ist die Kooperation mit fast allen Fahrzeugherstellern weltweit für ZF bereits Tradition. Auf den jeweiligen Märkten markiert ZF einen hohen Qualitätsstandard – und ist stets daran beteiligt, wenn es gilt, diesen ein Stück weiter nach oben zu setzen. Allerdings sind die Wahrnehmungsmöglichkeiten der Erfolge und der Leistungsfähigkeit des Unternehmens angesichts seiner Position als Zulieferer eingeschränkt. Marken, so hieß es bislang, spielen im Bereich industrieller Vorleistungen keine Rolle. Das könnte sich in Zukunft jedoch ändern. Neueste Untersuchungen belegen, dass die Relevanz von Marken im Bereich der Industriegüter (B2B) lange Zeit unterschätzt wurde. Gleichzeitig sind mit dem Schlagwort „Ingredient Branding" auch die Möglichkeiten mehrstufiger Marketingprozesse ins Bewusstsein gerückt, die auf Endkonsumenten – also den Kunden des Kunden – ausgerichtet sind (B2C). Gerade für den Zulieferer wird es daher wichtiger, eine eindeutige Markenpositionierung anzustreben. ZF hat den Weg eingeschlagen, sich dieser Herausforderung zu stellen. Denn auch für Unternehmen im Zuliefersektor gilt: Identität ist Stärke. Aus dem Wissen um die eigene Identität heraus entwickelt ein Unternehmen Visionen, steckt sich Ziele – und kann diese durch den konsequenten Ausbau von Kompetenzen auch erreichen. Identität gibt dem Gesamtunternehmen und den einzelnen Unternehmensaktivitäten Sinn und Perspektive. Der lebendige Ausdruck der Identität zeigt sich im Inhalt und Stil, mit dem das Unternehmen nach innen und außen kommuniziert. Über die Kernzielgruppe Kunde hinaus kann die Marke einen Vertrauensanker setzen und vielfältigen Anspruchsgruppen wie beispielsweise Mitarbeitern, potenziellen Mitarbeitern, Geschäftspartnern und den Medien Orientierung bieten.

Die historischen Grundlagen, zukünftigen Perspektiven und natürlichen Grenzen dieses Ansatzes sollen nachfolgend dargestellt werden.

Der Ursprung der Marke ZF

Die Wurzeln der ZF Friedrichshafen AG gehen zurück auf den alten Traum vom Fliegen, der um 1900 eine ungeheure Faszinationskraft entfaltete. In Friedrichshafen am Bodensee machte sich Ferdinand Graf von Zeppelin zu Beginn des 20. Jahrhunderts daran, seine persönliche Vision dieses Traums in die Realität umzusetzen: Am 2. Juli 1900 erhebt sich das Luftschiff „LZ 1", der erste Zeppelin, zu seinem Jungfernflug in die Lüfte. Das neue Gefährt war ein Meisterwerk der Ingenieurskunst, das in allen Bereichen – von der Materialtechnik bis zum Getriebe – die Entwicklung neuer Technologien erforderte, die höchsten Ansprüchen genügen mussten. Aus diesem Bedürfnis nach Präzisionsfertigung und technologischer Innovation ging die „Zahnradfabrik" hervor, die heute als ZF Friedrichshafen AG das größte Unternehmen aus dem Erbe Zeppelins ist. 1915 wird durch die Luftschiffbau Zeppelin und die Max Maag Zahnräderfabrik Zürich die Zahnradfabrik Friedrichshafen als eigenes Zulieferunternehmen mit dem Zweck der „Herstellung von Zahnrädern und Getrieben für Luftfahrzeuge, Motorwagen und Motorboote“ ins Leben gerufen. Nur ein Jahr später meldet die Zahnradfabrik Friedrichshafen (ZF) bereits zehn Patente an, darunter das bis zur Baureife entwickelte Soden-Getriebe für Automobile.

ZF ist von Anfang an eine Innovationsschmiede, die bei der Fertigung ihrer Präzisionszahnräder eigens patentierte Verfahren und modernste Maschinen einsetzt und sich immer der Suche nach der besseren technologischen Lösung verschrieben hat. Der Name ZF steht schon bald für Präzisionsarbeit und hochwertige Qualitätsprodukte. Nicht von ungefähr wirbt das Unternehmen in den ersten Jahren für seine Zahnräder und Getriebe mit dem Slogan „kinematisch richtig, mathematisch genau“. Die Innovationskraft der Ingenieure und Maschinenbauer sowie der Leitung des Friedrichshafener Unternehmens wurde durch die umwälzenden Ereignisse des Ersten Weltkriegs schnell vor große Herausforderungen gestellt. Nach dem Jahr 1918 brach für ZF mit den im Versailler Vertrag festgelegten Restriktionen für die deutsche Luftfahrt der Hauptabsatzmarkt zusammen. Um zu überleben, musste sich das Unternehmen unverzüglich neu orientieren und reagierte auf die veränderte wirtschaftliche Lage mit der raschen Umstellung der Produktion auf die Fertigung von Getrieben für Personenkraftwagen und Nutzfahrzeuge.

Abb. 2: Die Qualitätszusagen des Unternehmens aus den Anfangsjahren haben die Markenentwicklung von ZF geprägt.

Bereits in den 20er und 30er Jahren zählte der Großteil der deutschen und europäischen Fahrzeug- und Automobilhersteller – darunter Adler, BMW, Büssing, Daimler-Benz, Hanomag, Henschel, Horch, Krupp, Lanz, Magirus, MAN, Opel, Scania, Skoda und Wanderer – zu den Kunden von ZF. Technische Neuerungen, wie geschliffene Schrägzahnräder und Komplettgetriebe, treiben die Entwicklung der Automobilindustrie entscheidend voran. So beginnt ZF im Jahr 1925 mit der Großserienproduktion eines vielfältig einsetzbaren Einheitsgetriebes, mit dem die maßgeblichen Hersteller von Pkw und Nutzfahrzeugen beliefert werden und das ZF den ersten großen wirtschaftlichen Erfolg beschert. 1929 gelingt mit der Markteinführung des neuen, geräuscharmen Aphon-Getriebes ein weiterer Durchbruch. 1932 beginnt ZF mit der Herstellung von Lenkungen. Damit wird ein weiteres wichtiges Marktsegment der Fahrzeugproduktion erschlossen. Ab Mitte der 30er Jahre erfolgt die schrittweise Umstellung auf die Rüstungsproduktion. Im Zweiten Weltkrieg liefert ZF vor allem Getriebe für Kettenfahrzeuge und Militärlastkraftwagen. Nach den Jahren des Wiederaufbaus setzt ZF ab Mitte der 50er Jahre auf einen konsequenten Expansionskurs, der das Unternehmen durch die Internationalisierung der Produktion und die Erschließung weltweiter Absatzmärkte schrittweise zum global agierenden Konzern werden lässt. 1959 wagt ZF mit der Gründung des Tochterunternehmens ZF do Brasil erstmals den Sprung auf einen anderen Kontinent. 1979 etabliert sich das Unternehmen in den USA, ab Mitte der 90er Jahre mit ersten Joint Ventures auch in Asien. Heute sind die wichtigsten Absatzmärkte Westeuropa und die Nafta-Region; mittel- und langfristig werden die asiatischen Märkte, und hier insbesondere China, von besonderer Bedeutung sein.

Parallel zum Ausbau der internationalen Produktions-, Vertriebs- und Servicestandorte erweitert ZF das Leistungsspektrum. Seit Mitte der 80er Jahre entwickelt sich aus dem Getriebe- und Lenkungsspezialisten sukzessive der Komponenten- und Systemlieferant in der Antriebs- und Fahrwerktechnik. Diese erweiterte Kompetenz wird durch zwei wesentliche Unternehmenszukäufe realisiert: 1984 erwirbt ZF eine Mehrheitsbeteiligung an der Lemförder-Gruppe, heute der Unternehmensbereich Pkw-Fahrwerktechnik, 2001 wird die traditionsreiche Mannesmann Sachs AG übernommen, der heutige Unternehmensbereich Antriebs- und Fahrwerkkomponenten. Bereits 1999 wurden die Aktivitäten im Bereich Lenkungen neu ausgerichtet und in ein Gemeinschaftsunternehmen mit der Robert Bosch GmbH eingebracht – eine Konsequenz aus dem sich abzeichnenden technologischen Wandel von hydraulischen zu elektrischen Lenkungen. Damit verfügt ZF heute über die Entwicklungs- und Fertigungskompetenz, den Fahrzeugherstellern maßgeschneiderte Lösungen anzubieten: Von einzelnen Komponenten über Module bis hin zu Komplettsystemen; vom Volumen- über das Premiumsegment bis zu Spezialanfertigungen für die Formel Eins.

Produkte für Pkw und Nutzfahrzeuge bilden heute das Kerngeschäft. Zum Produktprogramm Antriebstechnik gehören unter anderem manuelle Getriebe, Automatgetriebe, stufenlose Automatgetriebe, Kupplungs- und Schaltsysteme, elektrische Antriebe und Achsgetriebe. In der Fahrwerktechnik werden vor allem Vorder- und

Hinterachssysteme, Querlenker, Radgelenke, Stabilisatoren, Dämpfer und variable Dämpfungssysteme sowie Lenkungskomponenten und -systeme hergestellt. Im Geschäftsjahr 2005 wurden 66 Prozent des Umsatzes mit Antriebs- und Fahrwerktechnik für Pkw und leichte Nutzfahrzeuge erzielt, 21 Prozent entfielen auf mittlere und schwere Nutzfahrzeuge, 13 Prozent auf Bau- und Landmaschinen, die Marine-Antriebstechnik und die Spezialgebiete der Antriebstechnik für Schienen- und Sonderfahrzeuge, Maschinenbau und Luftfahrt. Der Anteil der Antriebstechnik am Gesamtumsatz lag 2005 bei 49 Prozent, der Anteil der Fahrwerktechnik bei 51 Prozent.

Seit den Anfängen wird ZF dem Ruf als Hersteller von Qualitätsprodukten gerecht. Die Rolle des Technologieführers hat ZF gefestigt, indem das Unternehmen eine Kultur der permanenten Innovation ausbildete und dem Markt damit immer wieder neue Impulse geben konnte: Vom 1916 entwickelten Soden-Getriebe für Pkw, einem Viergang-Vorwahlgetriebe ohne Schalthebel, bis zum modernen Sechsgang-Automatgetriebe, vom ersten voll synchronisierten Nutzfahrzeuggetriebe der Welt für schwere Lkw bis zu den modernen automatischen Getriebesystemen für alle Nutzfahrzeugklassen. Hohe Investitionen in die Produktentwicklung und weltweit 4 500 Entwickler sichern diese Position auch in Zukunft ab, sie sind die Voraussetzung für die glaubwürdige und nachhaltige Positionierung des Konzerns als Technologieführer.

Rasante Marktveränderungen

Die Automobilbranche mit allen vor- und nachgelagerten Stufen der Wertschöpfung ist als klassischer Industriezweig nach wie vor eine entscheidende Stütze der deutschen, europäischen und internationalen Wirtschaft. Zudem ist sie einer der Bereiche, die in den vergangenen Jahrzehnten besonders stark den Tendenzen der Globalisierung unterworfen waren. Gleichzeitig verschärft sich die Konkurrenz unter den Anbietern im globalen Wettbewerb. Gab es 1970 noch weltweit 36 Unternehmen, die Fahrzeuge herstellten, ist diese Zahl auf 14 im Jahr 2000 gesunken. Der Markt wird damit einerseits übersichtlicher, andererseits steigen die Ansprüche im Nachfrageverhalten. Die Zahl der Modelle und Modellvarianten nimmt stetig zu, um den Anforderungen gesättigter Märkte in der Triade gerecht zu werden. Fast jeder Automobilkonzern deckt heute die gesamte Bandbreite an Fahrzeugtypen ab – vom Kleinwagen bis zur luxuriösen Limousine, von den Family Vans und Sports Utility Vehicles bis zu den derzeit im Trend liegenden Cross-over-Fahrzeugen. Die Lebenszyklen einzelner Produktlinien werden immer kürzer – bei steigendem Innovationsgrad und entsprechend hohen F&E-Aufwendungen. Von Zulieferern erfordern diese Markttrends eine aktive und vorausschauende Geschäftspolitik. Sie müssen die Bedürfnisse ihrer unmittelbaren Kunden in der Industrie und die der Endkunden auf der nächsten Innovationsstufe antizipieren und in einen Prozess der gemeinsamen Evolution einsteigen, in dem sie zum Partner in Sachen Innovations- und Technologieführerschaft werden. Dies lässt sich nur realisieren, indem die starren Grenzen zwischen den

beteiligten Unternehmen partiell durchlässig werden für gemeinschaftlich initiierte und getragene Innovationsprojekte. Aus klassischen Beschaffungsmärkten werden Innovationsnetzwerke.

Die Individualisierung der Fahrzeuge macht nicht bei Karosserie und Ausstattung halt, sondern setzt sich auch bei den technischen Lösungen fort. Die rasant wachsende Produktdifferenzierung im Automarkt – Stichwort „mass customization" – betrifft zunehmend auch wichtige Fahrzeugkomponenten und -systeme. So kann der Kunde bereits heute bei bestimmten Fahrzeugmodellen im Premiumsegment zwischen drei unterschiedlichen Getriebesystemen wählen. Die unterschiedlichen Bedürfnisse der Endkunden auf den internationalen Märkten und die wachsende Segmentierung verlangen nach maßgeschneiderten Lösungen auch in der Antriebs- und Fahrwerktechnik. ZF trägt diesem Trend zur Individualisierung und zur Diversifikation mit einer Erweiterung des Angebots Rechnung. Im Bereich der Antriebstechnik lässt sich die Leitphilosophie von ZF angesichts dieser dynamischen Marktentwicklung mit dem Begriff „Getriebepluralismus" zusammenfassen. ZF bietet für jeden Fahrzeugtyp maßgeschneiderte Getriebekonzepte. Mit einer Vielzahl von Innovationen rund um die Getriebetechnik begleitet ZF die zunehmende Segmentierung im Automobilbau. Die bislang größte Vielfalt an Getriebearten und Komponenten hilft den Automobilherstellern, ihr Angebot zu individualisieren und trägt gleichzeitig zu Verbrauchs- und Emissionsreduktion bei.

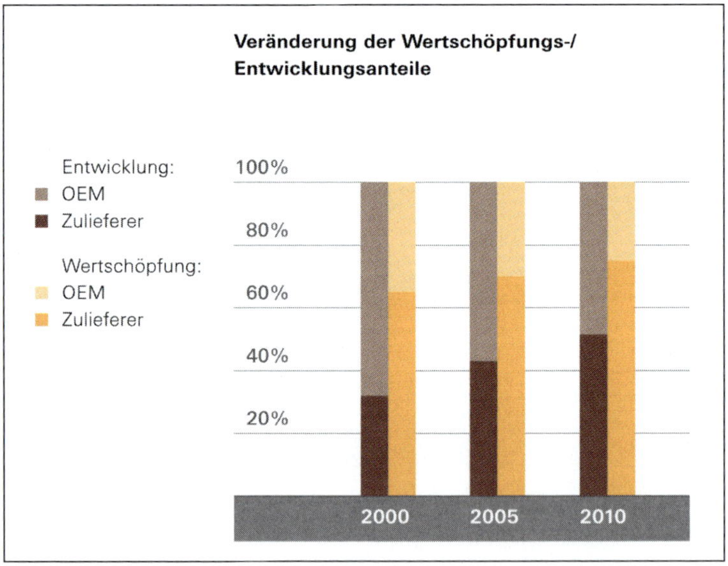

Abb. 3: Veränderung der Wertschöpfungs-/Entwicklungsanteile (Quelle: Roland Berger Strategy Consultants)

In dem Maße, wie sich die Autohersteller auf neue Aufgaben wie die Erweiterung ihrer Produktpaletten und die Ausschöpfung von Nischenmärkten konzentrieren, müssen die Zulieferer in Sachen Produkt-, System- und Integrationskompetenz mehr Verantwortung übernehmen. Die Hersteller konzentrieren sich aufgrund der steigenden Marktanforderungen stärker auf ihre Kernkompetenzen, in der Folge werden immer größere Teile der Wertschöpfungskette von den Zulieferern übernommen, z. B. nimmt der Entwicklungsanteil der Zulieferer an neuen Fahrzeugmodellen und -technologien stetig zu. Obwohl der Gesamtmarkt für Automobile derzeit stagniert, sehen deshalb die Zukunftschancen für große Automobilzulieferer wie ZF deutlich positiver aus.

Die parallel zur Konzentration unter den Herstellern verlaufende schärfere Konkurrenzsituation unter den Zulieferern führt dazu, dass immer weniger unabhängige Zulieferkonzerne eine immer größere Bedeutung im Prozess der Fahrzeugentwicklung und -produktion einnehmen, ohne jedoch die Führungsrolle der Hersteller in Bezug auf Gesamtfahrzeugauslegung und -entwicklung in Frage zu stellen. Nach einer Prognose der Marktforscher von Roland Berger Strategy Consultants wird der Entwicklungsanteil der Zulieferer am fertigen Fahrzeug von derzeit gut einem Drittel auf mehr als die Hälfte im Jahr 2010 ansteigen. Der Anteil der Wertschöpfung wird im gleichen Zeitraum von 65 Prozent auf 75 Prozent klettern. Price Waterhouse Coopers sehen die Autozulieferer als eine der Wachstumsbranchen der nächsten Dekade und prognostizieren eine Umsatzsteigerung von 75 Prozent bis zum Jahr 2010. Wichtige Treiber dieser Entwicklung sind die Erschließung neuer Fahrzeugmärkte, vor allem in Fernost und das Outsourcing der Hersteller, die jeweils mit zehn bis 20 Prozent zu diesem Wachstum beitragen. Vor allem aber schlägt mit 30 bis 40 Prozent der gesteigerte Wertschöpfungsanteil zu Buche. Durch zunehmende Vorwärtsintegration von Elektronik in Antriebs- und Fahrwerktechnik einschließlich Lenkungen wächst der Wertanteil, den diese vormals generischen Bauteile am Gesamtwert des Fahrzeugs einnehmen. Es liegt auf der Hand, dass sich eine derart gesteigerte Verantwortung der Zulieferer im Gesamtprozess schlecht mit Anonymität verträgt. Eine klare Markenidentität und schärfere Profilierung der Marke und damit die sichere Verankerung im Bewusstsein aller für das Unternehmen relevanten Zielgruppen ist daher für ZF ein wichtiger Erfolgsfaktor, um im internationalen Wettbewerb erfolgreich zu bleiben.

Status quo der Markenpositionierung und aktuelle Markenstrategie

Die Veränderungen des Marktumfeldes und die strategischen Entscheidungen zur Weiterentwicklung des Unternehmens führten bei ZF in der Folge zu einer intensiven und bewussten Beschäftigung mit dem Thema Marke. Erste Ansätze zu einer Markengestaltung sind jedoch bereits kurz nach der Gründung des Unternehmens erkennbar. Schon im Jahre 1915 taucht das in einen Kreis eingebettete „ZF“ auf – als Kürzel für „Zahnradfabrik Friedrichshafen“ – und wird mehrfach an den jeweiligen

Zeitgeschmack angepasst. Mit der Vergrößerung des Produktprogramms in Richtung Fahrwerktechnik und der Erweiterung der Geschäftstätigkeit in außereuropäische Märkte ergibt sich die Notwendigkeit, ein universelles Markendach zu etablieren; ZF wird als Marke eingesetzt, die auch abgekoppelt von ihrem historischen Inhalt funktioniert. 1992 erfolgt in diesem Zusammenhang auch die formale Umbenennung des Unternehmens in „ZF Friedrichshafen AG".

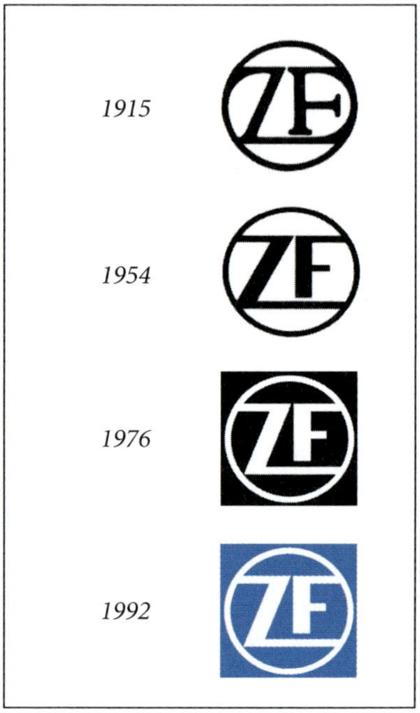

Abb. 4: Entwicklung des ZF-Markenzeichens

Ein weiterer Meilenstein war im Jahr 2000 die Initialisierung einer einheitlichen Dachmarkenstrategie unter der Marke ZF über alle Unternehmensbereiche hinweg. Zur visuellen Konstante wird dabei das ZF-Markenzeichen, von allen grafischen Attributen bereinigt und nur versehen mit dem Claim „Antriebs- und Fahrwerktechnik" in der jeweiligen Landessprache. Die Dachmarkenstrategie verfolgt das Ziel, die Kompetenzbereiche des ZF-Konzerns in ihrer Gesamtheit klar, unmissverständlich und konsequent darzustellen. Die Marke ZF wird zum einheitlichen Absender und so gleichmäßig und unabhängig vom jeweiligen Produkt mit dem Leistungsversprechen Kompetenz in Antriebs- und Fahrwerktechnik aufgeladen. Die dezentralen Unternehmensstrukturen werden auf diese Weise in der Kommunikation zu einem konsistenten Gesamtbild zusammengefügt. Die Vorteile einer Konsolidierung unter einer starken Dachmarke sind eindeutig: Die Unternehmensidentität in ihrer Gesamtheit wird nach innen und außen besser wahrnehmbar und darstellbar. Unabhängig von den jeweiligen Produktfeldern kann sich ZF als Kompetenzanbieter positionieren und ein klares Markenprofil erlangen, das wiederum positiv auf alle Unternehmensteile abstrahlt. Damit werden für den ZF-Konzern mit allen seinen Gesellschaften die Handlungsspielräume vergrößert. Die Dachmarkenstrategie führt zu einer verbesserten Wahrnehmung der Gesamtkompetenz, wie sie für das Systemgeschäft wichtig ist, und einer realistischeren Einschätzung der globalen Marktbedeutung, die auf die wirtschaftliche Leistungsfähigkeit schließen lässt.

Die Festlegung von Markenprofil und -strategie erfolgte auf der Basis der unternehmerischen Ausrichtung des Konzerns sowie des Leitbildes der gegebenen Unternehmenskultur von ZF. Dabei wurde nicht außer Acht gelassen, dass die Implementierung einer Dachmarkenstrategie ein aufwändiger und langwieriger Prozess ist, der auch den historisch gewachsenen Unternehmensstrukturen Rechnung tragen muss, um erfolgreich zu sein. Letztlich ist festzuhalten, dass ZF kein Retortenkonzern und keine Holding ist, sondern eine organisch gewachsene Kompetenzplattform, die heute auf unterschiedlichen Säulen ruht. Für ZF bietet die Dachmarke die beste Möglichkeit, Akquisitionen wie Sachs und Lemförder erfolgreich in das Kompetenzspektrum des Konzerns zu integrieren und das Markenkapital, das diese traditionsreichen Unternehmen aufweisen, für die Wahrnehmung der umfassenden Leistungsfähigkeit des Gesamtunternehmens zu aktivieren. In diesen beiden Fällen stehen die traditionellen Logos, behutsam angepasst, neben der Dachmarke, die dadurch jedoch in ihrer Autorität und Priorität unangetastet bleibt. So wird ein langfristiger Transfer von positiven Markenassoziationen auf die Unternehmensmarke ZF ermöglicht.

Gerade ein international diversifizierter Zulieferkonzern mit zahlreichen Geschäftsfeldern und Produktionsstandorten kommuniziert auf unterschiedlichen Ebenen und über multiple Kanäle mit seinen relevanten Zielgruppen. Umso wichtiger ist ein konsequent durchgehaltenes Corporate Design, bei dem stets die Dachmarke ZF als Absender fungiert. Diese strikte Designlinie markiert jedoch nur den äußerlich sichtbaren Teil der Dachmarkenstrategie, sie ist die angemessene Repräsentation unternehmerischen Engagements und eines veränderten Bewusstseins auf allen Ebenen. Eine erfolgreiche Positionierung des Konzerns kann jedoch nur dann erreicht werden, wenn sie im Rahmen einer integrierten Kommunikation nach außen und innen wirkt, wenn die Dachmarke aus dem Konzern heraus mit Leben gefüllt und ihr Leistungsversprechen auf allen Ebenen eingelöst wird.

Am deutlichsten schlägt sich eine starke Marke ZF in einer veränderten Wahrnehmung des Unternehmens im Verhältnis zu seinen Zielgruppen nieder. Stand früher wie bei vielen Zulieferern die traditionell enge Zielgruppendefinition mit dem kurzfristigen Entscheideransatz im Vordergrund, um vor allem das Management der Automobilhersteller zu erreichen, ergänzt die neue Markenstrategie von ZF diese klassische Perspektive um eine Intensivierung der Zielgruppenansprache. Dies führt zu einer auf Nachhaltigkeit ausgerichteten Kommunikation der Marke, die sich nun auch verstärkt an Gruppen richtet, die mittel- und langfristig für ZF relevant werden können, wie potenzielle Mitarbeiter oder angehende Manager. Mit dem erweiterten Fokus auf beispielsweise Studenten und Nachwuchsführungskräfte wird die Marke auch bei den Entscheidern von morgen verankert. Damit wird deutlich: Die Dachmarkenstrategie zielt nicht nur auf eine Verbesserung der Position und Bekanntheit der Marke ZF auf den Absatzmärkten, sondern eben auch auf die Erhöhung ihrer Relevanz bei den anderen spezifischen Zielgruppen.

Das Verhältnis zur Kernzielgruppe der Automobilhersteller hat sich ebenfalls verändert. Hier trägt ZF den gestiegenen Ansprüchen der Kunden an die Zulieferer Rechnung. Entsprach das Image früher dem einer „verlängerten Werkbank", muss sich der Zulieferer heute als kompetenter Partner profilieren, der komplexe Systemlösungen zuverlässig entwickelt und produziert, und darüber hinaus auch bereit und in der Lage ist, unternehmerisches Risiko zu übernehmen und in Vorleistung zu treten.

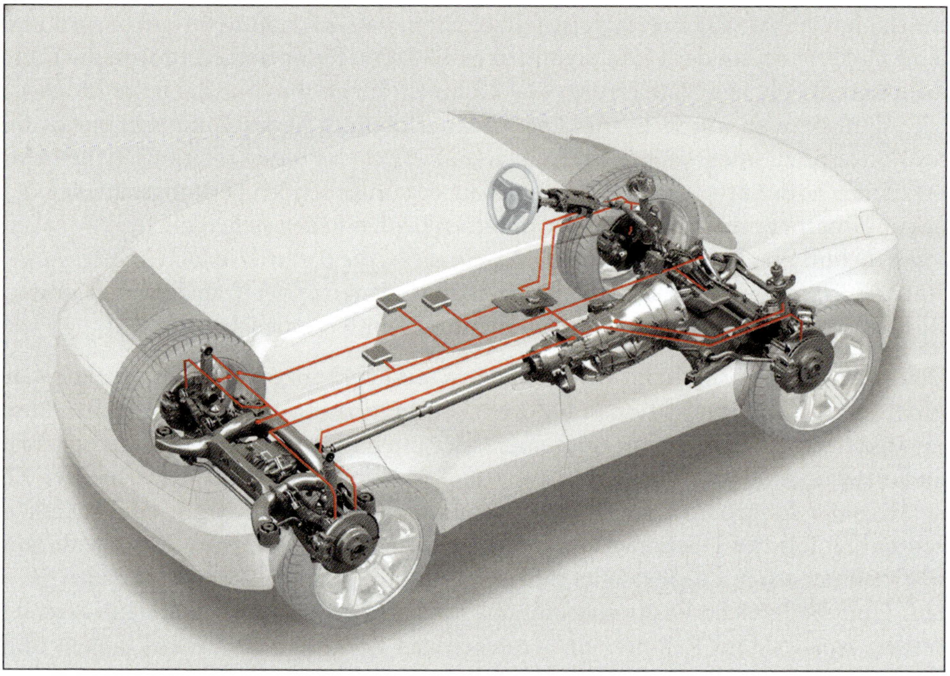

Abb. 5: Systemlösungen von ZF: Führende Entwicklungs- und Fertigungskompetenz in der Antriebs- und Fahrwerktechnik.

Die Umstellung von Anbieter- auf Kundenmärkte erfordert auch vom Zulieferer die Beschäftigung mit der Frage: Welchen Nutzen zieht der Kunde meines Kunden aus meinem Produkt? Daraus ergibt sich unweigerlich auch die Anschlussfrage: Inwieweit gewinnt eine Marke wie ZF nicht nur für die unmittelbaren Kunden, sondern auch für die Endkunden an Bedeutung? Die aktuellen Trends auf dem Markt deuten darauf hin, dass in Zukunft auch Zulieferermarken eine stärkere Rolle im Bewusstsein der Endkunden spielen werden, und dies nicht nur im Aftermarket. ZF ist gut aufgestellt, hier eine klare Führungsposition zu übernehmen.

Zunehmende Bedeutung von Zuliefermarken

Die Leistungsmerkmale einer Marke im Konsumgüterbereich sind klar umrissen und längst akademisches Allgemeingut geworden. Ihr Wert liegt in der Orientierungsfunktion für den Kunden begründet. Zu ihren Primärleistungen zählen Risikoreduktion und Informationseffizienz, das heißt: Marken reduzieren das Risiko, eine falsche Kaufentscheidung zu treffen und erleichtern die Informationsverarbeitung. Darüber hinaus stiften sie einen ideellen Nutzen über die emotionale Identifikation des Kunden mit (s)einer Marke. Die Bedeutung von Marken im B2B-Bereich wird dagegen generell als geringer eingestuft, und die Empirie scheint dafür zu sprechen: So stellen Markenwerte bei Industriegüterherstellern in der Regel maximal ein Fünftel des Unternehmenswertes dar, bei Konsumgüterherstellern sind es dagegen nicht selten über die Hälfte. Die Gründe dafür sind offensichtlich. Während Entscheidungen über Konsumgüterkäufe von Endkonsumenten im privaten Umfeld und oft auf emotionaler Basis oder habituell zustande kommen, werden Einkaufsentscheidungen im Unternehmen in einem professionellen Kontext – deshalb annahmegemäß auf rationalerer Grundlage – und meist von mehreren Personen gefällt. Auch ist die Höhe des Bedarfs durch die Produktionsplanung des Herstellers von vornherein determiniert. Die Zahl potenzieller Kunden ist, anders als in Konsumgütermärkten, meist überschaubar, dafür sind die Geschäftsbeziehungen in der Regel langfristiger. Das alles scheint auf den ersten Blick gegen eine hohe Relevanz von Marken im B2B-Geschäft zu sprechen. Spätestens hier drängt sich die Frage auf, warum ZF sich mit dem Thema Markenmanagement überhaupt beschäftigt: Können verstärkte Anstrengungen im Bereich der Marke für einen Zulieferer überhaupt sinnvoll sein und Früchte tragen, wo doch Automobilhersteller ihre Kaufentscheidungen rein rational anhand von Kennzahlen treffen?

Dieser Einwand wird oft vorgebracht, verfehlt aber aus Sicht von ZF die Realität, insbesondere die Realität globalisierter und zunehmend komplexerer Märkte. Gerade Zulieferunternehmen, die Markt- und Technologieführer sind, müssen auch auf dem Gebiet der Markenpolitik ihren Führungsanspruch legitimieren. Die Marke wird daher in Zukunft auch im B2B-Geschäft zu einem der entscheidenden Erfolgsfaktoren avancieren. Vieles deutet darauf hin, dass die Bedeutung von Marken im Bereich der Beschaffung von Industriegütern und Vorleistungen lange Zeit unterschätzt wurde. Allerdings sind die Funktionsleistungen einer Marke verglichen mit dem B2C-Geschäft andere, was bei der Markenstrategie berücksichtigt werden muss. Der ideelle Nutzen einer B2B-Marke, das heißt die emotionale Komponente, mag im professionellen Umfeld von Buying Center und Managementgremien eine untergeordnete Rolle spielen, ganz von der Hand zu weisen ist diese Funktion indes nicht. Gerade in transparenten Märkten mit weitgehend standardisierten Produktleistungen und kompetitiven Preisen können die weichen Faktoren wie persönliche Markenaffinitäten der Entscheider den letzten Ausschlag zur Entscheidung für oder gegen einen Anbieter geben. Über Sympathie und Vertrauen entstehen Präferenzen. Daneben sind die beiden anderen Aspekte der Marke, Informationseffizienz und Risikoreduktion, auch im B2B-Geschäft von zentraler Bedeutung und werden immer wichtiger. Informationseffizienz meint die Komprimierung komplexer Leistungsprofile auf den Kern einer klaren Markenbotschaft. Risikoreduktion meint das Vertrauen, das eine Marke genießt, ein Qualitätsversprechen auch einlösen zu können.

Abb. 6: Elektrische Lenkungen wie die Servolectric® haben bereits heute einen hohen Elektronikanteil und leisten einen aktiven Beitrag zu mehr Fahrdynamik und Wirtschaftlichkeit.

Der Aspekt der Informationseffizienz gewinnt in dem Maße an Bedeutung, wie es den Herstellern heute nicht mehr darum geht, standardisierte Vorprodukte zu möglichst günstigen Preisen zu beschaffen, sondern darum, komplexe Aufgaben im Wertschöpfungsprozess auszulagern. Es geht heute weniger um die Frage „Wer liefert was?", sondern um die Frage „Welcher Anbieter hat welches Kompetenzprofil und Leistungsspektrum und kann individuelle Kundenanforderungen mit maßgeschneiderten Lösungen bedienen?". Diese komplexen Leistungsversprechen lassen sich am besten unter einer Dachmarke kommunizieren, die die Gesamtkompetenz beinhaltet. Deren Botschaft für den Hersteller lautet nicht: „Wir stellen dieses und jenes Teil her", sondern: „Wir sind kompetent und werden Ihr Problem lösen." Gerade in multipersonalen Entscheidungsprozessen ist Informationseffizienz eines der wichtigsten Kriterien, um Angebotsalternativen überhaupt sichtbar, kommunizierbar und damit entscheidbar zu machen. In immer komplexeren und vielschichtigeren Angebots-Nachfrage-Konstellationen bietet eine profilierte Unternehmensmarke hier das notwendige Maß an Orientierung.

Mindestens ebenso wichtig erscheint die Funktion der Risikoreduktion. Der hohe Grad an Systemintegration und das rasante Innovationstempo bringen es mit sich, dass oft einzelne Bauteile oder Subsysteme zu kritischen Faktoren für den Erfolg des Fahrzeugs werden. Nachträglich erforderliche Änderungen oder Nachbesserungen an Modellen sind nicht nur kostspielig, sie können auch das Image der Herstellermarke nachhaltig beschädigen. An dieser Stelle bürgt eine bekannte Zuliefermarke mit ihrem Image verlässlicher Qualität für Sicherheit und bedeutet ein minimiertes Risiko für den Hersteller. In den 60er und 70er Jahren wurde der Spruch „Nobody ever got fired for buying IBM" („Niemand wurde jemals entlassen, weil er IBM gekauft hat") zum geflügelten Wort in Unternehmen. Auch wenn sich über dieses Statement trefflich streiten lässt: Der positive Kern dieser Aussage lässt sich auch auf die Zulieferer der Automobilindustrie übertragen. Die Entscheidung, von einem bewährten Standard abzurücken, wäre in jedem Fall eine Entscheidung für ein gesteigertes Risiko. Darin liegt eines der primären Leistungsversprechen, das gegenüber den Kunden im Sinne einer nachhaltigen und zuverlässigen Partnerschaft eingelöst wird.

Die Kopplung von Hersteller- und Zuliefermarke als Mehrwert

Die interessanteste strategische Fragestellung in diesem Zusammenhang ist, in welchem Ausmaß es in Zukunft möglich sein wird, dieses Leistungsversprechen über mehrere Marktstufen hinweg auch an den Endkunden zu kommunizieren. Strategisches Ziel einer solchen Markenpolitik wird es sein, neben dem „Push" im B2B-Geschäft einen „Pull" im Bereich B2C zu erzeugen, der auch auf die Fahrzeughersteller positiv zurückwirkt. Voraussetzung dafür ist eine gesteigerte Präferenz der Fahrzeugkunden für bestimmte Zuliefermarken. Wenngleich bekannt ist, dass die Markenrelevanz bei Fahrzeugen generell sehr hoch ist – Automobile sind langfristige Konsumgüter mit hohem Involvement und starker emotionaler Aufladung – bleibt unklar, inwieweit sich diese hohe Markenrelevanz auch auf die einzelnen Fahrzeugkomponenten und -systeme überträgt. In speziellen Marktsegmenten, vor allem im Aftermarketgeschäft, lassen sich heute bereits durchaus Präferenzen für bestimmte Produktmarken beobachten, so beispielsweise bei Reifen, Stoßdämpfern und Kupplungen.

Lässt sich Markenpräferenz auch generell auf Zulieferunternehmen übertragen? Wie stehen die Chancen, eine Kompetenzmarke ZF nicht nur in der Kernzielgruppe Automobilhersteller, sondern auch im Bewusstsein der Endkunden und anderer Unternehmenszielgruppen zu verankern? Bei der Beantwortung dieser Fragen ist zu berücksichtigen, dass im Erstausrüstungsgeschäft mit den Automobilherstellern die Zulieferer nicht ausschließlich über ihre Produkte, sondern zunehmend stärker aufgrund ihrer Problemlösungskompetenz ausgewählt werden. Der daraus resultierende

Mehrwert für den Kunden ist die Substanz für die Markenprofilierung von ZF. Nicht von ungefähr steht seit einiger Zeit das Thema „Ingredient Branding", der Aufbau von Kompetenzmarken, hoch im Kurs. In einigen Branchen kamen derartige Strategien, bei denen ein Bewusstsein für die unsichtbaren Teile eines Endprodukts über mehrere Marktstufen hinweg aufgebaut und eine entsprechende Markenpräferenz erzeugt wird, erfolgreich zur Anwendung. Die zusätzliche Marke wird zum Ausweis von gesteigerter Produktqualität und stützt die Kaufentscheidung der Kunden. Dem Unternehmen Intel gelang es auf diese Weise, zu einer der fünf wertvollsten Marken weltweit aufzusteigen, wie die jährlichen Untersuchungen von Interbrand belegen. Zwar lassen sich die Entwicklungen auf dem Computermarkt nicht eins zu eins auf den Fahrzeugmarkt übertragen. Die Markenstrategien der Fahrzeughersteller sehen in ihrer Kommunikation bislang weitgehend eine Alleinstellung der Herstellermarke vor, deren Wirkung möglichst nicht durch weitere Marken gestört werden soll. Dies betrifft auch Innovationen, die maßgeblich von Zulieferern initiiert und entwickelt wurden. Sie werden zumindest zeitlich befristet primär unter der Marke des Herstellers kommuniziert.

Abb. 7: Vom Komponenten- zum Systemlieferanten: ZF entwickelt komplette Fahrwerksysteme und produziert weltweit an Standorten in unmittelbarer Nähe der Automobilhersteller.

Andererseits ist dem kritischen und interessierten Teil der Konsumenten keineswegs verborgen geblieben, dass Modelle unterschiedlicher Marken und Hersteller in vielen Punkten baugleich sind. Es ist abzusehen, dass die heutige modulare Produktionsweise, die markenübergreifenden Plattformstrategien sowie die innovativen Problemlösungen in der Automobiltechnologie beim Konsumenten ein verstärktes Interesse an den tatsächlich verarbeiteten Komponenten und Systemen wecken. Eine Antwort auf die Herausforderungen der Zukunft könnte heißen, dass Fahrzeughersteller und Zulieferer, wie schon auf der Ebene der Produktentwicklung, so auch bei der Markenkommunikation in einen abgestimmten Prozess einsteigen.

Abb. 8: Innovation statt Imitation: Neue Produkte mit hohem Kundennutzen sichern den Markterfolg. Von den innovativen Automatgetrieben für Pkw wurden 2005 eine Million Einheiten für nahezu alle renommierten Autohersteller produziert.

Das Verhältnis der Marken zueinander ist dabei keineswegs rivalisierend, sondern eine Form der Symbiose, von der letztlich beide Marken profitieren. Die Herstellermarke bürgt dabei für Kernkompetenzen im Bereich der spezifischen Markencharakteristik, zum Beispiel der Fahrdynamik und des Designs, und stiftet den ideellen Nutzen einer emotionalisierten Marke. Die Zulieferer steuern als mitverantwortliche Lieferanten ein rationales Kaufargument bei. Selbst wenn manche Autohersteller bislang in ihrer Kommunikation auf die Nennung der Zuliefermarken verzichten, und auch in Zukunft kein Interesse an einer derartigen Kommunikation entwickeln, wird allein aufgrund der zunehmenden Leistungsfähigkeit der Zulieferindustrie ein größerer Anteil an Aufmerksamkeit der Autokäufer auf sie entfallen. Hier macht sich der „High Involvement"-Charakter von Fahrzeugen positiv bemerkbar, der dazu führt, dass sich potenzielle Kunden vor dem Kauf aus mehreren und vor allem unabhängigen Quellen informieren. Dabei spielt zum Beispiel die Fachpresse mit ihrer Informations- und Beratungsfunktion eine wichtige Rolle. Hier ist einer der wesentlichen Ansatzpunkte für die effektive Kommunikation der Zuliefermarken, die über kurz oder lang dazu führen wird, dass eine Kompetenzmarke wie ZF auch von einem breiten Publikum positiv wahrgenommen wird.

Fazit

Angesichts der sich absehbar verschärfenden Konkurrenz nicht nur unter den Automobilherstellern, sondern auch unter den Zulieferern, ist der Aufbau einer starken Zuliefermarke nicht nur eine strategische Option, sondern eine sachliche Notwendigkeit. Dies gilt zumal, wenn man wie ZF komparative Konkurrenzvorteile in Technologieführerschaft und Innovationsstärke begründet, die aber erst dann im Wettbewerb wirksam werden, wenn sie bei den relevanten Zielgruppen auch wahrgenommen werden. Die Marke allein kann diesen Vorsprung niemals halten, aber in ihrer Funktion als kommunikative Plattform leistet sie einen entscheidenden Beitrag zur Sicherung der Unternehmenszukunft. Eine erfolgreiche Marke dokumentiert die Unabhängigkeit des Unternehmens und formuliert unmissverständlich seinen Kompetenzanspruch.

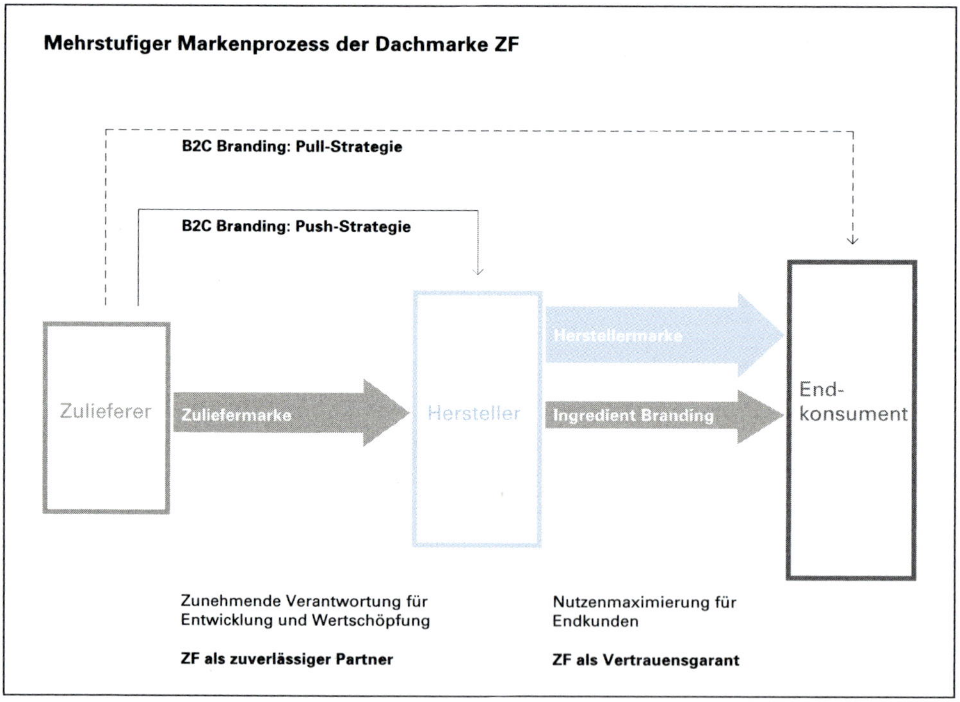

Abb. 9: Mehrstufiger Markenprozess der Dachmarke ZF

Die Profilierung einer Zuliefermarke muss keineswegs zu Lasten der Herstellermarken gehen oder gar zu einer Rivalität führen. Im Gegenteil können langfristig auch die Herstellermarken profitieren, wenn sie sich in der Summe ihrer Fahrzeugkomponenten und -systeme auf das positive Image starker Zuliefermarken stützen. Die vertikalen strategischen Allianzen, die bereits heute auf dem Feld der Entwicklung bestehen und die in Zukunft den Entwicklungs- und Herstellungsprozess noch stärker strukturieren, lassen sich sinnvoll durch eine symbiotische und abgestimmte Markenkommunikation begleiten. Dieser Ansatz trägt der gesteigerten Verantwortung der Zulieferer ebenso Rechnung, wie dem wachsenden Informationsbedürfnis der Verbraucher.

Um aus der heutigen Position auch zukünftig einen Innovationsvorsprung zu entwickeln, ist ZF in gleichem Maße auf die Kompetenz und die Kooperation der Hersteller angewiesen, wie diese vom technologischen Vorsprung profitieren, den ZF in den wichtigen Feldern zukünftiger Mobilitätstechnologie innehat. Die Frage „Wem gehört die Innovation?“ wird in dem Moment entschärft, wo sie als Leistung beider Marken wahrgenommen wird, und damit auf die Konten beider Marken einzahlt. Die natürliche Hierarchie von Hersteller- und Zuliefermarke in der Wahrnehmung der Endkonsumenten bleibt dadurch unangetastet.

Herstellermarken kennen und bedienen notwendigerweise die Bedürfnisse ihrer Zielgruppen genauestens; ihre Markenstrategien entscheiden über Relevanz, Sympathie und Vertrauen. Sie liefern die überragenden Kaufargumente. Der Zusatznutzen, den eine Marke wie ZF in diesem Kontext stiften kann, ist das gute Gefühl, auch bei den einzelnen Fahrzeugkomponenten und -systemen keinerlei Kompromisse eingegangen zu sein.

Dr. Siegfried Goll

Vorsitzender des Vorstands, ZF Friedrichshafen AG

Siegfried Goll, geboren 1940 in Bregenz/Österreich, studierte zwischen 1960 und 1963 Maschinenbau. 1963 trat er als Versuchsingenieur in die ZF Friedrichshafen AG ein. 1980 übernahm er die Leitung des Bereichs Zentrale Forschung und Entwicklung der ZF Friedrichshafen AG und wurde 1989 Mitglied der Geschäftsführung der ZF Getriebe GmbH, Saarbrücken, im Ressort Produktentwicklung.

Weitere Stationen:

1993	Leiter des Geschäftsbereichs Pkw-Antriebstechnik der ZF Friedrichshafen AG
	Vorsitzender der Geschäftsführung der ZF Getriebe GmbH, Saarbrücken
1997	Vorstandsmitglied der ZF Friedrichshafen AG, Ressort Forschung und Entwicklung
1999	Stellvertretender Vorstandsvorsitzender der ZF Friedrichshafen AG, Ressort Forschung und Entwicklung
1999	Verleihung der Ehrendoktorwürde (Dr.-Ing. E.h.) durch die Universität Stuttgart
Juli 2001	Vorsitzender des Vorstands der ZF Friedrichshafen AG, Unternehmensentwicklung, Markt, Öffentlichkeitsarbeit

Teil III

Handlungsempfehlungen

Ansatzpunkte für das Management von Zuliefermarken

Dr. Jan Dannenberg
Director, Mercer Management Consulting

Die wenigsten Automobil-Zulieferer haben bisher die Vorteile einer starken Marke genutzt. Zulieferer werden in Zukunft die größten Profiteure eines konsequenten Markenmanagements sein.

Bedeutung der Zulieferindustrie

In der öffentlichen Wahrnehmung treten Automobil-Zuliefermarken kaum in Erscheinung. Würde man heute eine repräsentative Umfrage bei Automobilfahrern durchführen, ob sie Firmen wie Visteon, Johnson Controls, ZF Friedrichshafen oder Denso kennen, fiele der Wiedererkennungswert sehr gering aus. Kaum ein Branchensegment bleibt so unbekannt wie das der Automobil-Zulieferer. Dabei bringen Automobil-Zulieferer alles mit, was zum Aufbau einer starken Marke benötigt wird.

Automobil-Zulieferer beschäftigen weltweit Millionen von Menschen, setzen Milliarden an Umsätzen um, investieren global in neue Standorte und verfügen oftmals über effizienteste und modernste Produktionskompetenzen. Mit einem F&E-Aufwand von ca. 5 bis 6 Prozent vom Umsatz zählen sie zu den innovativsten Branchen der Industrie. 65 Prozent der Wertschöpfung eines Fahrzeugs bestehen aus Komponenten, Modulen und Systemen der Automobil-Zulieferer – Tendenz steigend. Die meisten Erfindungen und Innovationen der Automobilindustrie der vergangenen 20 Jahre stammen nicht von Fahrzeugherstellern, sondern von Automobil-Zulieferern.

Das Segment der Automobil-Zulieferer mit Unternehmen wie Autoliv, Bosch, Brose, Continental, Delphi, Lear, Magna, Siemens VDO Automotive, ThyssenKrupp, Webasto und anderen wird bis 2015 um 70 Prozent wachsen: Von heute 417 Milliarden Euro wird sich ihre Wertschöpfung auf 700 Milliarden Euro erhöhen. Um dieses enorme Wachstum bewältigen zu können, müssen die Zulieferer bis 2015 zusätzlich 3,3 Millionen neue Arbeitsplätze weltweit aufbauen. Dabei handelt es sich überwiegend um qualifizierte Arbeitsplätze, was sich schon daran zeigt, dass ca. 30 Milliarden Euro an zusätzlicher Wertschöpfung in der Vor- und Serienentwicklung der Zulieferer entstehen werden.

Und trotzdem kennen mehr Menschen Marken wie DKNY, Lego oder Colgate. Warum ist das so? Bislang hat die Mehrzahl der Automobil-Zulieferer nicht erkannt, dass das Management einer Marke zu den zentralen Aufgaben von Top-Managern zählt. Sie haben nicht verstanden, dass die Marke als Fokuspunkt die zentralen Stärken eines Unternehmens bündelt. Die Marke eines Zulieferers spiegelt sein Leistungsversprechen wider, seine Kompetenzen bei Innovationen, Supply-Chain-Management, Fertigungstechnologien, Qualität, Lieferzuverlässigkeit und Preisgestaltung. Sie wirkt als Magnet, der nicht nur Mitarbeiter anzieht und bindet, sondern ebenso Lieferanten, Partner und nicht zuletzt die Kunden. Eine starke Zuliefermarke richtet sich daher nicht nur an den Endverbraucher – den Automobilfahrer –, sondern in den meisten Fällen an eine deutlich breitere Anzahl von „stakeholdern".

Möglichkeiten zur Gestaltung einer Marke in der Zulieferindustrie

Bevor mit der Führung einer Zuliefermarke begonnen werden kann, muss dies verstanden werden. Das Management einer Zuliefermarke ist deutlich mehr als das Marketing einer „consumer brand".

Am ehesten wird dies bei Automobil-Zulieferern deutlich, die in kleinen bis mittleren Städten ihre Firmenzentrale haben: AVL List und Magna Steyr in Graz, Brose in Coburg, Karmann in Osnabrück, Hella in Lippstadt, ZF in Friedrichshafen oder Benteler in Paderborn sind hierfür gute Beispiele. Diese Unternehmen prägen ihre Städte und ihre Stadtkultur auf einzigartige Weise. Sie sind größter Arbeitgeber, beschäftigen Tausende Mitarbeiter, gestalten mit ihren Bauten das industrielle Stadtbild, engagieren sich kulturell, sozial und natürlich wirtschaftlich an der Entwicklung der Gemeinde. Sie ziehen neue, oftmals gut ausgebildete Arbeitskräfte an und sorgen durch ihre Steuern für reichhaltige Haushaltsmittel. All dies hat mit einer „consumer brand" nichts zu tun.

Ferner ist fast jeder Zulieferer gleichzeitig auch Kunde seiner eigenen Lieferanten. Durch die extrem hohen Anforderungen der Automobilindustrie (Qualität, Innovationen, Kosten, Lieferzuverlässigkeit, Flexibilität, Variantenkomplexität etc.) hat sich in den vergangenen 20 Jahren die Automobil-Zulieferindustrie zu einer der anspruchsvollsten Branchen herauskristallisiert. Ein Vergleich macht dies deutlich: Während in der Unterhaltungselektronik zwischen 2 bis 5 Prozent fehlerhafte Produkte durchaus (von den Unternehmen) akzeptiert werden, wird in der Automobilindustrie in „ppm", also „parts per million" gerechnet. Viele Automobil-Zulieferer arbeiten mit ppm-Raten von 10 und weniger, also 0,001 Prozent! Berechnungen von Mercer haben zudem ergeben, dass die Wahrscheinlichkeit, das identische Automobil zweimal zu bauen, bei einigen deutschen Automobilherstellern bis zu $1:10^{27}$ beträgt. Es gibt wohl kein Massenprodukt mit einer derartigen Komplexität und einem solch hohen Qualitätsniveau wie das Automobil. Daher gelten für viele Lieferanten die Anforderungen der Zulieferindustrie als Benchmark – wer es hier schafft zu den ausgewählten Lieferanten zu gehören, schafft es überall. Dies zeigt abermals, dass eine Zuliefermarke viel mehr ist als eine „consumer brand".

Versteht man, dass Zuliefermarken mehr als nur eine „consumer brand" sind, lassen sich generell folgende Möglichkeiten zur Gestaltung der Zuliefermarke unterscheiden:

- „Ingredient" oder Co-Branding
- De-facto-Brand
- Aftermarket und Retail Brand
- B2B-Brand

Abbildung 1 zeigt, welche verschiedenen Wege für ein Markenmanagement ein Zulieferer gehen kann.

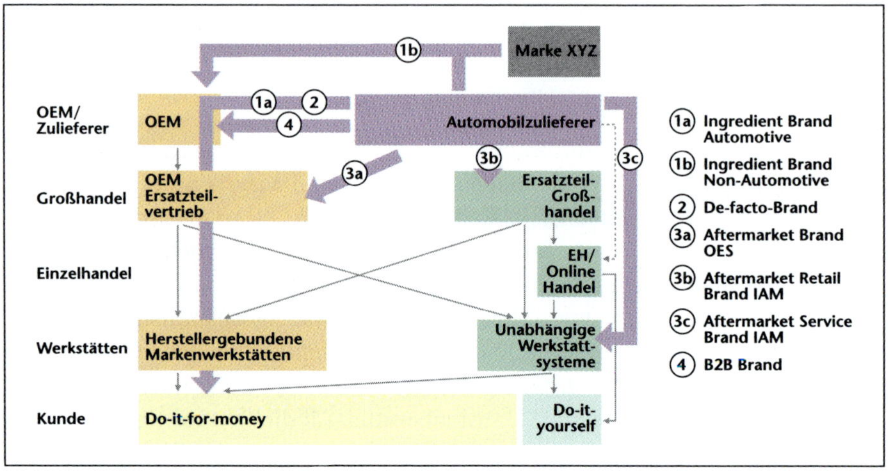

Abb. 1: Gestaltungsmöglichkeiten einer Zuliefermarke

„Ingredient" oder Co-Branding

Da Fahrzeughersteller und deren Automobilmarken ein hohes Interesse haben, ihr Leistungsversprechen (Automobil, Kundendienst, Finanzierung ...) an eine Marke – nämlich die eigene – zu binden, verhindern die OEMs, dass weitere Marken im Fahrzeug in Erscheinung treten. Hierfür ein Beispiel: Mit der Aktivlenkung verfügt BMW über eine Technologie, die dem Anspruch von BMW als besonders fahrdynamische Marke gerecht wird. Der Hersteller und zu großen Teilen auch Entwickler dieser Technologie ist jedoch ZF. Würde ZF bei dieser hoch innovativen Fahrzeugfunktion „Aktivlenkung" in Erscheinung treten, würde die Marke BMW diese abgeben und damit ein wichtiges Element seines Leistungsversprechens verlieren. Dieses so genannte „Ingredient Branding", das durch „Intel inside" bekannt wurde, kommt daher für die meisten Automobil-Zulieferer nicht in Frage. Zuliefermarken sollen den Fahrzeughersteller ja stärken und nicht schwächen.

Es gibt jedoch Ausnahmen, und zwar immer dann, wenn die zusätzliche Marke der Automobilmarke einen Vorteil verschafft. Das ist immer dann der Fall, wenn die Zusatzmarke auf ihrem ureigensten Gebiet selbst über einen starken Markennamen und damit ein starkes Leistungsversprechen verfügt. Hierbei lassen sich zwei Formen unterscheiden:

- Ingredient Brands aus dem Automobilbereich
- Branchenfremde Marken

Bei Ingredient Brands aus dem Automobilsektor handelt es sich typischerweise um Marken, die einzelne, sehr spezifische Funktionen/Module im Fahrzeug ansprechen. In der Regel sind dies Funktionen, die die Automobilmarke nicht in vergleichbarer Weise abdecken kann, da ihr hierfür die Glaubwürdigkeit fehlt. So gibt es beispielsweise eine lange Tradition im Automobilbau, ausgewählte Nischenfahrzeuge durch zumeist italienische Designer und Karosserieschmieden stylen zu lassen. Diese Designer wie Zagato, Bertone oder Pininfarina übernehmen nicht nur das Styling, sondern teilweise auch die gesamte Fertigung der Fahrzeuge. Zu ihren Kunden gehören Top-Marken wie Ferrari, Aston Martin, Opel oder Ford. Gleiches gilt auch für Karmann aus Osnabrück, der sich als Auftragsfertiger von Cabriolets auszeichnet. Üblicherweise laufen die Fahrzeuge in geringen Stückzahlen.

Ein weiteres Feld für derartige Marken ist der Motorsport. Die im Motorsport notwendigen hohen technischen Anforderungen sollen hier auf die Automobilmarke übertragen werden. Beispiele hierfür sind Bremsen oder Sitze; die Marken Brembo bzw. Recaro stehen für besonders sportliche Produkte, die der Automobilmarke entsprechende Sportlichkeit verleihen. Zusätzlich können solche häufig als Zusatzausstattung angebotenen Produkte zur Verbesserung der Marge beitragen, da sie in der Regel recht teuer sind.

Branchenfremde Marken decken ein sehr breites Spektrum an Fahrzeugfunktionen bzw. Kundensegmenten ab. Eine Vielzahl von Sondermodellen lehnen sich an branchenfremde Marken an, um spezifisch deren Kundensegment anzusprechen. So gab es bereits Opel Fahrzeuge mit Lufthansa Co-Branding, einen Volkswagen „Rolling Stones“ oder einen Peugeot Lacoste. Besonders erfolgreich erweist sich das Co-Branding im Bereich der Unterhaltungselektronik. Hochwertige Soundsysteme im Fahrzeug lassen sich zu hohen Preisen besser verkaufen, wenn sie die Marke eines HiFi-Spezialisten tragen: Bose, Harman Kardon, Bang & Olafson oder die englische High-Fidelity-Edelmarke Linn werten das Image von Audi, BMW, Nissan oder Aston Martin auf. Oftmals stehen hinter diesen Marken interessanterweise klassische Automobil-Zulieferer – so wurde das Bose Sound System in Europa von Scheffenacker gebaut, und hinter Harman Kardon steht der Infotainment-Spezialist Harman/Becker Automotive Systems.

Für Automobil-Zulieferer lassen sich beim Co-Branding nur wenige Handlungsempfehlungen ableiten:

- Generell lassen die Fahrzeughersteller ein Co-Branding nur sehr ungern zu. Es eignet sich nur in Bereichen, in denen der OEM einen substanziellen Mehrwert für sein Produkt oder seine Markenpositionierung erhält. Daher sollten Automobil-Zulieferer wenig Energie in Möglichkeiten eines „Ingredient Branding“ stecken.
- Für ausgewählte, kleine und exklusive Kundengruppen bietet sich ein Co-Branding an, z. B. Motorsport und Tuning begeisterte Autofahrer (Recaro, Brembo, Momo, Alpina, AC Schnitzer ...). Für die meisten Automobil-Zulieferer ist dies jedoch nicht von Bedeutung.

- Interessant wird es für Zulieferer, wenn sie branchenfremde Marken in der Automobilindustrie platzieren können. So wäre es denkbar, bekannte Modelabels im Fahrzeuginnenraum zu positionieren, beispielsweise indem spezifische Designs übernommen werden, die von Interior-Lieferanten hergestellt werden (Armani Innenraum für Audi).

De-facto-Brand

Ein weitaus raffinierteres Konzept ist die Schaffung einer De-facto-Marke. So werden heutzutage ganze Gattungsbegriffe, insbesondere bei Konsumgütern, mit einem Markennamen in Verbindung gebracht. Ein Papiertaschentuch wird als „Tempo" bezeichnet, Kosmetiktücher nennt man „Kleenex", ein „Pritt-Stift" ist ein Klebestift, „Tipp-Ex" ist ein Korrekturhilfsmittel, „Goretex" steht für luftdurchlässige und Wasser abweisende Textilien, „Post-It" ist ein selbstklebender Notizzettel, etc. Dass bereits einige Marken ihren Weg ins Fahrzeug gefunden haben, ohne dass es die Fahrzeughersteller erkannt haben, ist daher nur verständlich. So wird heute „Alcantara" als Sitzbezug angeboten – eigentlich der Markenname für einen Velours bzw. Wildleder ähnlichen Textilstoff.

Den Weg, sich über eine De-facto-Marke zu differenzieren, ist im Automobilbau der Zulieferer Johnson Controls gegangen. Als „Homelink" wird ein integriertes Garagen- und Außentoröffnungssystem bezeichnet, das heute in einer Vielzahl von amerikanischen und europäischen Automobilmarken eingebaut wird. Es verfügt über ein eigenes Logo, welches auch auf dem Bedienknopf im Fahrzeug verwendet wird, bis hin zu einer eigenen Webpage, welche die unterstützten Garagenöffnungssysteme (und deren Funkfrequenzen) beinhaltet.

Ein weiteres Beispiel ist das OnStar System von GM. OnStar ist ein Infotainment- und Telematik-System (Notruf, Navigation, Fahrzeugdiagnose, Fernentriegelung etc.), das mittels Knopfdruck im Fahrzeug oder per Handy verschiedene Dienstleistungen anbietet. Das in Nordamerika eingesetzte System wird nicht nur in Fahrzeugen von General Motors eingebaut, sondern auch bei anderen Herstellern (z. B. Volkswagen, Audi, Accura/Honda ...). OnStar wird von vielen Kunden als Synonym für Telematik-Dienstleistungen verwendet.

Bislang haben nur sehr wenige Automobil-Zulieferer die Chancen einer De-facto-Marke genutzt. Tatsächlich bietet sich hier ein Handlungsfeld für Zulieferer, das sich zum Aufbau einer eigenen Marke anbietet. Allerdings müssen folgende Punkte beachtet werden:

- De-facto-Marken können nur in für den Endkunden (Automobilfahrer) relevanten Segmenten aufgebaut werden. Das Leistungsversprechen der Marke/des Produkts muss vom Autofahrer erlebbar sein und sich von anderen Leistungen abgrenzen.

- Um sich von anderen Marken abheben zu können, muss die Leistung sehr gut zur Differenzierung beitragen. Für Automobil-Zulieferer kommen hierfür nur hoch innovative Produkte bzw. Systeme in Frage. Am besten handelt es sich um eine Fahrzeugfunktion, die es in dieser Form bislang nicht im Auto gab.
- Besonders geeignet sind Produkte, die als Zusatzausstattung durch den OEM angeboten werden.
- Das Produkt/die Leistung muss beim Autofahrer direkt beworben werden – und zwar nicht unter der Zuliefermarke, sondern unter Schaffung einer eigenen Produktmarke, um nicht den Zulieferer als „Konkurrenten“ zum Automobilhersteller auftreten zu lassen.
- Das innovative Produkt sollte bei möglichst vielen Fahrzeugherstellern in den Ausstattungslisten platziert werden.
- Das Geschäftsmodell der De-facto-Marke besteht einerseits darin, dass die Kunden das „Trademark“ kennen und nachfragen, andererseits darin, dass andere Zulieferer für die Nutzung des Namens Lizenzen zahlen müssen.
- Als besonders innovative Produktfelder für De-facto-Marken bieten sich an: Fahrerassistenzsysteme (Spurwechselassistent, Notfallbremse etc.), Hybridantrieb, Emissionskontrolle („Bluetec“), Infotainment-Systeme, Thermomanagement im Innenraum etc.

Aftermarket und „Retail" Brand

Der am meisten unterschätzte Bereich der Markenpositionierung für Automobil-Zulieferer ist wohl im Aftermarket zu finden. Wie Abbildung 2 zeigt, ist der Umsatz mit Teilen und Zubehör in 2004 in Deutschland mit 12 Mrd. Euro zwar nur sehr gering. Im Verhältnis zum gesamten Automobilgeschäft (Neuwagen, Gebrauchtwagen, Finanzdienstleistungen) mit 160 Mrd. Euro sind dies nicht einmal 8 Prozent.

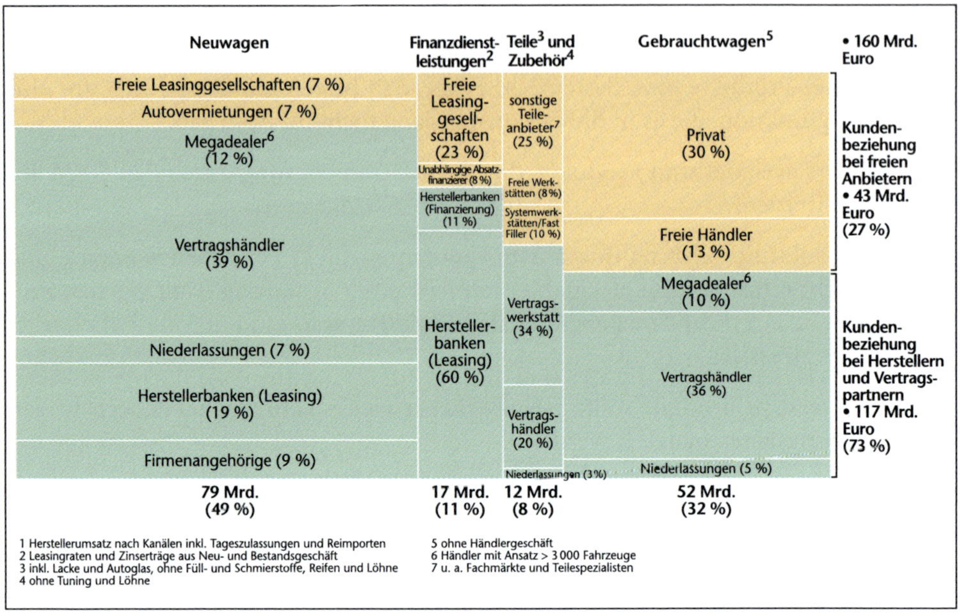

Abb. 2: Noch dominieren die Hersteller den Markt - Systemumsatz Deutschland 2004

Allerdings zeigt Abbildung 3 ebenso deutlich, dass 58 Prozent (!) des Profits im gesamten Downstream-Geschäft mit Ersatzteilen und Zubehör verdient wird. Die Gewinnmarge für Ersatzteile liegt insgesamt bei 20 Prozent vom Umsatz – im Vergleich zu den 4 bis 5 Prozent EBIT-Marge eines durchschnittlichen Zulieferers also viermal so hoch. Heute jedoch verdienen mit 80 Prozent vom Profit im Wesentlichen die Fahrzeughersteller am Geschäft mit Ersatzteilen und Zubehör. Bei ihnen liegt die Profitmarge sogar bei ca. 28 Prozent!

Noch kontrollieren die Hersteller drei Viertel aller Automobilumsätze in Deutschland, das sind 117 Milliarden Euro des Gesamtmarkts mit 160 Milliarden Euro. Damit erwirtschaften sie knapp 78 Prozent des automobilen Systemprofits.

Aber die freien Wettbewerber holen auf. Unterstützt werden sie durch die europäische Liberalisierung des Automarkts, vorangetrieben vor allem durch die schrittweise Aufhebung der europäischen Gruppenfreistellungsverordnung (GVO). Sie erlaubt freien Teileherstellern und Teilehändlern, in das bisher geschützte Markengeschäft einzudringen, und Markenhändlern, beliebige Leistungen aus markenfremden Quellen einzukaufen.

In den letzten Jahren wurde ein zunehmender Anteil der profitabelsten Geschäftsbereiche durch freie Anbieter erobert. Vor allem unabhängige Autobanken wie die Santander CC-Bank, Systemwerkstätten wie ATU und Teilehändler wie Wessels + Müller setzen die Angebote der Hersteller unter Druck. Die USA und Großbritannien

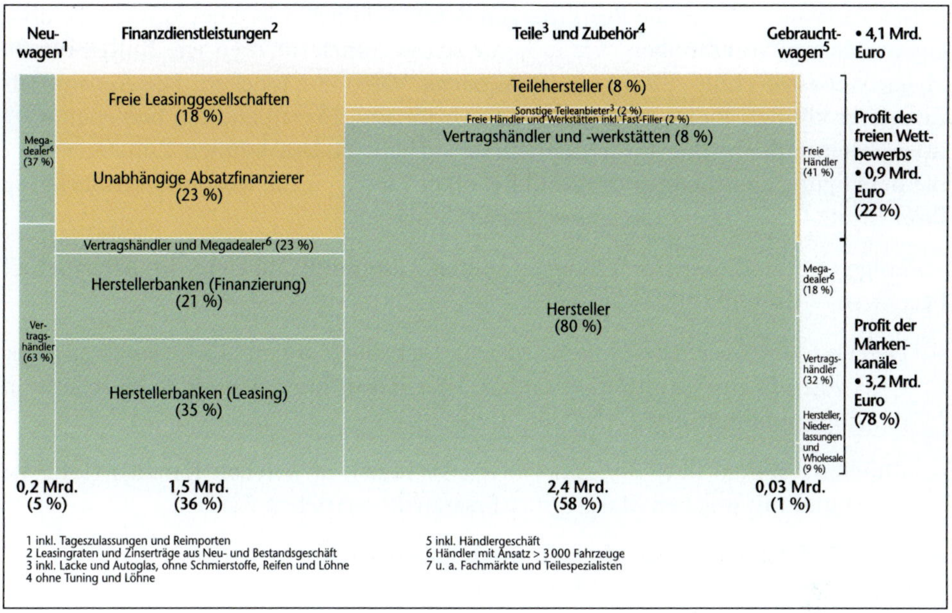

Abb. 3: Der Profit kommt aus Finanzdienstleistungen und Teilen – Systemprofit Deutschland 2004

zeigen, welches Zukunftsszenario die europäischen Autohersteller in ihrem Heimatmarkt vermeiden müssen: Dort dominieren freie Anbieter den Markt der nicht subventionierten Finanzierungen und der nicht vor Nachahmern geschützten Ersatzteile bereits.

Die Mercer Studie „Systemprofit der Automobilindustrie in Deutschland“ hat die Verteilungskämpfe in diesem Geschäft bis zum Jahr 2015 untersucht. Der Wettbewerb im Downstream-Geschäft verschärft sich dramatisch entlang der gesamten Wertschöpfungskette. Für die Automobilhersteller stehen rund 20 Prozent des Volumens und ein Drittel des Gewinns auf dem Spiel, das sie bis 2015 entweder erfolgreich verteidigen oder an freie Anbieter verlieren können. Den Autoherstellern und ihren Markenpartnern droht bei Volumen und Gewinn ein Rückgang auf etwa 40 Prozent – der Markteinfluss wäre damit empfindlich geschwächt.

Betrachtet man den Weltmarkt, so werden im Automotive Aftermarket Ersatzteile im Wert von ca. 125 Mrd. Euro (Jahr 2005) umgesetzt, bei dem ein Gesamtprofit von ca. 25 Mrd. Euro anfällt. Auch hier entfällt ein Großteil des Gewinns auf die OEMs (ca. 75 Prozent) und nur 25 Prozent auf die freien Anbieter.

Zu den freien Anbietern in diesem von Verteilungskämpfen bestimmten Markt zählen die Automobil-Zulieferer und ihre Vertriebspartner. So ist es für die Zulieferer deutlich attraktiver, ihre Ersatzteile über den „Independent After Market“ (IAM) anstatt über den Automobil-Herstellerkanal, den „Original Equipment Spares“ (OES) laufen zu lassen, da hier die Profitmargen deutlich höher sind. Dies können sie über eigene Marken vorantreiben, wie es heute schon Zuliefermarken wie BERU, Bosch, Hella, Webasto, Thule, BBS, LuK, INA, Sachs, Valeo etc. machen. Die Automobil-Zulieferer können aber auch Marken von Groß- und Einzelhändlern bedienen oder über Zweitmarken weitere Vertriebskanäle suchen. Zudem können Zulieferer über die Beteiligung an neuen Service- und Retailkonzepten eigene Wege zur Vermarktung ihrer Ersatz- und Zubehörteile einschlagen.

Folgende Handlungsempfehlungen sollten Automobil-Zulieferer im Aftermarket beachten:

- Der Vertrieb von Ersatzteilen im Aftermarket sollte zu den Top-Prioritäten jeder CEO-Agenda eines Zulieferers zählen. Hier liegen die rentabelsten Geschäfte in der Automobilindustrie.
- Zulieferer sollten über die Transparenz verfügen, in welchen Kanälen (OES vs. IAM) und mit welchen Margen ihre Ersatzteile vertrieben werden.
- Jeder Zulieferer sollte ein klares Konzept haben, wie er am Systemprofit für Ersatzteile in der Automobilindustrie partizipieren kann.
- Der Zulieferer sollte dabei mehrspurig fahren:
    - Fortsetzung der vertraglich festgelegten Belieferung des Fahrzeugherstellers für seinen OES Handel
    - Stärkung der Eigenmarke/Zuliefermarke sowohl beim Großhandel als auch dem Endkunden (Marketing)
    - Ergänzung des eigenen Portfolios durch zusätzliche Produkte von anderen Lieferanten
    - Nutzung vielfältiger IAM-Vertriebskanäle (Warenhäuser, Quick-Fit Ketten, Retailketten, wie beispielsweise ATU oder Stahlgruber, ...)
    - Bildung von Allianzen mit anderen Automobil-Zulieferern, z. B. mit neuer Ersatzteilmarke, gemeinsamen Handelspartnern etc.

B2B-Marke

Trotz all der oben genannten Handlungsfelder steht im Zentrum des Managements einer Zuliefermarke immer noch der wichtigste Kunde, der Fahrzeughersteller selbst. Ähnlich wie bei der Führung einer „consumer brand" muss auch eine B2B-Zuliefermarke gemanagt werden. Dass hinter jedem Fahrzeughersteller Hunderte wichtiger Personen stehen, die täglich Kontakt mit den Leistungen eines Zulieferers haben und über die Zuliefermarke entscheiden, wird manchmal vergessen. Daher sind die Handlungsfelder einer B2B-Marke ebenso offensichtlich wie einfach.

Da jede „Schraube“ eines Automobil-Zulieferers Teil eines großen Ganzen ist, steht im Mittelpunkt der B2B-Markenstrategie das Produkt selbst sowie die dazugehörigen Leistungen. Von der Komponente, dem Modul oder System, das der Zulieferer für den OEM erstellt, wird hundertprozentige Qualität erwartet – möglichst über die gesamte Lebensdauer des Fahrzeugs. Gleiches gilt für die vom Zulieferer erbrachten Leistungen, wie Forschung und Entwicklung, JIT- bzw. JIS-Lieferung oder dem Management von Vorlieferanten. Nur die permanente Sicherstellung einer perfekten Lieferkette zwischen OEMs und Zulieferern garantiert, dass täglich weltweit mehr als 200 000 Fahrzeuge in über 200 Automobilfabriken vom Band laufen. Fällt ein Zulieferer aus, können diese Bänder stillstehen. Da heute die Mehrzahl der OEMs weltweit produziert, müssen Zulieferer ihre Wertschöpfung entsprechend weltweit anbieten.

Zur Differenzierung der Automobilmarken sind technologische Innovationen weiterhin das zentrale Mittel. Da die meisten Innovationen bei den Zulieferern entstehen, kommt dem Zulieferer eine entscheidende Rolle zu. Zunehmend wichtiger dabei wird das Verständnis des Zulieferers für den Endkunden und dessen Anforderungen. Es reicht nicht mehr aus, über Innovationen wichtige Funktionen wie Sicherheit, Emission, Verbrauch, Komfort oder Infotainment zu verbessern. Zulieferer müssen vielmehr verstehen, welche Funktionen je Fahrzeugmarke und -modell vom Kunden gewünscht oder gefordert werden.

Zuletzt hat der Zulieferer einen entscheidenden Einfluss auf die gesamte Kostenposition des Fahrzeugherstellers. Automobil-Zulieferer sind Weltmeister beim Reduzieren von Kosten. Im Durchschnitt erreichen sie Kostensenkungen von 2 bis 3 Prozent pro Jahr – und das seit Jahren. Da bald 70 Prozent der Wertschöpfung beim Zulieferer erzeugt werden, entstehen beim Zulieferer auch die meisten Kosten eines Fahrzeugs. Neben der Produkt- und Leistungsqualität, den technologischen Innovationen ist daher das Kostenmanagement das dritte wichtige Standbein beim Management von Zuliefermarken.

Ausblick für das Management von Zuliefermarken

Zulieferer beginnen erst langsam zu begreifen, welche Möglichkeiten in einem systematischen Management von Zuliefermarken stecken. Dabei sind sie noch weit entfernt von den Methoden, die heute im Bereich der Konsumgüter angewendet werden. Automobil-Zulieferer betreiben bislang kaum Marktforschung (OEMs und Autofahrer), die Marketingabteilungen sind im Vergleich zu anderen Funktionen winzig, die Produkte sind kaum oder gar nicht emotional aufgeladen, und die Ansprache der Kunden erfolgt auf eine sehr rationale Art und Weise. Automobil-Zulieferer, die in ihrem Feld zumeist herausragende Leistungen und Produkte zu sehr günstigen Preisen anbieten, werden daher in Zukunft die wirklichen Profiteure eines konsequenten Managements ihrer Marke sein.

Dr. Jan Dannenberg

Director, Mercer Management Consulting

Dr. Jan Dannenberg, Jahrgang 1962, ist Director bei Mercer Management Consulting in München. Er studierte Economics an der Stanford University in Kalifornien, USA, sowie Betriebswirtschaftslehre an der Universität Bamberg, wo er über strategische Unternehmensplanung promovierte.

Dr. Jan Dannenberg verfügt über siebzehn Jahre Erfahrung in der Managementberatung für die Fertigungs- und Automobilindustrie. Er hat sich spezialisiert auf Innovations- und Technologiestrategien, Mergers & Acquisition, Markenmanagement, Wertschöpfungsstrategien sowie Zulieferstrategien und deren Geschäftsmodelle.

Autorenverzeichnis